# VIRTUOSISMO MORAL

## GRANDSTANDING

# VIRTUOSISMO MORAL

## GRANDSTANDING

JUSTIN TOSI
BRANDON WARMKE

TRADUÇÃO:
**Fábio Alberti**

COPYRIGHT © OXFORD UNIVERSITY PRESS 2020
ALL RIGHTS RESERVED.
COPYRIGHT © FARO EDITORIAL, 2021
TODOS OS DIREITOS RESERVADOS.

Nenhuma parte deste livro pode ser reproduzida sob quaisquer meios existentes sem autorização por escrito do editor.

**Avis Rara é um selo da Faro Editorial.**

Diretor editorial: **PEDRO ALMEIDA**
Coordenação editorial: **CARLA SACRATO**
Preparação: **IANA ARAÚJO**
Revisão: **VALQUIRIA DELLA POZZA** e **BARBARA PARENTE**
Capa: **RENATO KLISMAM | SAAVEDRA EDIÇÕES**
Diagramação: **CRISTIANE | SAAVEDRA EDIÇÕES**

---

Dados Internacionais de Catalogação na Publicação (CIP)
Angélica Ilacqua CRB-8/7057

Tosi, Justin,
 Virtuosismo moral: grandstanding: as ideias por trás dos cancelamentos, boicotes e difamações nas redes sociais / Justin Tosi e Brandon Warmke ; tradução de Fábio Alberti. — 1. ed. — Barueri: Faro Editorial, 2021.
 256 p.

 Bibliografia
 ISBN 978-65-86041-70-5
 Título original: Grandstanding

1. Ciências sociais 2. Comunicação — Aspectos morais e éticos 3. Mídia social — Aspectos morais e éticos 4. Julgamento (Ética) 5. Psicologia I. Título II. Warmke, Brandon III. Alberti, Fábio

21-0433                                                      CDD 300

---

Índice para catálogo sistemático:
1. Ciências sociais : Comportamento humanos : Redes sociais 300

---

1ª edição brasileira: 2021
Direitos de edição em língua portuguesa, para o Brasil, adquiridos por **FARO EDITORIAL**

Avenida Andrômeda, 885 – Sala 310
Alphaville – Barueri – SP – Brasil
CEP: 06473-000
WWW.FAROEDITORIAL.COM.BR

*Para*
*David e Maria Tosi*
*e*
*Tom e Jann Warmke*

# SUMÁRIO

PREFÁCIO .......................................................................................................... 9

AGRADECIMENTOS ......................................................................................... 13

**CAPÍTULO 1**
DISCURSO MORAL NÃO É MÁGICA .................................................................. 17

**CAPÍTULO 2**
O QUE É *GRANDSTANDING*? ............................................................................ 31

**CAPÍTULO 3**
*GRANDSTANDING*: UM GUIA DE CAMPO ........................................................ 63

**CAPÍTULO 4**
OS CUSTOS SOCIAIS DO *GRANDSTANDING* ................................................... 89

**CAPÍTULO 5**
*GRANDSTANDING* E RESPEITO ...................................................................... 121

**CAPÍTULO 6**
UMA PESSOA VIRTUOSA APELARIA PARA O *GRANDSTANDING*? ................ 145

**CAPÍTULO 7**
POLÍTICA COMO DESFILE DE MORALIDADE ................................................. 165

**CAPÍTULO 8**
O QUE FAZER A RESPEITO DO *GRANDSTANDING* ....................................... 195

NOTAS ............................................................................................................. 219

BIBLIOGRAFIA ................................................................................................ 239

# PREFÁCIO

Quando vemos indivíduos falando em público sobre questões morais e políticas, sentimos uma certa inquietação. Nós desconfiamos que a maioria das pessoas não vê esses debates com bons olhos. Podemos apontar vários casos de constrangimento excessivo, julgamento precipitado e outros exemplos de mau comportamento; mas é difícil ir além disso e identificar o problema com precisão.

Este livro oferece um diagnóstico para uma causa importante desse mau comportamento no discurso moral público. Grande parte do nosso discurso é detestável porque consiste em *grandstanding* moral (ou exibicionismo moral), que é, em linhas gerais, o uso do discurso moral para fins de autopromoção. Mas não nos entenda mal, nós acreditamos que o discurso de teor moral é algo positivo. É necessário que as pessoas sejam capazes de falar sobre justiça, liberdade, igualdade e sobre o certo e o errado. Mas precisamos fazer isso tendo em vista o bem, não visando apenas nos engrandecer aos olhos dos outros. Os exibicionistas morais (ou *grandstanders*) se mostram bastante interessados nesse engrandecimento pessoal.

O *grandstanding* não está associado a nenhum ponto de vista político específico. Independentemente da opinião que tenham, as pessoas podem e devem se unir para condenar o *grandstanding* – que não é um fenômeno partidário, e sim um fenômeno humano. Se parar para pensar bem, você provavelmente reconhecerá que já se sentiu pelo menos *tentado* a apelar para o *grandstanding* – nós, certamente, reconhecemos.

Um outrora entusiasmado participante de guerras culturais on-line refletiu recentemente sobre o seu envolvimento com o *grandstanding*:

> Sempre que eu chamava alguém de racista ou sexista, eu sentia a adrenalina. Essa descarga de adrenalina era reafirmada e prolongada pelos corações, "joinhas" e estrelas que representam as moedas de aprovação das mídias sociais.[1]

Essa confissão é impressionante e bizarra ao mesmo tempo. Por que nós participamos de tais rituais? Por que é importante que o nosso discurso moral receba sinais de aprovação das pessoas, muitas das quais mal interagem conosco? E por que nos prontificamos a prejudicar terceiros para conseguir essa aprovação?

Este livro é nossa tentativa de compreender o *grandstanding*, e de comunicar a você o que nós aprendemos sobre esse tema nos últimos cinco anos. Usando evidências das ciências sociais e comportamentais, explicaremos por que as pessoas fazem *grandstanding* e por que ele assume certas formas. Usando os recursos da filosofia moral, nós argumentaremos que o *grandstanding* (ou exibicionismo moral) é um problema moral em todas as três principais teorias da moral: traz consequências negativas, não trata as pessoas com respeito e não é virtuoso. Por fim, empregando um pouco de ciência e de filosofia, discutiremos por que o *grandstanding* é um problema no âmbito da política, e o que podemos fazer para melhorar nosso discurso moral.

Certamente alguns leitores já perceberam que mencionamos a internet e as redes sociais. Esses tópicos serão vistos ao longo de todo o livro, mas este não é um livro sobre rede social. É um livro sobre discurso moral. O *grandstanding* não é um fenômeno novo, e não nasceu com a ascensão da internet. Gostemos ou não, a maior parte do debate público sobre moralidade e política agora se desenrola na internet, onde é mais fácil do que nunca encontrar uma plateia para mostrarmos quão íntegros nós somos. Se as menções às redes sociais o entediarem, fique à vontade para fingir que ainda estamos todos nos reunindo pessoalmente no Fórum Romano para ver quem destila mais ódio contra Cartago, ou num salão literário para ver quem está mais comprometido com os valores do Iluminismo. A psicologia e o comportamento são os mesmos. Embora o ambiente tenha mudado, o *grandstanding* nos acompanha há um longo tempo, e você entenderá o que temos a dizer sobre o assunto mesmo que jamais tenha tocado em um computador.

Contudo, acreditamos que o discurso moral é diferente agora que é tão centralizado on-line. Por quê? Nós não temos uma história para contar sobre a nova tecnologia e o rápido declínio da civilização, mas os meios de comunicação tiveram impacto sobre alguns aspectos dos nossos discursos. Hoje é mais fácil do que nunca encontrar público para todo e qualquer pensamento que você tenha, e para transmitir a sua mensagem. Centenas de milhões de indivíduos possuem uma plataforma para falar imediatamente a centenas, milhares e até mesmo milhões de pessoas. Por esse motivo, também há mais competição do que nunca pela atenção dos outros. Para se destacar, você às vezes precisa fazer alguma coisa especial. Como veremos mais tarde, isso tem efeitos importantes no conteúdo das nossas argumentações.

Consumir discurso moral e político tornou-se mais fácil. Isso significa que nós provavelmente estamos expostos a mais *grandstanding* agora do que jamais estivemos antes, mesmo levando em conta que sempre existiram exibicionistas morais (ou *grandstanders*) prolíficos. Na verdade, em vez de afirmar que hoje é mais fácil testemunharmos *grandstanding*, talvez seja mais acertado afirmar que é mais difícil do que nunca evitar o *grandstanding*.

Finalmente, porque agora é mais fácil ter acesso ao discurso moral alheio, é também mais fácil monitorar e assediar pessoas das quais você discorda. Aqueles que trabalham com a exposição de ideias são os mais intensamente conscientes desse fato. Jornalistas costumam ser duramente atacados com mensagens de ódio por escreverem coisas que as pessoas não querem ouvir a respeito de suas figuras políticas favoritas (ou sobre as que mais desprezam). Acadêmicos que entram em conflito com as últimas tendências ideológicas em suas áreas são ameaçados de exilamento profissional e de coisas ainda piores. Ocasionalmente, até mesmo espectadores desavisados acabam pisando no campo minado que é nossa guerra cultural contemporânea, experimentando a ira de uma multidão sequiosa por atenção.

Para algumas pessoas, é preciso ter sido alvo do *grandstanding* agressivo de outros para reconhecer – publicamente, pelo menos – que há algo de errado com o discurso moral público. Nós escrevemos este livro na esperança de que você não precise descobrir da maneira mais difícil que o *grandstanding* é um problema moral. Este livro pode lhe mostrar o que está acontecendo, explicar o por quê de isso estar errado e sugerir o que você deve e o que não deve fazer a respeito.

*Lubbock, Texas*
Bowling Green, Ohio

# AGRADECIMENTOS

Começamos a escrever sobre este tópico na primavera de 2014. Desde então nos envolvemos em incontáveis debates proveitosos com muitos amigos e colegas igualmente generosos – são tantos que não é possível listar todos aqui. Pedimos desculpa aos que não tiveram seu nome registrado.

Recebemos um *feedback* importante a respeito de um rascunho inicial do capítulo 4 na primavera de 2018, durante um seminário sobre filosofia moral e política na Universidade de Michigan. Agradecemos aos filósofos Jonny Anomaly, Dan Jacobson, Steven Wall, Philippe Lemoine, Spencer Jay Case, Hrishikesh Joshi e Nevin Climenhaga por nos ajudar a melhorar esse capítulo.

No verão de 2018, o Georgetown Institute for the Study of Markets and Ethics da McDonough School of Business organizou um grupo de discussão para avaliar o manuscrito inicial do livro. Agradecemos ao instituto e a Jason Brennan por nos convidar, e agradecemos também aos participantes Bryan Caplan, Michael Douma, William English, Robin Hanson, John Hasnas, Peter Jaworski, Loren Lomasky e Thomas Mulligan por seus comentários acerca do livro.

Na primavera de 2019, o Institute for Humane Studies organizou um grupo de estudos interdisciplinar para o rascunho avançado do livro. Agradecemos ao IHS e a todos os participantes que leram o livro inteiro e ao longo de dois dias nos deram *feedback* e sugestões incrivelmente úteis: Adam Arico, Paul Blaschko, Gabriel Brahm, Bill Glod, Bradley

Jackson, Lee Jussim, Melanie Marlowe, J.P. Messina, Kathryn Norlock, Clay Routledge, Sean Stevens, Kyle Swan e Fabian Wendt.

Vários colegas de Brandon na Bowling Green State University forneceram *feedback* valioso sobre várias partes do livro. Entre eles estão Christian Coons (que também cunhou o termo *showcasing* do capítulo 5), Molly Gardner, Max Hayward e Kevin Vallier. Michael Weber fez comentários particularmente detalhados sobre o original. Nós também somos gratos a um generoso grupo de estudantes de pós-graduação de Filosofia da Bowling Green que leu o original num grupo de leitura no outono de 2018 e proporcionou um amplo e proveitoso *feedback*: Joshua Brown, Christina Depowski, Ryan Fischbeck, Sara Ghaffari, Ezekeal Grounds, Mark Herman, Vassiliki Leontis, Amitabha Palmer e Xuanpu Zhuang. Em cada capítulo Will Lugar nos forneceu comentários detalhados e criteriosos.

Ao longo dos anos, Craig Warmke e Nathan Ballantyne nos ajudaram a resolver inúmeros problemas e nos forneceram sábios conselhos e apoio. Vários filósofos leram capítulos separados e nos ofereceram sugestões a respeito deles. Por seu tempo e seu bom senso, somos gratos a Howard Curzer, Brian Leiter e Christian Miller. Nós recebemos auxílio de muitas pessoas, mas isso não significa que elas endossam o conteúdo do livro, é claro. De resto, todos os erros são nossos.

Nós apresentamos partes desse trabalho em vários lugares. Agradecemos a estas instituições por nos convidar e pelo *feedback* que recebemos: Northern Illinois University, Wake Forest University, Universidade de Michigan, North Carolina Philosophical Society, Creighton University, Center for Democracy and Technology em Washington e o Canadian Centre for Ethics and Public Affairs em Halifax, Nova Escócia.

Brandon conheceu Josh Grubbs na nova formação do corpo docente na Bowling Green State University no outono de 2016. Josh não demorou a perceber que o *grandstanding* moral era um tema propício para pesquisa com as ferramentas da psicologia empírica. Ele nos atura há três anos e conduziu com grande cuidado o estudo científico social do *grandstanding* dentro de um programa de pesquisa refinado. Somos gratos a ele por se dedicar a esse projeto, e pela valiosa orientação a respeito de várias questões empíricas.

Greg Jenkins, da Madhouse Creative, trabalhou conosco para elaborar a arte da capa. Tivemos a sorte de poder contar com dois editores para trabalhar no livro. Nosso editor *freelance*, Shane Maxwell Wilkins, leu um rascunho inicial do livro e nos concedeu um *feedback* detalhado e eficaz quanto à substância e à forma da nossa linguagem. Nossa editora na Oxford University Press, Lucy Randall, tem sido compreensiva, paciente e cooperativa. Seus comentários sensatos no penúltimo rascunho aprimoraram muito o livro.

# CAPÍTULO 1

## DISCURSO MORAL NÃO É MÁGICA

### "TOMARA QUE VOCÊ PEGUE UM CÂNCER"

Crianças podem ser horríveis umas com as outras. Elas provocam, excluem, ridicularizam, implicam e insultam. Muitas têm necessidade de vencer, não importa quem acabe ferido nesse processo, e reagem a qualquer crítica com agressão. Elas culpam outros quando coisas ruins acontecem e se aliam contra aqueles que são diferentes.[1]

Muitas das mais importantes lições que aprendemos na infância são as que nos mostram como tratar melhor as pessoas. Para a maioria, essas lições são eficazes. Quando alcançamos a idade adulta, a maior parte de nós já aprendeu a ter respeito e empatia para com os outros. Contudo, muitos adultos aprendem a aplicar essas lições de maneira seletiva. O Twitter fornece exemplos intermináveis a respeito disso. Em 2016, um menino de 2 anos de Nebraska foi morto por um jacaré num resort em Orlando, na Flórida. Um acontecimento trágico. Porém, a usuária do Twitter @femme_esq tinha uma opinião diferente sobre isso, e anunciou aos seus 12 mil seguidores:

> "Estou tão farta dos privilégios do homem branco ultimamente que não fiquei nem um pouco triste quando soube que um garoto de 2 [anos] foi devorado por um jacaré [porque] seu pai ignorou os alertas."[2]

No dia 1º de outubro de 2017, um atirador abriu fogo sobre a multidão num show em Las Vegas. Ele matou 58 pessoas e feriu outras 851. Também um acontecimento trágico. Apesar disso, um diretor jurídico da CBS tuitou uma opinião diferente, ligando o massacre de Vegas ao massacre na escola Sandy Hook, que deixou 20 crianças mortas:

> "Se eles não fizeram nada quando crianças foram assassinadas, não acredito que esses republicornos vão fazer a coisa certa um dia. Na verdade, eu nem consigo me solidarizar [porque] fãs de música country costumam ser republicanos adoradores de armas".[3]

A partir de 2013, a crítica feminista de mídia Anita Sarkeesian produziu uma série de vídeos criticando a representação de mulheres em videogames. O trabalho dela foi recebido com uma avalanche de tuítes abusivos. Um exemplo:

> "Tomara que você pegue um câncer."
> "Se quer saber, você merece cada uma dessas ameaças de morte que está recebendo."
> "O 'assédio' vai continuar, e vai aumentar. Nós não vamos parar até que ninguém mais tenha coragem de admitir abertamente que é feminista."

Essas foram algumas das reações menos agressivas.[4] Muitas envolviam ameaças de violência sexual, incitamento ao suicídio e ameaças de morte.

Nós não temos dificuldade para reconhecer que é inaceitável que crianças tenham esse tipo de comportamento. Imagine o horror que você sentiria se descobrisse que a sua filha, aluna do ensino fundamental, disse aos amigos dela que um acidente de ônibus recente não a deixou nem um pouco triste, já que as crianças no veículo eram de uma escola rival. Ou imagine se você descobrisse que o seu filho ameaçou uma colega de classe com violência sexual porque ela criticou o videogame favorito dele.

Quando falam, porém, sobre moral ou política, muitos adultos agem como se esse tipo de comportamento abusivo fosse perfeitamente aceitável. Nós não permitimos que nossos filhos zombem de outras crianças, nem que as humilhem ou impliquem com elas. Mas, quando *nós* zombamos, humilhamos ou implicamos com pessoas que expressam pontos de vista que consideramos ofensivos, aí é diferente. Pelo menos é assim que esses adultos parecem pensar. Você não precisa passar muito tempo examinando redes sociais, assistindo a canais de notícias ou discutindo política com pessoas de partidos diferentes para saber que o discurso público é um grande e competitivo recreio para adultos.

Talvez você considere ingênua essa comparação entre discurso público adulto e mau comportamento infantil, que a comparação é fruto de uma ignorância advinda de privilégios. Claro, quando as pessoas defendem suas crenças e valores morais, a conversa pode se tornar acalorada. Isso acontece, porém, porque as pessoas se importam muito com moralidade. E quem realmente se importa com o que é certo e errado não deveria se incomodar com a eventual dureza do discurso moral. Quando uma pessoa expressa pontos de vista morais que ofendem você, é justo dizer a ela da maneira mais clara possível que esses pontos de vista são repugnantes. É apenas discussão de teor moral em público – conversa entre adultos.

Nós acreditamos que as pessoas que veem o discurso moral sob essa perspectiva não têm consciência do dano que o discurso moral pode causar. Na maioria das vezes o discurso moral é bom – mas nem sempre. Vamos explicar o porquê.

## DISCURSO MORAL

Por "discurso moral" nós entendemos toda comunicação que trata de questões morais – tópicos como justiça, direitos humanos e, de modo geral, quem é bom em termos morais e o que deve ser feito. Mais especificamente, o discurso moral deve incluir qualquer um dos seguintes aspectos:

- Mencionar direitos, dignidade, justiça e respeito: "Imigração é um direito humano fundamental", e "Queremos justiça para Anton".
- Mencionar se alguém fez algo moralmente certo ou errado: "Ela fez a coisa certa ao repreender o seu acusador", e "Ele certamente assediou todas aquelas mulheres".
- Mencionar quão moralmente bom ou ruim alguém é: "Ele foi incrivelmente corajoso", e "Ela é desonesta".
- Mencionar o que deve acontecer a pessoas que têm atitudes boas ou ruins: "Ela merece toda a nossa admiração", e "Ele que vá para o inferno".
- Mencionar emoções morais: "As mentiras perversas que ela contou me indignaram", e "Eu o admiro demais pelos sacrifícios que ele fez por sua família".
- Fazer recomendações contrárias ou favoráveis a políticas sociais: "Nós temos um dever para com as futuras gerações de reduzir emissões de carbono", e "A justiça exige que se aplique a pena capital".

Esse discurso moral é extremamente valioso. É o nosso principal recurso para fazer a moralidade influenciar os problemas de ordem prática. Nós o empregamos para advertir sobre ameaças e identificar pessoas que prejudicam outras. Elogiamos publicamente pessoas que são dignas de confiança. Incentivamos mudanças sociais positivas por meio de falas comoventes sobre os ideais morais que compartilhamos. Nós influenciamos o comportamento de outras pessoas simplesmente evocando frases de condenação moral. Em resumo, o discurso moral é uma ferramenta social poderosa e importante para melhorar a nós mesmos, as pessoas que nos cercam e o mundo em que vivemos.

Já que o discurso moral tem tamanha importância, é de esperar que seja universalmente reverenciado. No mínimo, seria de esperar que as pessoas usassem os recursos do discurso moral com cuidado e responsabilidade, assegurando-se de não fazer uso deles de forma negativa. Dessa maneira, todos levariam a sério o discurso moral quando necessário. Todos saberíamos que quando alguém recorre à artilharia pesada – apelos a direitos, justiça, dignidade, respeito e coisas assim – é hora de deixar de lado preocupações mesquinhas e discutir seriamente questões importantes, sem o entrave de rixas fúteis, efêmeras e pessoais.

Infelizmente, muitas pessoas usam o discurso moral de maneira irresponsável. Elas o empregam para humilhar, intimidar e ameaçar indivíduos que detestam; para impressionar os amigos; para se sentir melhor e para não levantar suspeitas quanto à própria má conduta. Isso é abusar do discurso moral. O problema vai além do mero fato de as pessoas se comportarem de modo grosseiro: o que preocupa é que elas estão cooptando o discurso moral para propósitos inadequados. Quando as pessoas se valem do discurso moral dessa forma, elas usurpam um instrumento de proteção e usam-no contra aqueles que esse mesmo instrumento se destinava a ajudar.

Como explicaremos ao longo deste livro, tratar o discurso moral como um vale-tudo fere outras pessoas, às vezes seriamente. O discurso moral maldoso também é destrutivo de outra forma. Quando se torna banal, as pessoas começam a se convencer de que não vale a pena se envolver nessa prática. Para aqueles que se decepcionam a esse ponto, o discurso moral parece apenas uma série de alegações mesquinhas e improváveis. Então eles optam por se afastar.

Aparentemente, porém, muitas pessoas não enxergam o lado negativo do discurso moral abusivo. Elas agem como se o discurso moral fosse sempre admirável (pelo menos quando o seu lado o pratica). Para essas pessoas, o discurso moral é mágico. Ele invoca palavras sagradas: justiça, dignidade, direitos, igualdade; ou então honra, tradição, fé, família. Assim, o discurso moral transforma magicamente um comportamento maldoso, abusivo e egoísta em algo heroico e louvável. Quer ser cruel com as pessoas de quem você não gosta e receber aplausos dos amigos que pensam como você? Esconda o seu comportamento sob a camuflagem de uma grandiosa linguagem moral e *voilá*! Você será aclamado como alguém corajoso, admirável, que força o *status quo* a encarar a "Verdade".

Mas o discurso moral não é mágico. Não temos carta branca para tratar mal os outros simplesmente porque invocamos palavras sagradas, ou porque queremos mostrar, à nossa própria maneira, que nos importamos com algo. Expressar de modo franco um ponto de vista moral não é necessariamente uma realização. Isso nos faz lembrar das pessoas que elogiam leitores de revistas de fofoca: "Pelo menos estão lendo, isso é bom!". Diferentemente da maior parte dos discursos morais maldosos, pode não existir nada de moralmente censurável nesse tipo de leitura. Mas não é uma leitura admirável, certamente. Assim como um adulto não é mais digno de merecimento por um tipo qualquer de leitura que faça, ele não é mais digno por proferir um discurso moral qualquer. Nem todo discurso moral é salutar, e seria melhor para o mundo se parte desses discursos desaparecesse.

O discurso moral tem uma missão a realizar: ajudar-nos a nos tornar pessoas melhores, a tratar os outros com o devido respeito e a fazer do nosso mundo um lugar melhor para viver. Mas nem todo exemplo de discurso moral nos ajuda a fazer essas coisas. Abusar do discurso moral é possível, e, quando fazemos isso, acabamos minando nossos próprios esforços em favor do desenvolvimento moral.

Para fazer bom uso do discurso moral é preciso compreender como ele pode acabar mal. Alguns exemplos de discurso moral abusivo são mais ou menos óbvios. Xingar quando você discorda do estilo de vida ou do ponto de vista moral de alguém é uma atitude no mais das vezes condenável. A maioria reconhece que é errado dizer a uma pessoa que ela merece morrer por ter cometido uma pequena indiscrição. Algumas formas destrutivas de discurso moral são mais sutis, embora não menos venenosas. Este livro trata de um tipo de veneno para o discurso público: o *grandstanding* moral.

Nós vamos examinar esse assunto bem detalhadamente no próximo capítulo, mas, se você quer uma definição "instantânea", *grandstanding* moral é o uso do discurso moral para autopromoção. O exibicionismo transforma o seu discurso moral num projeto de vaidade. Exibicionistas morais (ou *grandstanders*) são como astros da moral tentando impressionar os outros com suas credenciais. Para entender melhor o significado de *grandstanding*, vamos conferir alguns exemplos.

## GRANDSTANDING: DE HARVEY WEINSTEIN A ROY MOORE

A maioria dos leitores pode entender, em linhas gerais, o que é *grandstanding* simplesmente acompanhando a política contemporânea, em cujo âmbito essa palavra é invocada com grande frequência. Por exemplo: em 2013, o então presidente Obama criticou congressistas republicanos por fazerem *grandstanding* quando ameaçaram paralisar o governo federal em meio a uma disputa sobre financiamento para o Affordable Care Act (ou Lei de Proteção e Cuidado ao Paciente). "Esse *grandstanding* tem efeitos reais sobre pessoas reais", declarou Obama.[5]

O conselho editorial do *L.A. Times* também acusou os congressistas republicanos de *grandstanding* em decorrência dos esforços para retirar o financiamento à Federação de Paternidade Planejada da América.[6] Em 2012, o Brookings Institute chamou de *grandstanding* a retórica de Mitt Romney a respeito do Irã.[7] Ross Douthat caracterizou o discurso do então candidato à presidência Donald Trump aos seus apoiadores da classe trabalhadora como nada mais do que "o perpétuo passatempo das rixas do Twitter e do *grandstanding* pseudopatriótico".[8] O website da campanha presidencial de 2016 de Trump exibia a seguinte afirmação: "Precisamos de soluções reais para lidar com problemas reais, não de *grandstanding* ou agendas políticas".[9] Já como presidente, Trump chamou James Comey, ex-diretor do FBI, de exibicionista e *grandstander* antes de apresentar a sua justificativa para demiti-lo.[10] Trump disse o mesmo sobre John McCain na ocasião em que este último votou contra a anulação do Obamacare.[11] Você já deve ter pego o espírito da coisa.

As pessoas lançam acusações de *grandstanding* com bastante frequência. Mas o que caracteriza o *grandstanding*? Considere o exemplo de Harvey Weinstein, o famoso produtor de cinema e magnata de Hollywood. No outono de 2017, dezenas de mulheres acusaram Weinstein de inúmeros atos de assédio sexual e de estupro. Em 5 de outubro, Weinstein fez sua primeira declaração pública a respeito das acusações. Ele começou argumentando que "cresceu nos anos 1960 e 1970, um tempo em que todas as regras relacionadas a comportamento e local de trabalho eram diferentes". Ele então expressou remorso por seus anos de má conduta e se comprometeu a ser melhor no futuro, afirmando que "respeita muito todas as mulheres e lamenta o que aconteceu". Mas o que nos interessa em especial é a parte final dessa declaração:

> "Vou precisar direcionar a minha raiva em alguma coisa, então decidi que dedicarei toda a minha atenção ao NRA. Eu espero que Wayne LaPierre [presidente da Associação Nacional de Rifles] aproveite a sua festa de aposentadoria... Estou fazendo um filme sobre o nosso presidente, talvez nós possamos ter uma festa de aposentadoria combinada. Um ano atrás, eu comecei a organizar uma fundação de 5 milhões de dólares para dar bolsas de estudo a mulheres diretoras na Escola de Cinema da Universidade do Sul da Califórnia. Pode parecer coincidência, mas isso vem sendo planejado há um ano. O nome será uma homenagem à minha mãe, e eu não vou decepcioná-la."[13]

As declarações de Weinstein foram todas criticadas energicamente. Observadores das mais diversas vertentes políticas perceberam que Weinstein estava revelando a sua intenção de favorecer causas políticas progressistas a fim de desviar a atenção dos seus crimes: ele pode ter errado, mas é uma boa pessoa; ele odeia a Associação Nacional de Rifles; ele é, como convém, crítico do presidente Trump; e ele acaba de se lembrar que criou uma bolsa de estudos para mulheres. Estamos plenamente convencidos de que ele apelou para o *grandstanding*.

Tomemos outro caso como exemplo. Também no outono de 2017, o republicano Roy Moore, do Alabama, concorreu com o democrata Doug Jones em uma eleição especial para o senado dos EUA. Moore já era dono de uma carreira longa e controversa – que inclui um histórico de alegações de assédio sexual – cujos detalhes nós não vamos explorar aqui. O que nos interessa nesse caso é que ele é frequentemente acusado de praticar *grandstanding*. Antes da eleição especial no Alabama, Michelle Cottle, da revista *The Atlantic*, expressou a seguinte opinião: "Um exibicionista moral beligerante e narcisista como Moore é a última pessoa de que o Alabama precisa para representar seus interesses".[14] Doug Jones, adversário de Moore, também o descreveu como um exibicionista moral. Em um anúncio de campanha publicitária na televisão, Jones olhou diretamente para a câmera e disse aos espectadores que o sistema de saúde "está quebrado" e que "as posições radicais e o *grandstanding* de Roy Moore não vão resolver nada".[15] David French, escrevendo para o *National Review*, chamou Moore de "imbecil, que desconhece a constituição e faz uso de *grandstanding*".[16]

Essas acusações não são infundadas. Imediatamente após tornar-se presidente da Suprema Corte do Alabama, Moore ordenou que os Dez Mandamentos fossem gravados num monumento de quase 2,5 toneladas, e que fossem colocados no edifício judicial do Alabama. Vários grupos de direitos civis moveram ações contra a decisão, alegando que o monumento era inconstitucional. Moore perdeu o caso, e mandaram-no remover o monumento. Ao se recusar, foi removido do cargo por desobedecer às ordens judiciais. Ele foi inflexível na defesa do monumento, valendo-se de motivos religiosos e morais. Em uma coletiva de imprensa, três meses antes de ser afastado do cargo, Moore exibiu sua artilharia moral pesada.

> "Como presidente do Supremo Tribunal do estado do Alabama, é meu dever administrar [o] sistema de Justiça desse estado, não o destruir. Eu não tenho a intenção de remover o monumento dos Dez Mandamentos e a base moral da nossa lei. Fazer isso seria nada mais do que desmantelar o sistema de Justiça deste estado. Eu não posso e não vou fazer isso. Mas num sentido mais amplo, senhoras e senhores, se vou ou não remover o monumento não é a questão mais importante. Se vou obedecer ou não a uma ordem judicial não é o mais importante. O que realmente importa é se vou ou não negar o Deus que nos criou e nos proporcionou certos direitos inalienáveis, entre os quais a vida, a liberdade e a busca da felicidade."[17]

Talvez essa fosse a atitude que Deus esperava de Moore. Mas existe uma outra explicação: Moore queria que o povo do Alabama soubesse que poder nenhum na Terra poderia abalar a sua convicção moral de que um monumento de granito era crucial para a proteção dos nossos direitos inalienáveis. Qual é exatamente a ligação entre o monumento e esses direitos? Não está clara. O que parece bastante claro é que Moore queria que os leitores do Alabama pensassem nele como um exemplo de perfeição moral, um homem preparado para defender a religião e as bases morais da lei. Mais uma vez, nós estamos plenamente convencidos de que ele recorreu ao *grandstanding*.

Embora celebridades e políticos possam estar particularmente sujeitos a ficar sob os holofotes e fazer uso de *grandstanding*, eles não monopolizaram o mercado de forma alguma. Nossos feeds das redes sociais estão cheios de pessoas tentando provar que se encontram do lado certo da história. Graças a elas, o debate público se tornou uma guerra pela superioridade moral. Você provavelmente já viu pessoas começarem a discutir os méritos do controle do porte de armas apenas para terminarem tentando convencer os outros de que se importam muito com as crianças do ensino fundamental.

Muitas pessoas não hesitam em concordar que o discurso público está em uma situação lamentável, mas com frequência o que elas têm em mente é o comportamento do "outro lado". É fácil reconhecer má conduta em outros grupos. É mais difícil fazer isso dentro de nossos próprios grupos, que dirá em nós mesmos.

Essa é uma questão crucial neste livro: olhar para nós mesmos direta e honestamente e nos perguntar se estamos *fazendo* coisas boas com o nosso discurso moral ou se estamos apenas tentando *causar boa impressão*. Nós mostraremos a você que tentar causar boa impressão com o seu discurso moral é justamente o que nos impede de empregá-lo para fazer coisas boas.

## COMO CRITICAR ESTE LIVRO

As acusações de *grandstanding* tornaram-se recentemente mais uma arma nas guerras culturais, por isso as discussões sobre esse assunto tendem a ser intensas e caóticas. Nós queremos estimular o desenvolvimento desse debate, não criar drama. Assim, antes de entrarmos em detalhes a respeito de grandstanding moral e dos motivos que nos levam a crer que ele seja perigoso, vamos esclarecer algumas coisas com as quais você talvez tenha começado a se preocupar, e dar uma ideia do que está por vir.

Como você já sabe, o discurso moral pode ser abusivo. Embora envolva temas que todos nós provavelmente consideramos importantes, como justiça, lealdade, liberdade e afins, o discurso moral pode ter efeitos negativos quando as coisas correm mal; quando recorremos ao exibicionismo moral, por exemplo. No próximo capítulo, explicaremos o que é exatamente esse exibicionismo moral ou *grandstanding*, ainda que você já tenha identificado essa prática nos exemplos que vimos e nos exemplos que você encontra diariamente.

Enquanto nós apresentamos o *grandstanding* moral, é possível e compreensível que você tenha algumas dúvidas. Talvez você se pergunte: as pessoas estão mesmo fazendo *grandstanding*? E, ainda que estejam, por que devemos acreditar que seja comum? Se é apenas uma ocorrência rara aqui e ali, talvez não tenha muita importância.

No decorrer deste livro, tentaremos lhe mostrar que as pessoas não apenas usam o *grandstanding* como também muitas delas usam-no com regularidade. Claro, mesmo que você concorde que haja muito *grandstanding* acontecendo, você ainda pode pensar que nossa própria teoria de *grandstanding* moral é equivocada. Se esse for o caso, nós esperamos ouvir as opiniões de outras pessoas para que possamos aperfeiçoar nossa compreensão a respeito do que é e de como funciona o *grandstanding*.

Também acreditamos que *grandstanding* é uma forma de discurso moral abusivo, geralmente negativo, e que devemos evitar o seu uso. Nós oferecemos muitos argumentos para tentar convencê-lo disso. Talvez nem todos eles sejam convincentes para você. Mas não há problema. Tendo em vista que esses argumentos são bons em sua maioria, nós julgamos que, até o final do livro, teremos demonstrado que o *grandstanding* geralmente é prejudicial e deve ser evitado.

Existem mais algumas objeções que os leitores podem fazer e que gostaríamos de abordar quanto antes. Embora nós não consideremos essas objeções viáveis, elas podem impedir que os leitores fiquem receptivos aos nossos pontos de vista; por isso queremos discuti-las brevemente aqui. Uma pessoa crítica poderia observar que o *grandstanding* não é o pior nem o mais comum modo de abusar do discurso moral. Mas não afirmamos nenhuma dessas coisas, e nossa argumentação não depende delas. Alguém poderia alegar, contudo, que nós não deveríamos escrever um livro que trata do abuso do discurso moral, a menos que falássemos sobre a forma mais comum ou mais séria dele. Mas ninguém acredita seriamente no princípio do "discutir apenas o pior problema". Ninguém acha que não se deve escrever um livro sobre o problema de assédio sexual nos campi das faculdades porque existem transgressões mais sérias acontecendo ali, tais como violência sexual, ou porque alguns delitos são mais comuns, como o plágio ou a mentira. E, mesmo que esse princípio fosse verdadeiro, na pior das hipóteses isso mostraria que foi um erro *moral* da nossa parte escrever este livro e não algum outro – não mostraria nenhum equívoco em nossos argumentos.

Uma última abordagem crítica possível, mas pouco promissora, merece atenção especial. Considerando que o nosso tema diz respeito à moralidade do discurso público, algumas pessoas serão tentadas a afirmar que o nosso argumento se contrapõe de alguma maneira ao valor da liberdade de expressão. A hipótese, supomos, é que se temos como objetivo demonstrar que alguns aspectos da expressão pública são moralmente suspeitos, então também devemos pensar que as pessoas não têm direito de falar o que manda a sua consciência. Isso é um engano. Nada neste livro contraria um sólido direito à liberdade de expressão. Entretanto, ter o direito de dizer tudo o que se queira não significa que seja moralmente bom fazê-lo, e da maneira que se deseje fazer. Para entender esse argumento com mais clareza, pense na mentira. Todos reconhecem que em muitas circunstâncias mentir é moralmente errado. Mas ninguém acredita que a afirmação de que mentir é errado se oponha ao direito de liberdade de expressão.

Nos próximos cinco capítulos nós explicaremos o que é *grandstanding* e revelaremos os motivos que nos levam a acreditar que seja algo prejudicial. Depois que apresentarmos nossa argumentação, passaremos a investigar de que maneira o *grandstanding* afeta a política nas democracias, e então concluiremos o livro sugerindo coisas que todos podemos fazer para melhorar a atual situação do discurso moral.

Se você for uma dessas pessoas que realmente se importam com justiça, continue lendo.

## CAPÍTULO 2

## O QUE É GRANDSTANDING?

### GRANDSTANDING: UMA BREVE INTRODUÇÃO

Nem todo *grandstanding* é do tipo moral. Afinal de contas, nós podemos nos exibir para os outros de muitas maneiras. O primeiro registro da palavra *grandstand* no sentido de "exibição" ou "exibir-se" é de um livro sobre beisebol norte-americano publicado em 1888. A palavra foi usada para descrever jogadores de beisebol que gostavam de se exibir depois de fazerem uma jogada impressionante: "São essas pequenas coisas que fazem 'o grande jogador exibido'. Eles realizam pegadas impossíveis, e quando pegam a bola eles rodam por todo o campo".[1] É provável que a intenção do uso da palavra fosse se referir ao fato de que tais jogadores seriam visíveis para o público nos assentos populares das arquibancadas (os chamados *grandstands*).

O *grandstanding* também figura em outras áreas, à medida que as pessoas se envolvem em atividades relevantes com a intenção de impressionar os outros. Muitos de nós temos amigos ou colegas que se entregam ao *grandstanding* intelectual, tirando proveito de conversações para exibirem um intelecto afiado ou um profundo nível de conhecimento. Também é possível que você esteja familiarizado com o que podemos chamar de *grandstanding* religioso ou espiritual. Você convida o diácono da sua igreja para assistir a um jogo de futebol, e ele anuncia, em alto e bom tom para todos ouvirem, que para ele é uma surpresa saber que você tem tempo para esse tipo de coisa, e que ele reserva a noite de domingo para rezar por todos os missionários; por isso ele lamentavelmente não seria capaz de ir. Em resumo, existindo qualidades socialmente atraentes que possam ser ostentadas por meio da fala, provavelmente haverá alguém fazendo isso.

O termo *grandstanding* parece ter recebido mais atenção a partir da última metade do século XX. Em uma resenha de 1970 do livro *At War with Asia* [Em Guerra com a Ásia], de Noam Chomsky, publicada no periódico *The Harvard Crimson*, lê-se: "Para aqueles de nós que não estejam satisfeitos com a possibilidade de se reunir no parque *Boston Common* em uma tarde de sábado para um *grandstanding* patriótico, fazer algo significativo no sentido de acabar com a guerra ainda é algo que não saiu da fase de conversação".[2] Um artigo de 1975 publicado na revista *The New Republic* acusou Andrew Jackson, o sétimo presidente dos Estados Unidos, de "desafiar a Suprema Corte valendo-se de encenação e *grandstanding*".[3] Em 1976, Roger Ebert escreveu em sua resenha do filme de Claude Chabrol, *Juste Avant La Nuit* [Ao Anoitecer], que "o filme é uma reflexão sobre a culpa. Quando o marido decide se entregar, sua mulher o acusa de *grandstanding*.[4] A esposa e seu amigo lamentam terrivelmente o assassinato, claro, mas envolver a polícia... Bem, não havia necessidade de ir tão longe assim".[5]

O termo *grandstanding* acabou se tornando parte do vocabulário que os norte-americanos usam para tratar de questões morais e políticas. Quando vemos um canal de notícias acusar o presidente da Câmara, Paul Ryan, ou o senador Bernie Sanders de praticarem *grandstanding*, nós temos uma ideia geral do significado de tal acusação. Neste livro, nós tornaremos esse quadro mais claro e ajudaremos você a compreender o que significa *grandstanding*, especificamente em contextos morais.

## CONFIGURAÇÃO BÁSICA DO *GRANDSTANDING* MORAL

Como vimos em exemplos anteriores, o termo *grandstanding* é usado em diferentes áreas da vida. Então, do que *nós* estamos falando quando falamos sobre *grandstanding*?[6]

> 1 – Pessoas que recorrem ao *grandstanding* querem impressionar os outros com suas qualidades morais. A isso damos o nome de Desejo de Reconhecimento.
>
> 2 – Pessoas que recorrem ao *grandstanding* tentam satisfazer esse desejo dizendo algo em um discurso moral público. A essa exposição pública nós damos o nome de Expressão de *Grandstanding*.

Portanto, você pode conceber o *grandstanding* com base em uma fórmula simples:

> *Grandstanding* = Desejo de Reconhecimento + Expressão de *Grandstanding*

Vamos examinar mais detalhadamente cada um desses elementos.

### 1. O Desejo de Reconhecimento

Os exibicionistas morais (ou *grandstanders*) querem que as outras pessoas acreditem que eles são moralmente especiais. Esse é o Desejo de Reconhecimento. É o primeiro elemento da Configuração Básica do *grandstanding*.

Assim como uma pessoa tenta parecer ocupada no trabalho para levar os outros a pensarem que ela está trabalhando duro, aqueles que recorrem ao *grandstanding* – os exibicionistas morais, ou *grandstanders* – querem que os outros pensem que eles são moralmente especiais. Às vezes, esses exibicionistas morais querem que os outros pensem que eles são santos ou heróis da moralidade. Há, porém, exibicionistas morais com ambições mais modestas; eles podem simplesmente querer que os outros acreditem que eles são pessoas moralmente decentes. Em um mundo onde pouquíssimos alcançam o piso da respeitabilidade moral, esses exibicionistas pelo menos garantem seu lugar ali. Por exemplo, um exibicionista moral pode desejar que outros reconheçam que, embora quase ninguém se importe o suficiente com a situação dos imigrantes, ele se importa. Alguns desses exibicionistas querem ser considerados moralmente incríveis, e outros desejam ser considerados apenas moralmente decentes; seja como for, eles querem ser vistos como pessoas melhores que alguém ou que algum grupo. Seria útil ter uma palavra para descrever o que o exibicionista moral quer. Vamos simplesmente dizer que o exibicionista moral quer que o considerem "moralmente respeitável".

Algumas vezes o exibicionista moral quer que os outros tenham uma impressão vagamente positiva da sua respeitabilidade. O objetivo disso é receber uma forma geral de admiração ou respeito por estar "ao lado dos bons". Outras vezes, esse exibicionista busca algo mais específico. Por exemplo, ele pode querer que as pessoas pensem que ele tem crenças moralmente respeitáveis: seu ponto de vista sobre o que se considera justiça ou progresso moral são verdadeiramente especiais. Ou ele pode querer que os outros fiquem impressionados diante da sua sensibilidade com relação a questões morais: afinal, é uma das raras pessoas que se compadecem pelas vítimas de terremotos ou se mostram ultrajadas com o salário mínimo. Ou talvez o exibicionista moral queira que os outros achem que ele tem prioridades morais impecáveis: enquanto seus seguidores no Twitter se preocupam principalmente com a diminuição da sua carga tributária, ele se preocupa, antes de qualquer coisa, com justiça. Às vezes, o exibicionista moral pode querer impressionar os outros mostrando como ele pode resolver problemas valendo-se da sua percepção moral: todos precisam ver que ele sabe exatamente quais são as causas da extrema pobreza, e o que deve ser feito para solucioná-la.

Para tentar entender o que os exibicionistas morais buscam, nós também podemos considerar seus desejos sob a óptica do status social. Os psicólogos argumentam que existem dois modos de obter status social: prestígio e domínio.[7] O prestígio advém do status que você adquire quando as pessoas têm boa opinião a seu respeito em virtude do seu conhecimento, das suas habilidades ou do seu sucesso. Você tem acesso a recursos importantes que outros não têm, por isso tratam você com deferência. Em tempos ancestrais, isso equivaleria a saber construir uma catapulta, ou a ser um grande caçador. Nos tempos modernos, isso equivaleria a ser perito em leis de patentes, ou a ser um jogador de tênis de renome.

Domínio, por outro lado, diz respeito ao status que você adquire inspirando medo por meio de intimidação, coerção, ou até mesmo com o uso de força física. O dominado trata você com deferência porque tem medo de ser hostilizado. Nossos ancestrais ganhavam supremacia sobre seus rivais espancando-os ou matando-os. Nos tempos modernos, as pessoas ainda empregam a violência física, mas nós também podemos conquistar dominância constrangendo outras pessoas nas redes sociais ou insultando um colega em uma reunião.

Essa distinção entre prestígio e domínio pode nos ajudar a entender o que motiva os exibicionistas morais. Esses exibicionistas buscam elevar a sua posição social, pelo menos dentro de alguma rede social relevante. Muitas vezes, eles fazem isso almejando prestígio por suas qualidades morais. Querem a reputação de ser modelos de moral inspiradores, por exemplo. Eles desejam essa reputação não necessariamente por *fazerem* algo que seja de fato heroico em termos morais, mas apenas por dizerem certas palavras. Acreditam que esse prestígio lhes garantirá o respeito dos outros, pelo menos no que tange à moralidade.

Contudo, alguns exibicionistas morais lançam mão do discurso moral com propósitos mais sinistros. Eles buscam dominar os outros. Usam o discurso moral para envergonhar ou silenciar outras pessoas e gerar medo; ameaçam verbalmente e se empenham em humilhar. Tentam impressionar as pessoas menosprezando seus rivais, num impulso extremamente humano.[8] Em vez de buscar status tentando elevar o próprio prestígio, eles buscam status diminuindo os outros. "Cale a boca e aceite o meu ponto de vista, ou eu vou constranger você em público! Moralmente ninguém me supera aqui!" Os exibicionistas morais geralmente procuram prestígio moral, porém alguns também estão atrás de exercer o domínio.

Os aspectos do prestígio e do domínio inerentes ao exibicionismo moral são respaldados pelo trabalho empírico que fizemos a respeito desse tópico.[9] Em estudos realizados entre jovens universitários e adultos nos Estados Unidos, o *grandstanding* (ou exibicionismo moral) é sistematicamente associado com um dos dois aspectos, ou então com ambos. O elemento "prestígio" é medido pela intensidade com que as pessoas concordam ou discordam de declarações como "minhas crenças políticas/morais devem ser inspiradoras para os outros". O elemento "domínio" é medido pela intensidade com que as pessoas concordam ou discordam de declarações como "eu compartilho minhas crenças políticas e morais para que as pessoas que discordam de mim se sintam mal".

Quem são as pessoas que os exibicionistas morais tentam impressionar? Depende. Às vezes, esses exibicionistas esperam ganhar a estima de colegas que pensam da mesma maneira. Pessoas que de modo geral compartilham suas opiniões sobre religião, política ou economia são o seu "círculo". Um exibicionista moral pode, por exemplo, buscar o reconhecimento de membros do seu círculo por estar do "lado certo" de alguma questão. Em outros casos, porém, o exibicionista desejará que membros de um outro grupo pensem nele como alguém perfeitamente respeitável do ponto de vista moral. Ele pode, por exemplo, querer que as pessoas de quem ele discorda reconheçam o seu discernimento moral superior e em consequência disso se curvem diante de seu discurso. Além disso, o *grandstanding* voltado para um outro círculo é mais provavelmente uma tentativa de dominação. Em nosso estudo empírico preliminar, nós constatamos que o aspecto de domínio do *grandstanding* tende fortemente a ser voltado para indivíduos que não fazem parte do círculo do *grandstander*.[10] Também existem casos em que uma pessoa pode direcionar o seu *grandstanding* para o público em geral, sem intenção de diferenciar grupos. Essa pessoa simplesmente quer que a sua audiência tenha uma boa opinião sobre ela devido a suas qualidades morais.

Passemos agora a examinar a segunda parte da nossa Configuração Básica: a Expressão de *Grandstanding*.

### 2. A Expressão de Grandstanding

Quando as pessoas lançam mão do *grandstanding* – ou exibicionismo moral – elas o fazem dizendo ou escrevendo alguma coisa. Uma política que queira que seus eleitores acreditem que ela se importa mais com os pobres do que o seu adversário discursará sobre isso durante a campanha eleitoral. Uma aluna universitária que deseje que seus colegas acreditem que ela foi a pessoa que mais se aborreceu com o resultado das eleições escreverá algo sobre isso no Facebook ou no

Twitter. Chamamos de Expressão de *Grandstanding* as coisas que o exibicionista moral diz ou escreve. Esse exibicionista oferece a sua Expressão de *Grandstanding* para levar as pessoas a acreditar que ele é moralmente especial. Em outras palavras, exibicionistas morais desejam obter reconhecimento, e dizem o que dizem para tentar satisfazer esse desejo. A política e a aluna universitária estão tentando fazer com que os outros acreditem que elas sejam moralmente respeitáveis.

Seres humanos raramente agem em função de um motivo apenas. Você pode pedir edamame no restaurante porque gosta do sabor desse alimento *e também* porque você quer comer algo saudável. Atos de *grandstanding* não são diferentes. A política que emprega *grandstanding* pode querer que o seu eleitorado pense que ela se importa profundamente com os pobres, mas também pode querer provocar a multidão ou constranger o seu oponente. Ela pode querer impressionar os outros com o seu incomparável comprometimento com os direitos dos trabalhadores *e também* esperar que outras pessoas, depois de ouvir o que ela tem a dizer, tomem medidas para apoiar o movimento trabalhista.

Portanto, o Desejo de Reconhecimento não precisa ser a *única* coisa que motiva a Expressão de *Grandstanding*. Nós nem mesmo acreditamos que seja a motivação mais forte. Mas ela tem de ser forte. Mas forte até que ponto? O suficiente para que o exibicionista moral fique decepcionado se descobrir que as palavras a respeito de suas próprias qualidades morais não convenceram o público. Isso não significa que esse exibicionista tenha de descobrir se conseguiu impressionar as pessoas para se envolver com *grandstanding*. É apenas um teste que mostra se o seu desejo é forte o suficiente.

É provável que você esteja pensando: "Mas não ficamos sempre decepcionados quando não conseguimos o que queremos?". Nós não pensamos dessa maneira. Às vezes, não desejamos as coisas com muita intensidade, e quando não as conseguimos, dizemos "que pena", e seguimos em frente. Brandon pode querer que um time de beisebol da Liga Nacional ganhe o campeonato mundial no próximo ano, mas ele não ficará *decepcionado* se isso não acontecer. Ele não está tão interessado assim. É só mais um desejo que ele tem; ele pensa: "Seria legal se acontecesse". O mesmo acontece quanto a querer impressionar outras pessoas: se alguém tem um pequeno desejo de impressionar, um desejo remoto, e descobre que não conseguiu impressionar ninguém, não haverá de ficar decepcionado. Por outro lado, exibicionistas morais se desapontarão se descobrirem que falharam nessa tarefa.

Por que o desapontamento é um bom teste? A resposta a isso tem relação com o grau de empenho do exibicionista em impressionar os outros. No fundo, todos desejamos que os outros tenham uma impressão muito boa de nós. Esse desejo costuma ser moralmente inocente, e não causa grande dano, porque somos capazes de nos controlar antes de tomar alguma atitude.[11] Num jantar de comemoração com amigos, você pode sentir vontade de lhes revelar quanto dinheiro ganha. Mas provavelmente conseguirá se conter e não deixará essa informação escapar. Quando essa vontade é forte, porém, é mais difícil controlá-la. Exibicionistas morais realmente querem impressionar os outros. Por esse motivo o desapontamento é um bom teste.

Exibicionistas morais encontram-se em uma posição complicada. Por um lado, eles não podem dizer qualquer coisa e esperar que as pessoas pensem que eles são moralmente respeitáveis. Se você quisesse convencer alguém de que se preocupa profundamente com os pobres, não faria sentido dizer algo como:

"Essas rosquinhas estão me dando sede!"

Por outro lado, é raro um exibicionista moral dizer algo de maneira muito direta, como:

> "Eu sou a pessoa mais moralmente sensível aqui, e eu me importo mais com os pobres do que o resto de vocês."

Em vez disso, eles tendem a se expressar mais indiretamente:

> "Como alguém que há muito tempo luta em favor dos pobres, eu considero repulsivas todas essas propostas de eliminar as leis de controle de aluguel. Se você acha que essas propostas merecem alguma atenção, por menor que seja, então você não se importa com a questão da pobreza nesse país."

Embora esse trecho de discurso seja muito mais eloquente, a abordagem indireta não nos diz explicitamente nada a respeito de quanto essa pessoa se importa com os pobres. No entanto, o efeito que se pretende obter com tal declaração é impressionar os outros com esse fato. Uma coisa é o que o exibicionista moral *diz*, e outra é o que o exibicionista tenta *insinuar*.[12] Normalmente, os exibicionistas morais tentam insinuar algo sobre si mesmos em lugar de falar de modo objetivo e claro. Esse tipo de linguagem indireta está presente em toda parte.[13] Por exemplo: quando pedimos algo, nós dizemos coisas como: "Se você pudesse me passar o sal seria ótimo". E quando oferecemos um suborno, nós dizemos: "Bem, policial, será que não podemos conversar melhor sobre essa multa?".

Alguns leitores já devem conhecer outra forma de discurso indireto, a de falsa modéstia: ostentação disfarçada com uma linguagem humilde ou lamentosa. "A Amazon não me deixa pedir mais de três cópias do meu livro por vez. Há algum tipo de limite para best-sellers? Que chato!"[14] "Por que será que o meu chefe sempre me escala para os clientes mais importantes?" Essa falsa modéstia é uma tentativa de se exibir, mas quem se utiliza dessa estratégia também tenta disfarçar suas verdadeiras intenções empregando uma linguagem despretensiosa. Exibicionistas morais fazem uso de linguagem indireta por motivos similares.

Mas por que os exibicionistas morais lançam mão de linguagem indireta que pode falhar na comunicação do que eles querem que os outros saibam? Nós não sabemos se existe uma explicação simples para isso. É possível que diferentes contextos peçam um discurso indireto por diferentes razões. Steven Pinker, Martin Nowak e James Lee sugerem várias explicações possíveis para a fala indireta que podem explicar por que os exibicionistas morais fazem tanto uso dela. Nós discutiremos apenas uma dessas explicações aqui.

Uma possível razão para que os exibicionistas morais recorram à fala indireta é que ela lhes dá uma negabilidade plausível. Existe uma rejeição social geral contra a atitude de se apregoar em público as próprias qualidades. Assim como seria deselegante se você anunciasse que tem a sensibilidade gustativa mais apurada, ou o gosto musical mais sofisticado, é socialmente inaceitável você simplesmente declarar que é excepcional em termos de moralidade. Tendo em vista, porém, que é exatamente isso que os exibicionistas morais querem comunicar, eles precisam explorar a linguagem para dizer isso de modo indireto. Evitando anunciar de maneira franca a sua superioridade moral, eles asseguram a negabilidade plausível. Podemos até imaginar alguém sendo acusado de fazer *grandstanding* e negar: "Ei, nós *não* estamos falando de *mim*. Sinto muito se eu acredito que cancelar as leis de controle de aluguéis é *tão* ruim assim". Já que existe um custo social para a atitude de autoengrandecimento público, os exibicionistas morais se permitem um modo de negar o que eles estão tramando. Contudo, o fato de eles usarem fala indireta sugere que muitas vezes sabem que sua atitude é inadequada.

Dentro de determinado contexto, porém, muitas vezes parece óbvio que alguém está praticando *grandstanding* mesmo que essa pessoa use fala indireta. Sendo assim, qual é o sentido usá-la? Note que é difícil inventar uma frase que contenha *grandstanding* óbvio e ao mesmo tempo seja algo que se poderia dizer em uma conversa qualquer. Isso ocorre porque grande parte da evidência que usamos para concluir que alguém está recorrendo a *grandstanding* depende do contexto: a personalidade e o caráter da pessoa, sua história de discurso moral, o assunto discutido, o tom de voz, as contribuições à presente discussão feitas por outras pessoas, e assim por diante.[15] Essas indicações são importantes porque *grandstanding* envolve o desejo de impressionar os outros, e é difícil perceber o que uma pessoa tem em mente. Toda essa evidência contextual, juntamente com o que a pessoa diz, pode sugerir que ela tem o Desejo de Reconhecimento.

Portanto, podemos concluir acertadamente que alguém está recorrendo ao *grandstanding* porque temos o auxílio do contexto. Mas eis a chave da questão: em geral, a fala indireta que é retirada de contexto não indica claramente que haja *grandstanding*. Já a fala direta indicaria. Fora de contexto, a frase "eu sou a pessoa mais moralmente sensível aqui" continua censurável. "Como alguém que há muito tempo luta em favor dos pobres" é menos censurável quando tirada de contexto. Portanto, existe um incentivo ao uso da fala indireta mesmo quando ela não protege no contexto. Evidentemente, nada disso significa que os exibicionistas morais executem sempre com êxito o seu ato de relativa astúcia, mas eles têm um bom motivo para tentar, e essa é a questão.

## OS EXIBICIONISTAS MORAIS ACREDITAM MESMO QUE SÃO MORALMENTE RESPEITÁVEIS?

O exibicionista moral busca convencer os outros de que é moralmente respeitável. Às vezes, ele quer ser considerado como parte daquele círculo. Outras vezes, quer que o considerem moralmente excepcional. Seja como for, ele geralmente quer que o considerem moralmente superior aos demais. Mas afinal será que os exibicionistas morais acreditam de fato que são melhores que os outros? Esse é um assunto que precisamos abordar: será que muitos exibicionistas morais pensam assim?

Definitivamente não. Imagine um político que, em seus discursos, finja compreender a situação dos operários americanos porque quer que os eleitores pensem que se importa com eles mais do que ninguém (e ficaria desapontado se os eleitores não pensassem assim depois de ouvi-lo). De acordo com nossa explanação, esse político se utiliza de *grandstanding*. Mesmo que ele não acredite de fato que é impressionante do ponto de vista moral, ele quer que os outros acreditem. Contudo, nós suspeitamos que muitos desses exibicionistas morais realmente pensam que são tão impressionantes quanto querem que acreditemos. Perceber isso pode nos ajudar a entender por que *grandstanding* é tão comum.

É provável que você pense que é melhor do que a maioria das pessoas em muitas coisas. Talvez você ache que é melhor motorista do que a maioria, ou que você é mais responsável, ou um pai ou mãe melhor. É provável que você se ache melhor do que o cidadão médio em vários aspectos. Psicólogos chamam de *autovalorização* a tendência a termos uma visão tão lisonjeira a respeito de nós mesmos. Estudos mostram, por exemplo, que nós tendemos a achar que somos mais competentes, ambiciosos, inteligentes e sábios do que o cidadão comum.[16] Também achamos que trabalhamos mais duro, somos menos preconceituosos, ficamos mais angustiados com os eventos de 11 de setembro e nos importamos mais com o meio ambiente do que as pessoas em geral.[17] Em uma descoberta particularmente embaraçosa para os autores deste livro e seus colegas, um estudo revelou que 90% dos professores universitários dizem que estão acima da média entre os professores.[18] De modo geral, damos a nós mesmos notas muito boas.[19]

Curiosamente, nossa autovalorização é ainda maior quando se trata de moralidade. Estudos mostram que tendemos a classificar nossa conduta como moralmente superior à da média das pessoas.[20] Assumimos que somos mais propensos a fazer o bem do que os outros, e menos propensos a praticar o mal.[21] Também tendemos a pensar que somos mais propensos a ser honestos e confiáveis.[22] Os psicólogos dão a isso o nome de *autovalorização moral*.[23] Nas palavras do psicólogo David Dunning, "as pessoas se colocam em pedestais morais que negam aos seus pares",[24] e essa tendência não é difícil de demonstrar empiricamente. De acordo com os psicólogos Nadav Klein e Nicholas Epley, "poucos desvios no discernimento humano são mais fáceis de demonstrar do que a presunção: a tendência de uma pessoa a acreditar que é mais moral que as outras".[25]

Tomemos em consideração alguns casos. Em um estudo, 80% dos participantes disseram que se recusariam a colar num exame, mas que apenas 55% dos seus colegas fariam o mesmo.[26] Em outro estudo, 83% dos participantes afirmaram que comprariam uma flor em apoio à pesquisa contra o câncer, mas apenas 56% dos seus colegas fariam o mesmo.[27] As pessoas tendem a pensar que se sentiriam pior do que os outros ao realizar uma ação antiética; e acreditam que são menos propensas que outras a ter um comportamento antiético extremo.[28] Até mesmo criminosos violentos acham que levam vantagem sobre o resto de nós em matéria de comportamento. Detentos deram a si mesmos uma classificação acima da média para todos os atributos pró-sociais, exceto o de cumprimento da lei, na qual eles modestamente se classificaram na média.[29]

Além disso, nós avaliamos a nós mesmos como indivíduos altamente éticos, não apenas com relação a outras pessoas, mas também em termos absolutos.[30] A autovalorização moral parece ser um fenômeno humano universal; ocorre da mesma forma na cultura oriental e na ocidental.[31] Quando se trata de moralidade, nós tendemos a nos considerar criaturas bastante impressionantes.

A essa visão lisonjeira que temos de nós mesmos, os psicólogos dão o nome de *ilusão de superioridade moral*.[32] Por que isso é uma ilusão? Para começar, nós não podemos ser *todos* melhores do que a média. Mas, além disso, décadas de pesquisa sobre caráter moral sugerem que nós não somos tão virtuosos quanto pensamos.[33] Nossas autoavaliações esplêndidas são provavelmente equivocadas. No âmbito moral, você seria apenas mediano.[34] Lembra-se do estudo, mencionado poucos parágrafos atrás, no qual 83% dos entrevistados disseram que comprariam uma flor para ajudar a levantar verbas para a pesquisa contra o câncer, mas que apenas 56% dos seus colegas fariam a mesma coisa? Depois da campanha de caridade em favor da pesquisa contra o câncer, os estudantes voltaram a ser sondados: apenas 43% deles haviam comprado uma flor.[35]

Nosso autoconceito moral é muito importante para nós.[36] Passamos boa parte da nossa vida tentando controlar as impressões que os outros têm de nós. Na psicologia, essas tentativas são conhecidas como "gerenciamento de impressões".[37] Se você se considera um funcionário competente e esforçado, vai querer que os outros tenham a mesma opinião. Por isso tenta cultivar essa impressão em seus colegas. Você pode sempre tentar parecer ocupado, por exemplo. Sempre tentamos apresentar uma imagem positiva de nós mesmos. Nós nos certificamos de que o barista na cafeteria veja nossa gorjeta. Nós mostramos Auden e Dickens na estante de livros, mas escondemos os romances de entretenimento. Shakespeare tinha razão quando afirmou que tratamos o mundo como um palco.

Não é de surpreender, então, que nos importemos tanto com nossa reputação moral e não poupemos esforços para administrá-la e protegê-la.[38] Andrew Vonasch e seus colegas realizaram um estudo que revelou até que ponto nos importamos com o que os outros pensam a respeito das nossas qualidades morais.[39] Eles descobriram que muitas pessoas prefeririam passar um ano na cadeia, perder uma mão ou até mesmo morrer a se tornarem conhecidas como criminosas, neonazistas ou serem apontadas como pedófilas por engano. Muitos voluntários escolheram enfiar a mão em uma tigela cheia de larvas vivas para evitar que a comunidade universitária soubesse que eles haviam recebido uma pontuação (alterada) alta para "racismo" num teste de associação implícita (IAT – *implicit association test*).

Se for importante para o autoconceito de uma pessoa que ela seja moralmente notável, ela desejará que outras pessoas saibam disso também. Não é de admirar que tantas pessoas façam o possível no discurso público para que acreditem naquilo que elas já acreditam sobre si mesmas: que elas são moralmente excepcionais. Em outras palavras, não chega a ser uma surpresa que as pessoas se sintam motivadas a se exibir nesse tipo de performance.

## *GRANDSTANDING* CONSCIENTE E INCONSCIENTE

De acordo com a Configuração Básica, exibicionistas morais tentam satisfazer o Desejo de Reconhecimento. Em muitos casos, um exibicionista moral buscará *conscientemente* satisfazer esse desejo. Psicólogos afirmam que algumas vezes o nosso gerenciamento de impressões é realmente consciente.[40] Alguém poderia pensar assim: "Eu gostaria que essas pessoas ficassem impressionadas com meu senso de justiça, então vou lhes dizer o seguinte". Nós podemos dar a isso o nome de *grandstanding consciente:* o exibicionista moral sabe que está tentando chamar atenção para suas qualidades morais, ainda que não defina isso como *grandstanding*.

Contudo, o *grandstanding* não tem de ser intencional. Algumas vezes nós agimos para satisfazer desejos mesmo sem pensar "Eu tenho de fazer algo para satisfazer essa minha vontade". Por exemplo: você provavelmente quer ter dentes saudáveis. E você escova os dentes porque quer isso. Mas raramente você pensa consigo mesmo: "Eu quero dentes saudáveis, por isso vou escová-los". É claro que você continua escovando os dentes para satisfazer esse desejo, mas você simplesmente não está pensando nisso. Algo similar pode ocorrer no caso de *grandstanding*. Você pode ter o Desejo de Reconhecimento e tentar satisfazê-lo com a Expressão de *Grandstanding*, mas sem pensar de modo consciente: "Vou dizer isso porque quero que as pessoas fiquem impressionadas com a minha excelência moral".[41]

Um crítico poderia discordar da seguinte maneira: "Se uma pessoa não está tentando *conscientemente* impressionar os outros com seu discurso moral, então ela não pode estar empregando *grandstanding*. Se lhe perguntássemos por que ela fez o seu nobre pronunciamento moral, sua explicação seria simplesmente que ela se importa com os pobres, ou com os operários americanos oprimidos. Mas isso não é *grandstanding*!".

Essa reação supõe uma visão ingênua do que sabemos a respeito da nossa própria mente. Em um famoso experimento dos psicólogos Richard Nisbett e Timothy Wilson, pessoas tinham de escolher entre vários pares de meia expostos aquele que mais lhes agradasse. Curiosamente, escolhiam sistematicamente as meias do lado direito da prateleira. Quando lhes perguntavam por que haviam escolhido aquele par em particular, elas não respondiam que era por causa da posição. Diziam que escolheram com base na qualidade ou na cor, mesmo quando as meias eram idênticas. Essas pessoas simplesmente buscaram – ou inventaram – motivos para justificar a sua escolha.[42] Os psicólogos chamam a isso de confabulação.[43] Porque nossas verdadeiras motivações são muitas vezes obscuras, nós tramamos ou confabulamos explicações para o nosso comportamento. Quando confabulamos, criamos histórias que combinam com o nosso autoconceito geral. Por exemplo, nós podemos racionalizar que escolhemos as meias porque reconhecemos uma coisa boa quando vemos uma, e aquelas meias eram simplesmente muito boas. Considerando que temos a nós mesmos na mais alta conta, não é de surpreender que moldemos argumentos a nosso favor quando estamos envolvidos num discurso moral. Isso nos faz sentir bem e importante. Embora racionalizemos o uso do discurso moral para propósitos admiráveis, talvez se escondam por trás deles propósitos mais duvidosos.

O dia a dia é cheio de exemplos de confabulação. Em seu livro *The Elephant in the Brain* [O elefante no cérebro], Kevin Simler e Robin Hanson sugerem os seguintes casos:

> Pais frequentemente impõem aos filhos horários de ir para a cama "para o próprio bem deles", quando um motivo mais egoísta parece igualmente provável – que os pais simplesmente querem uma ou duas horas de paz e silêncio sem as crianças. É claro que muitos pais acreditam genuinamente que o horário de dormir seja bom para seus filhos, mas essa crença é tão inexata que nos faz acreditar que haja algo mais por trás disso.
> Pessoas que fazem download de material protegido por direitos autorais – músicas, livros, filmes – costumam justificar suas ações dizendo "corporações gigantes e sem rosto levam a maior parte dos lucros dos artistas mesmo". O fato de que a maioria dessas pessoas nem sonharia em roubar CDs ou DVDs da Best Buy (também uma corporação gigante e sem rosto) sugere uma explicação diferente para o comportamento delas: a de que on-line elas se sentem anônimas e têm menos medo de serem flagradas.[44]

Eis outro caso:

> Pessoas que fazem pronunciamentos morais magnânimos nas mídias sociais e usam de discurso moral para envergonhar e silenciar os outros costumam justificar o seu comportamento dizendo que estão lutando pelos oprimidos ou defendendo o que é certo. Porém essas mesmas pessoas provavelmente não falariam dessa maneira em uma

**conversa presencial. Isso sugere que o que essas pessoas realmente querem é usar a sua plataforma pública para obter prestígio moral; ou pior, para dominar os outros visando aos benefícios sociais.**

Dito de maneira mais simples, frequentemente nos iludimos a respeito dos verdadeiros motivos para nos envolvermos em um discurso público. Às vezes praticamos encenação moral sem saber disso. Por que isso acontece? O psicólogo William von Hippel e o biólogo evolucionista Robert Trivers argumentam que os seres humanos evoluíram a ponto de ser capazes de se autoiludir acerca dos próprios motivos em situações nas quais demonstrar que se tem consciência desses motivos poderia revelar o que estão tramando e minar seus objetivos.[45] Muitas vezes, nós não temos consciência dos nossos próprios motivos para proceder a uma autovalorização, e uma das razões para isso é que evoluímos para suprimi-los. Faz sentido. Tentar conscientemente impressionar outras pessoas nos leva a agir de maneira inadequada, que é claramente autocentrada e, portanto, ineficaz. Se você já observou primeiros encontros em lanchonetes deve ter ouvido sem querer esse tipo de autovalorização. Isso tende a dar errado. Mas, se os motivos para nossa autovalorização são ocultados da nossa visão consciente, podemos ser mais sagazes no ato de impressionar os outros. Essa autoilusão traz uma vantagem a mais: se nos chamarem atenção por fazermos *grandstanding*, poderemos negar isso com a consciência tranquila. Afinal, nós *não achamos* que seja nossa intenção impressionar os outros.

Um grau de *grandstanding* é certamente proposital. Nós conscientemente tentamos "inflar" nosso ego com pronunciamentos públicos visando exibir retidão moral. Por mais triste que isso soe, porém, o *grandstanding* inconsciente é provavelmente mais comum do que muitos imaginam.

No início do livro, nós mencionamos que você poderia ter perguntas e dúvidas ao longo do caminho. A essa altura, talvez isso já esteja acontecendo. Então vamos explorar algumas possíveis dúvidas e objeções antes de prosseguirmos.

## GRANDSTANDING E FALSIDADE

Adversários ideológicos costumam acusar-se mutuamente de prática de *grandstanding* ou exibicionismo moral; aparentemente eles também acreditam que o suposto exibicionista esteja mentindo. Como resultado, talvez algumas pessoas pensem que quem faz *grandstanding* está dizendo inverdades. Mas isso é um equívoco.

Nada no *grandstanding* exige que quem o faça diga falsidades. Claro, exibicionistas morais podem querer que você acredite que eles são moralmente iluminados, e *isso* pode ser falso. Mas o que eles de fato *dizem* pode ser verdadeiro. Você pode imaginar um exibicionista moral postando alguma coisa desse tipo no Facebook, como um dos autores já fez uma vez:

> "Ninguém deveria morrer por não poder arcar com despesas de saúde, e ninguém deveria falir por ficar doente. Somos apenas tão fortes quanto o mais fraco dentre nós. Se você concorda, poste isso no seu Facebook ou Myspace pelo resto do dia."

Embora essa seja uma estranha relíquia de tempos mais simples na internet, não há nada de enganoso nessa declaração. Toda reivindicação moral contida nela pode ser verdadeira. Ainda que isso não a isente de servir como Expressão de *Grandstanding* – o que ela era (nós deveríamos saber).

Se você continua cético a respeito disso, veja novamente a declaração de Harvey Weinstein no capítulo 1. Pelo que se sabe, tudo o que ele disse é verdade; contudo, isso não muda a avaliação de que o seu *grandstanding* é de alta qualidade. A questão é simples, mas importante: deixar claro que você está dizendo a verdade não é uma defesa contra a acusação de *grandstanding*. Você pode dizer a verdade *e* fazer *grandstanding*.

É claro que exibicionistas morais dizem mentiras com frequência. De fato, como mostraremos no capítulo seguinte, algumas das dinâmicas sociais da busca por status no discurso público encorajam esse tipo de exibicionista a fazer exatamente isso.

## O *GRANDSTANDING* FUNCIONA?

Exibicionistas morais usam o discurso moral para ficar bem aos olhos dos outros. Querem que você pense que eles são moralmente respeitáveis. Mas as pessoas se deixam mesmo levar por esse ato? O *grandstanding* é um modo eficiente de moldar a sua reputação? Sabemos que o discurso moral pode ser explorado para ganho pessoal, e reconhecemos diversos tipos de *grandstanding*, se não todos eles. Balançamos a cabeça diante de exibicionistas morais, pensando "lá vai ele de novo". Contudo, muitas vezes o *grandstanding* funciona, o que ajuda a explicar por que tantas pessoas o praticam. Exibicionistas morais habilidosos, principalmente, podem convencer muita gente de que são modelos de moral. Por que o *grandstanding* funciona? E por que ele às vezes falha? Essas questões precisam ser estudadas empiricamente, mas nós podemos esclarecer alguns pontos aqui.

Em primeiro lugar, por que o *grandstanding* pode funcionar? Nós geralmente pressupomos que as pessoas não estão nos enganando.[46] A vida em sociedade seria bastante difícil se não pudéssemos confiar no que os outros nos dissessem. De acordo com o sociólogo Erving

Goffman, costumamos esperar que "um indivíduo que implícita ou explicitamente comunica que tem certas características sociais deve, de fato, ser o que declara que é".[47] Quando alguém emprega linguagem moral para dar a entender que é moralmente especial, faz isso com base no pressuposto de que as pessoas normalmente se apresentam de maneira precisa. O *grandstanding* pode ter êxito simplesmente porque nós tendemos a acreditar no que as pessoas dizem.

Contudo, os exibicionistas morais muitas vezes falham em convencer os outros da sua bondade moral. Por exemplo, nós duvidamos de que a declaração de Harvey Weinstein apresentada no capítulo 1 convenceu alguém de que ele é uma boa pessoa (ou sequer uma pessoa decente). O que explica, então, os sucessos ou os fracassos das tentativas de *grandstanding*? Existem muitas explicações possíveis para isso, e vamos sugerir duas delas.

Em primeiro lugar, o seu *grandstanding* terá menos sucesso se a imagem que você tenta projetar não está de acordo com a imagem que a sua audiência já tem de você. As pessoas não ficam impressionadas com o *grandstanding* de alguém quando elas já acreditam que esse alguém é uma má pessoa. Em outras palavras, é menos provável que o público acredite no *grandstanding* de um indivíduo se suspeitar que ele está sendo hipócrita. Esse é um dos motivos que condenaram o *grandstanding* de Weinstein a um fracasso tão escabroso. Sua má conduta, tão amplamente divulgada, estava em total desacordo com a alegação de que ele era do time do bem. Assim que o público percebe as discrepâncias entre a imagem que um exibicionista moral quer projetar e as verdadeiras qualidades dele, a consideração por ele diminui.[48] As pessoas não costumam tolerar hipocrisia.[49]

Em segundo lugar, quanto mais o seu público se identificar com suas crenças e valores morais, mais seu *grandstanding* terá êxito. Quanto mais diferentes as pessoas forem de você, menores serão as chances de impressioná-las. No Prêmio do Globo de Ouro de 2017, a atriz Meryl Streep fez um discurso criticando o presidente eleito Donald Trump, e a repercussão disso foi ampla. Ela disse:

> "Por favor, sentem-se. Obrigada. Eu amo todos vocês. Vocês terão de me perdoar. Perdi a voz de tanto gritar e me lamentar a semana inteira."[50]

No discurso que se seguiu, ela atribuiu o resultado da recente eleição a um abominável ataque aos valores progressistas de Hollywood, aos "estrangeiros" e à imprensa. Nós não podemos dizer com certeza que Streep estava fazendo *grandstanding*; porém, para que o nosso exemplo fique mais claro, vamos supor que ela estivesse. As reações à sua fala se polarizaram. Se você já concordava com os valores progressistas mencionados por Streep e com as crenças dela a respeito da eleição de Trump – como praticamente todos os que se encontravam no mesmo recinto que ela –, então provavelmente acreditou que ela fez uma ousada e corajosa defesa da justiça. A atriz Laverne Cox tuitou: "Ela disse tudo. Obrigada #MerylStreep pelo [seu] trabalho e por tudo o que você disse essa noite. #empatia #GoldenGlobes".[51] A comediante Retta tuitou: "Quero ser igual a ela. #MerylStreep".[52] E o músico Mark Ronson: "Eu repito, Meryl Streep é a maior".[53]

Por outro lado, se você discorda com vigor dos valores e crenças de Streep, provavelmente não se impressionou. Talvez você concordasse com o comentário crítico segundo o qual a "hipocrisia moral" é "típica da autoelogiosa Hollywood".[54] Essas reações amplamente divergentes ao mesmo discurso sugerem que quanto mais o seu público concorda com você, mais chances você tem de impressioná-lo com o seu *grandstanding*.

Agora que nós tomamos conhecimento de alguns fatores que influenciam o funcionamento do *grandstanding*, vamos voltar nossa atenção para uma importante questão relacionada a quem recorre ao *grandstanding*. Ele é mais comum em certos grupos ou não?

## O *GRANDSTANDING* É APENAS UM "PROBLEMA DA ESQUERDA"?

Pelo menos nos EUA e no Reino Unido, acusações públicas de *grandstanding* têm sido lançadas pela direita política contra a esquerda, particularmente contra a esquerda progressista. Contudo, alguns círculos de progressistas também estão preocupados com os exibicionistas morais em seu próprio meio. Como escreve Jane Coaston na *The New York Times Magazine*:

> "Não é difícil encontrar, em conversas entre progressistas, pessoas fazendo cara feia diante de um certo tipo de indivíduo: aquele que assume uma postura heroica em quase todas as situações – indignação furiosa por causa do elenco da adaptação *live action* de *Aladdin*, defesa veemente das roupas de Hillary Clinton, envolvimento emocional extravagante nos problemas de um grupo ao qual não pertence – no que parece um claro apelo a elogios, curtidas e uma aura de virtude que se seguem."[55]

Devido às crenças populares a respeito de quem é mais culpado pela prática de *grandstanding*, talvez você tenha escolhido este livro imaginando uma ladainha contra o estado lamentável da esquerda política. Se isso descreve suas expectativas, você já deve ter percebido que nossa Configuração Básica é, num sentido importante, bastante geral. Ela não faz referência ao conteúdo político das crenças de um exibicionista moral, porque poderia haver – e há – exibicionistas morais de todas as convicções políticas. Nosso perfil psicológico de exibicionistas morais é igualmente amplo. Os mecanismos psicológicos que contribuem para o comportamento ligado ao *grandstanding* são características humanas gerais, não limitadas aos membros de nenhum grupo em particular.

Basta percorrer rapidamente a história política para confirmar que o *grandstanding* não se limita à esquerda dos dias atuais. Se considerarmos apenas os Estados Unidos, antes desse aparente despertar do *grandstanding* progressista, houve exibicionismo moral no âmbito da segurança nacional depois dos ataques de 11 de setembro e durante a Guerra do Iraque, quando políticos norte-americanos aproveitavam qualquer oportunidade para mostrar que eles não eram "coniventes com o terrorismo". O pior momento para o ridículo *grandstanding* que se via nessa fase veio quando o congressista republicano Bob Ney mandou que os restaurantes do Congresso mudassem o nome das batatas francesas [batatas fritas] para "batatas da liberdade" em resposta à recusa da França em apoiar a invasão ao Iraque. Antes disso, houve o escândalo sexual de Clinton, que desencadeou um interminável movimento de *grandstanding* conduzido pela direita sobre moralidade sexual e capacidade para liderar. No início dessa década, a esquerda renovou o seu interesse no politicamente correto, um movimento que teve início nos Estados Unidos na década de 1970. Talvez o ápice para o *grandstanding* da direita na nossa época tenha acontecido durante o reinado da Maioria Moral, cujas principais figuras criaram reputações nacionais para suas exibições públicas de devoção moral. E, é claro, antes de tudo isso teve lugar a "Ameaça Vermelha"; nessa época, as figuras públicas competiam pelo título de anticomunista mais fervoroso, e coagiam outros a colaborar.

É interessante especular por que a reputação de serem os piores exibicionistas morais se espalha entre grupos e associações políticas. Ter poder político não parece uma explicação viável, e tal reputação claramente não se restringe a nenhuma ideologia ou associação partidária. Além do mais, pessoas honestas podem reconhecer que o próprio lado faz isso.

Essas observações sobre a distribuição do *grandstanding* são respaldadas pelo trabalho preliminar científico e social que realizamos.[56] Comentamos anteriormente que nossos estudos sugerem que pessoas se envolvem em *grandstanding* em busca de prestígio ou de domínio. Esses mesmos estudos também sugerem que o *grandstanding* – particularmente quando se destina à obtenção de prestígio – é relativamente comum e difundido. Além do mais, nós descobrimos que associações políticas específicas não estão vinculadas nem ao *grandstanding* por prestígio, nem por domínio. Em outras palavras, o *grandstanding* não parece estar mais associado a crenças da direita ou da esquerda. Democratas e republicanos são igualmente propensos à prática de *grandstanding*, assim como liberais e conservadores. Curiosamente, porém, nós descobrimos que pessoas com opiniões políticas mais extremadas (tanto de esquerda quanto de direita) são mais propensas à prática de *grandstanding* por prestígio do que os centristas. Contudo, o mesmo não acontece no caso de *grandstanding* por domínio. Em outras palavras, enquanto indivíduos nos extremos opostos do espectro político são mais inclinados ao *grandstanding* por prestígio, o *grandstanding* por domínio encontra-se distribuído igualmente em todo esse espectro.

Em resumo, e apesar de a visão popular atual sobre o assunto, o *grandstanding* não é apenas um problema da esquerda; pelo contrário, é um comportamento bastante popular. Contudo, pessoas que têm opiniões políticas radicais são mais propensas a fazer *grandstanding* por prestígio do que pessoas com opiniões mais moderadas.

## NÓS ESTAMOS FAZENDO *GRANDSTANDING*?

No instante em que viram o título deste livro, muitas pessoas voltaram a atenção para nós, os autores, desconfiadas de que estivéssemos envolvidos na prática de *grandstanding*. O raciocínio é mais ou menos assim: se escrevemos um livro inteiro que versa sobre o discurso moral, dizendo às pessoas quão mal elas se comportam no discurso público e declarando que conhecemos um modo melhor de fazer as coisas, não estamos nós mesmos tentando parecer melhores do que os outros? Não estamos fazendo *grandstanding*?

Se essa é a sua reação, temos de admitir que ficamos lisonjeados com a atenção. Ainda assim, se alguém considerasse isso uma objeção séria ao livro, mesmo depois de pensar bem a respeito, então seria um tanto decepcionante porque, mesmo que fôssemos horríveis exibicionistas morais, nossos argumentos ainda poderiam ser bons. Se somos ou não boas pessoas simplesmente não é relevante para saber se estamos certos sobre *grandstanding*. Pense nisso da seguinte maneira: imagine que este livro foi escrito por um robô incrivelmente inteligente que tem observado as redes sociais. Você poderia avaliar os argumentos do robô sem se preocupar com outros fatos relacionados a ele. Você pode, e deve, fazer o mesmo conosco. Contudo, nós já entendemos o que se passa. Por alguma razão, pode ser importante para você acreditar que este livro é um ato de *grandstanding*. Podemos suportar esse golpe. É evidente que nossa negação teria pouca relevância para alguém que já duvida dos nossos motivos. Você responderia simplesmente que não acredita nos nossos relatos explicando se fomos ou não movidos pelo Desejo de Reconhecimento. Agora, estamos presos em uma batalha interminável de acusações e negações. Esse inútil vaivém é uma boa evidência para uma sugestão geral que defenderemos mais adiante: a de que não devemos sair por aí acusando pessoas de *grandstanding*.

De qualquer maneira, acreditamos que a verdade ou a inverdade da nossa teoria a respeito do *grandstanding* é muito mais interessante do que especular se somos ou não exibicionistas morais. Aliás, é bem isso que uma dupla de exibicionistas morais *diria*.

## E QUANTO À "SINALIZAÇÃO DE VIRTUDE"?

Alguns anos depois que começamos a escrever sobre *grandstanding*, nós notamos pessoas usando a expressão "sinalização de virtude". As duas ideias, *grandstanding* e sinalização de virtude, estão claramente relacionadas, e desconfiamos que as duas expressões são usadas alternadamente. Rótulos geralmente não têm muita importância. Afinal de contas, o que nos interessa é a ideia à qual o rótulo está associado. Às vezes, porém, um rótulo para uma ideia faz um trabalho melhor do que outro de promover a compreensão e limitar a desordem. Nós acreditamos que esse seja o caso aqui; portanto, vamos explicar em poucas palavras por que consideramos *grandstanding* uma palavra mais adequada para o fenômeno em que estamos interessados.

Pelo que sabemos, a expressão "sinalização de virtude" surgiu na linguagem popular em 2015.[57] Muito do seu uso atual envolve reclamações da direita política a respeito do comportamento da esquerda (e críticas à direita feitas pela esquerda por ser criticada dessa maneira). Sem dúvida a expressão passou a ter uma conotação política. Nós achamos melhor não a usar, não apenas por esse motivo, mas também porque a expressão pode ser enganosa.

"Sinalização", como um conceito usado em biologia e psicologia, não envolve necessariamente *tentativas* ou *desejos* de comunicar. Sinais são comportamentos ou características de um organismo que ou comunicam informações intencionalmente ou foram selecionados ao longo da evolução porque comunicam informações que tornam o organismo mais adaptado. Pavões têm longas fileiras de penas que sinalizam aptidão sexual para as fêmeas: quanto maior a fileira, mais apto a sobreviver (você tem de ser saudável e forte para arrastar aquele peso por aí) e, portanto, melhor para o acasalamento.[58] Mas o pavão não *tentou* fazer com que as penas crescessem para essa finalidade. Muitos insetos venenosos têm cores intensas, o que indica ao predador que ele deve evitá-los. A coloração deles é um sinal, mas, novamente, eles não estão tentando enviá-lo.[59]

Os seres humanos enviam alguns sinais intencionalmente. Por exemplo, algumas pessoas dirigem carros caros porque querem que os outros pensem que elas são ricas. Mas muitos comportamentos humanos transmitem sinais, quer tenhamos ou não a intenção de fazê-lo. Usar um Rolex, dirigir um Prius ou ouvir a estação de música clássica pode enviar sinais a seu respeito, mesmo que você não esteja consciente disso. Nós também podemos nos enganar com relação aos sinais que estamos enviando. O economista Bryan Caplan argumenta que, embora a maioria das pessoas acredite que o nosso sistema educacional serve, principalmente, para formar adultos inteligentes, qualificados e equilibrados, isso não acontece.[60] Segundo Caplan, a principal função do sistema de educação – especialmente faculdades e universidades – é sinalizar a potenciais empregadores quão inteligente e consciencioso você é, e como você se adapta às expectativas dos outros. Isso é exatamente o que os empregadores modernos buscam: membros de equipe que sejam colaborativos e que trabalhem duro. Contudo, quem vai para a faculdade sabendo que ter um diploma mostra aos empregadores que o indivíduo é um membro de equipe colaborativo e que trabalha duro? Nós certamente não sabíamos.

Enquanto o que se comunica por sinalização é em grande parte involuntário, o fenômeno a que chamamos de *grandstanding* ocorre quando você quer que os outros pensem algo a seu respeito, ou quando você tenta levá-los a pensar algo. Tendo em vista que muita sinalização acontece involuntariamente, nós consideramos que a expressão "sinalização de virtude" pode levar a enganos, e por isso decidimos não a usarmos.

Há outro motivo para que "sinalização de virtude" seja uma expressão enganosa. Note que quando dizemos "X envia um sinal Y", no mais das vezes queremos dizer que "X tem realmente Y". Por exemplo, suponha que nós disséssemos: "Ter um diploma de pós-graduação sinaliza que uma pessoa tem conhecimento e liberdade econômica para dedicar seis anos da sua vida aos estudos". Em circunstâncias normais, diríamos isso se quiséssemos comunicar que essas coisas são verdadeiras para pessoas com diplomas de pós-graduação. Portanto, dizer que alguém está sinalizando virtude pode erroneamente levar a crer que a pessoa *é realmente* virtuosa. Mas, como sabemos, a maioria das acusações de sinalização de virtude não tem o propósito de sugerir que a pessoa tem, de fato, virtude.

Eis outra fonte potencial de confusão. A expressão "sinalização de virtude" leva a crer que se está sinalizando (ou tentando sinalizar) a *virtude* de alguém. Normalmente, quando pensamos em virtude, pensamos em excelência de caráter. Como explicamos no início do capítulo, uma pessoa pode fazer *grandstanding* sem tentar levar outros a pensar que ela tem um excelente caráter. Essa pessoa pode simplesmente querer que os outros pensem que ela é moralmente decente e nada mais (enquanto a maioria se encontra até mesmo abaixo desse patamar). Quando usamos a palavra *grandstanding*, não supomos que uma pessoa tente levar outros a reconhecer especificamente a sua virtude.

Analogamente, a expressão "sinalização de virtude" inspira alguns a falar de "sinalização de vício". A "sinalização de vício" envolve supostamente gabar-se por ser uma pessoa má. Os adeptos do libertarianismo, por exemplo, podem "sinalizar o vício" de que pouco se importam com a situação dos pobres. Contudo, parece-nos que "sinalização de vício" é mais bem compreendida como apenas outro tipo de *grandstanding* cujo objetivo é impressionar o seu círculo com os valores morais "corretos" (fãs da autora Ayn Rand iriam admirá-lo por certas "sinalizações de vício") ou aviltar os que não fazem parte do seu círculo, os que têm valores morais "incorretos" (aqueles que irresponsavelmente defendem os fracos e preguiçosos). De mais a mais, se a discussão sobre "sinalização de vício" continuar a se propagar, nós logo veremos um grande número de argumentos inúteis especulando se determinado indivíduo está "sinalizando virtude" ou "sinalizando vício", dependendo dos valores (bons ou ruins) que ele esteja comunicando. Na nossa opinião, essa expressão deve ser completamente evitada.

Por fim, com frequência as pessoas acusam outras de sinalização de virtude porque suspeitam que quem sinalizou não acredita de fato na queixa moral que está fazendo. Em outras palavras, a acusação é de que quem sinalizou virtude está sendo hipócrita. A pessoa está meramente sinalizando, sem real envolvimento, que outras pessoas deveriam se sujeitar a alguma exigência moral na qual elas nem mesmo acreditam. Essa fixação na hipocrisia é limitada e leva as pessoas a ignorar outros problemas que advêm do uso do discurso moral para autopromoção. Como veremos mais adiante, alguns dos problemas mais sérios envolvendo o *grandstanding* moral ocorrem porque muitas vezes os exibicionistas morais *são* sinceros. É claro que os exibicionistas morais às vezes são insinceros também. Você pode fazer *grandstanding* independentemente do fato de acreditar no que diz ou não.

Talvez nenhuma dessas preocupações seja, isoladamente, razão suficiente para rejeitar a expressão "sinalização de virtude". Juntas, porém, elas mostram que a expressão pode ser extremamente enganosa. Por que não simplesmente evitá-la?

Contudo, nós devemos admitir que existe uma esfera de autopromoção moral na qual a "sinalização de virtude" parece ser a melhor expressão: a esfera dos comportamentos não linguísticos. Suponha, por exemplo, que Tosi queira que as pessoas acreditem que ele se preocupa profundamente com o meio ambiente. Ele pode comprar um Prius. Soa estranho chamar isso de *grandstanding*. "Sinalização de virtude" parece ser a descrição que melhor se aplica a esse caso, embora continue sendo uma expressão potencialmente enganosa, como observamos. Este livro, porém, diz respeito ao uso e abuso do *discurso* moral, e por isso nós não nos preocuparemos muito com formas não linguísticas de presunção moral.

## CONCLUSÃO

*Grandstanding* é o uso do discurso moral para autopromoção. De acordo com nossa Configuração Básica do fenômeno, ele envolve o desejo (razoavelmente forte) de que outras pessoas tenham uma boa opinião a nosso respeito com base em nossas qualidades morais, e envolve também uma contribuição ao discurso público planejada para satisfazer esse desejo. Para fazer *grandstanding* você não precisa saber que está fazendo *grandstanding*, nem precisa dizer nada falso. Neste capítulo, já falamos bastante a respeito das características gerais do *grandstanding*. Mas nossa discussão foi um pouco abstrata até o presente momento, e seria proveitoso saber como o *grandstanding* costuma se mostrar em seu meio natural. No próximo capítulo, nós ofereceremos exatamente isto: um guia de campo para o *grandstanding*.

# CAPÍTULO 3

## *GRANDSTANDING*: UM GUIA DE CAMPO

Tentativas de impressionar os outros são comuns na vida em sociedade. No mais das vezes isso não tem nada a ver com moralidade. Algumas pessoas, por exemplo, tentam impressionar os outros com a sua inteligência. Um modo de fazer isso é corrigindo as afirmações de outras pessoas. Um amigo seu observa que a K2 é a segunda montanha mais alta do mundo. Você dispara: "Sim, mas apenas em elevação, porque em termos de altitude ela não está nem entre as 20 maiores". Alguns salpicam detalhes desnecessários em suas histórias para insinuarem sua inteligência. No meio de uma história sobre uma extração de dentes, uma colega menciona casualmente que a cirurgia aconteceu na mesma semana em que ela alcançou a pontuação máxima no Teste de Admissão para a Faculdade de Direito. Alguns colecionam títulos acadêmicos e os deixam à vista. Outros irrompem em uma defesa de tese exclamando: "Peço desculpa pelo atraso, mas Stravinsky estava tocando no rádio e eu simplesmente tive de ouvir até o fim!". Um adolescente que acabou se tornando professor de filosofia em Harvard costumava carregar consigo um exemplar da *República*, de Platão, pelo Brooklyn com a capa voltada para cima.[1] Uma pessoa moderadamente sagaz poderia passar a vida inteira planejando maneiras de fazer chegar ao conhecimento dos outros quão inteligente ela é.

O mesmo se aplica ao *grandstanding*. As pessoas usam o discurso moral de modos criativos para fazer com que os outros pensem que elas são impressionantes do ponto de vista moral. No último capítulo, em uma explanação psicológica geral, nós investigamos o *porquê* do *grandstanding*; neste capítulo, discutiremos o *como*. Nós identificamos cinco maneiras comuns de fazer *grandstanding*: reafirmação, escalada, performance,[2] exibição de emoções intensas e indiferença. Ao longo do livro, nós utilizaremos pesquisas em psicologia para explicar por que o *grandstanding* toma essas formas.

Primeiramente, queremos prevenir um mal-entendido natural. Este capítulo contém um guia de campo para o *grandstanding*. Nós mostraremos a você por que o *grandstanding* toma com frequência a forma de, por exemplo, indignação moral excessiva. Mas nós não vamos afirmar que sempre que uma pessoa exibe indignação excessiva ela está envolvida em *grandstanding*. Não estamos propondo um *teste* para determinar se alguém está ou não fazendo *grandstanding*. Lembre-se da pessoa que coleciona títulos acadêmicos para impressionar os outros com a sua inteligência. Para alguns, essa é realmente a razão principal para colecionar títulos. Mas obviamente seria um equívoco concluir que *todos* os que possuem vários títulos acadêmicos estão só tentando se exibir. Algumas pessoas simplesmente podem gostar de estudar, por exemplo.

Por isso, nosso objetivo é mostrar a você que aspecto o *grandstanding* costuma ter, não lhe oferecer um método infalível para identificar exemplos inquestionáveis de *grandstanding*.

## REAFIRMAÇÃO

Muitos de nós já nos vimos presos em reuniões que parecem nunca ter fim. Um motivo que muitas vezes torna as reuniões intermináveis é a repetição do que já havia sido dito. Por que as pessoas se pronunciam apenas para dizer algo que já foi satisfatoriamente comunicado, talvez até várias vezes? É provável que não estejam prestando a devida atenção. Ou talvez elas apenas queiram ser vistas colaborando de algum modo, mesmo que seja apenas para promover a ideia de terceiros. Elas podem simplesmente querer ser vistas como membros da equipe, como colegas de trabalho agradáveis, ou como alguém cuja filosofia está alinhada com os valores da organização. Sejam quais forem os motivos delas, nós estamos presos lá, e, em vez de nos dedicarmos ao trabalho real, temos de esperar até que elas terminem de tagarelar.

Algumas vezes, o discurso moral parece seguir o modelo da reunião interminável. As pessoas entram em discussões de teor moral para no fim das contas não dizer nada mais do que palavras de apoio. Nós damos a esse fenômeno o nome de "reafirmação". Como o próprio nome sugere, ele ocorre quando alguém participa do debate moral público apenas para anunciar que concorda com alguma coisa que já havia sido dita. Quando as pessoas fazem *grandstanding* valendo-se de reafirmação, elas estão apenas tentando participar do acontecimento ou registrar a sua inclusão no lado certo. Isso pode ser feito de diversas maneiras. Alguém pode empregar reafirmação reutilizando uma observação feita anteriormente por alguém, repetindo-a palavra por palavra ou simplesmente registrando que concorda com o que todos haviam dito.

As reafirmações são provavelmente o tipo de comentário mais fácil de se encontrar nos debates na internet. Por exemplo, suponha que inúmeras postagens num tópico de discussão defenderam apaixonadamente a criação de uma petição para protestar contra alguma injustiça. As intenções do grupo já haviam ficado perfeitamente claras, e a questão não está mais em debate. Mesmo assim, alguém acrescenta o seguinte comentário:

"Preciso concordar com o que outros já disseram. Essa petição é vital para a causa da justiça, e eu a apoio de todo coração. Nós precisamos mostrar que estamos do lado certo da história. Mal posso esperar para assinar."

Reafirmação às vezes também indica um comportamento muito mais sinistro, como quando as pessoas na mídia social dirigem momentaneamente a sua raiva para um único infrator de alguma suposta regra e todos repreendem e humilham essa pessoa publicamente. É claro, isso continua até que os que fazem a reafirmação conseguem arrancar um testemunho de arrependimento do seu alvo; a essa altura, tal declaração já é considerada insuficiente ("muito pouco, muito tarde") e esquadrinhada em busca de novas infrações, que, por sua vez, atraem mais reafirmação.

Como exemplo de reafirmação na vida real, considere o caso de Keziah Daum, uma adolescente branca que compartilhou nas redes sociais imagens de si mesma num vestido chinês tradicional justo que ela usou para a festa de formatura. Um internauta comentou nas fotos dela: "A minha cultura NÃO É o seu maldito vestido de formatura!", um brado de guerra para fazer pressão contra Daum por apropriação cultural. Esse comentário foi depois retuitado mais de 40 mil vezes.[3]

Faz todo o sentido que o *grandstanding* assuma a forma de reafirmação. Quando você quer que outros acreditem que você professa os valores do seu grupo preferido, uma estratégia óbvia para satisfazer esse desejo é registrar a sua opinião publicamente, mesmo que essa atitude não contribua em nada com a discussão. Adicionar a sua própria condenação a um ato de pressão acumulativa de desmoralização é uma maneira simples e barata de difundir suas crenças morais.

Exibicionistas morais que fazem esse tipo de reafirmação tentam deixar claro que estão do Lado Certo. Em muitos casos, o exibicionista acredita genuinamente que o alvo tem culpa e merece passar pela humilhação pública. O que a moralidade exige do exibicionista também lhe dá a oportunidade de mostrar suas credenciais éticas.

Mas há bons motivos para acreditarmos que alguns exibicionistas morais que fazem esse tipo de reafirmação têm dúvidas (ou são até mesmo céticos) de que o alvo "do dia" mereça de fato ser atormentado. Ainda assim participam da pressão, para parecerem moralmente respeitáveis diante dos outros integrantes do grupo.

Há bastante tempo os psicólogos sociais sabem que as pessoas muitas vezes se mostram de acordo com os pronunciamentos públicos do seu grupo, mesmo quando discordam privadamente. O pioneiro em psicologia social Solomon Asch mostrou precisamente isso em seu famoso trabalho sobre conformidade.[4] Em seu experimento mais conhecido, um único participante foi colocado num grupo com atores que se comportavam de acordo com um roteiro estabelecido pelo pesquisador (os psicólogos chamam a esses atores de "confederados"). Os confederados deram respostas intencionalmente (e claramente) erradas sobre o comprimento relativo de linhas que foram mostradas para o grupo. Com frequência, os reais participantes afirmaram concordar com as respostas erradas (cerca 36% das vezes), até quando eles mais tarde admitiam que não concordavam.[5]

Mesmo sem ter nada a perder, em um ambiente imensamente artificial e lidando com uma questão banal, as pessoas eram avessas a "criar caso" (como um participante definiu) discordando do grupo. Outra versão do experimento envolvia colocar um confederado discordante junto com a maioria errada; o resultado foi que os participantes ficaram mais propensos a expressar suas verdadeiras crenças.[6] É importante observar que os participantes reais dessa versão do experimento alegaram, de maneira geral, que a presença de outra pessoa que discordava da maioria não facilitou a própria manifestação de discordância. Ainda assim, discordar da maioria foi mais frequente com um colega discordante do que sem esse ele. As pessoas, portanto, não têm necessariamente consciência da intensidade com que são afetadas pela pressão para se adequarem.

Assim como queremos que os outros pensem que somos competentes para decidir sobre o cumprimento de linhas, também queremos que nossos amigos pensem que somos moralmente respeitáveis. Portanto, as pessoas podem até ter dúvidas em seu íntimo quanto à justificativa para a prática de reafirmação, mas isso não impedirá que façam *grandstanding* para participar da ação.

Os estudos sobre conformidade de Asch mostram que muitos exibicionistas morais seguirão em frente com mensagens de reafirmação, mesmo tendo dúvidas de que sua ação é justa. Contudo, um imenso volume de pressão causa uma humilhação pública obscena. Será que as pessoas chegarão de fato tão longe para provar que estão do Lado Certo, mesmo sem saber com certeza se o objeto da sua raivosa condenação fez mesmo algo errado?[7]

Em estudos recentes, o sociólogo Robb Willer e colaboradores expandiram os resultados de Asch para mostrar que as pessoas realmente irão mais longe.[8] Em uma pesquisa, voluntários classificaram um vinho como muito melhor do que um outro vinho (idêntico) em decorrência de pressão social, embora eles particularmente tenham concluído que os vinhos eram similares. Muitos desses mesmos voluntários acabariam depois constrangendo um membro dissidente que havia classificado os vinhos como similares. Em outras palavras, as pessoas punem indivíduos que não seguem o que elas julgam ser uma opinião geral, ainda que elas próprias – as pessoas que punem – não concordem verdadeiramente com essa opinião geral.[9] Willer e seus colegas chamam a isso de "falsa imposição de regras". À primeira vista, trata-se de um comportamento estranho. Por que puniríamos outras pessoas por terem uma opinião com a qual nós mesmos não concordamos?

Willer e seus colaboradores argumentam que, quando as pessoas adaptam suas opiniões públicas para se integrarem e evitarem crítica, elas se preocupam com a possibilidade de que essas opiniões pareçam insinceras e oportunistas. Como convencer os outros de que você é sincero quando tudo o que você faz é seguir a multidão? Um modo de fazer as coisas que você diz parecerem mais sérias é dar o exemplo – não somente falar, mas também fazer. E assim aqueles que, em seu íntimo, carregam dúvidas encontram uma solução natural: punir os dissidentes.

Quando você se dá ao trabalho de punir as pessoas que têm "pontos de vista errados", você mostra de maneira muito convincente que é um seguidor fiel. O resultado disso é uma "dinâmica de autorreforço": uma pessoa defende opiniões para evitar críticas, e então critica outros para evitar suspeita de insinceridade. Os outros veem que você está punindo alguém em razão do "ponto de vista errado" dela e concluem que devem fazer o mesmo, e passam a punir outros indivíduos. Em alguns casos, grandes blocos de supostos "seguidores fiéis" acabam não apenas apoiando um ponto de vista no qual não acreditam, como punindo aqueles que não acreditam nesse ponto de vista!

Esse registro a respeito de imposição de regras pode ajudar a explicar alguns dos ataques em massa que vemos nas redes sociais. Quanta fala moral é conduzida por pessoas que buscam se integrar? Quantas pessoas não consideraram como apropriação cultural nociva o ato de usar um vestido tradicional chinês para um baile, mas, mesmo assim, participaram das críticas a quem usou o vestido por acreditarem que era isso que o seu grupo esperava que fizessem? É difícil dizer.[10]

A pressão para que uma pessoa se ajuste ao comportamento de um grupo é ainda mais forte quando a participação nesse grupo é parte importante da sua identidade social. Isso se aplica principalmente a novos membros de grupos. Em fraternidades e irmandades, por exemplo, membros se consideram mais próximos das características dos seus grupos no início dos seus vínculos do que mais tarde.[11] Em outras palavras, eles se enquadram para sentir que as próprias concepções, como membros do grupo, encontram equivalência. É fácil imaginar pessoas adotando e expressando crenças morais que são vistas com bons olhos dentro do grupo por razões similares.

Pessoas que não conseguem se enquadrar adequadamente correm o risco de ser vítimas do que os psicólogos chamam de Efeito da Ovelha Negra.[12] Como seria de esperar, as pessoas avaliam mais favoravelmente os membros mais importantes do seu grupo do que os de outros grupos. Mas também avaliam membros divergentes ou menos importantes do seu próprio grupo *mais* negativamente do que avaliam membros equivalentes de outros grupos. Isso faz sentido, se pensar bem. Você pode admirar membros intransigentes de partidos políticos rivais em pelo menos uma coisa: mesmo que estejam errados, eles têm princípios. E até membros moderados do partido de oposição podem ser úteis – na verdade, eles são até bem razoáveis quando resolvem apoiar políticas que lhe agradam. Mas membros divergentes no seu próprio partido precisam ficar atentos. Por acaso não sabem de que lado estão? Veja, por exemplo, o que alguns republicanos convictos disseram sobre o senador John McCain quando ele criticou o presidente Trump; ou veja o que a ala progressista do Partido Democrata fala sobre o presidente Clinton e sua agenda de centro-esquerda que ele seguiu nos anos de 1990. Em ambos os casos você pode notar o Efeito Ovelha Negra em ação.

Em outras palavras: para os membros do seu grupo, a pior coisa que você pode ser é a ovelha negra. Ser a ovelha negra é ainda pior do que jamais ter pertencido ao grupo. Quando as pessoas que fazem parte do seu grupo discutem uma questão moral, os riscos são grandes. Mesmo o menor deslize pode se tornar um grande problema, e pode acabar com o seu prestígio dentro do grupo em questão. Assim sendo, muitas vezes vale a pena dialogar e lembrar a todos que você está ao lado deles, ainda que tenha dúvidas sobre o que está sendo feito.

Alguém poderia argumentar que nós parecemos classificar como casos de *grandstanding* todas as declarações de solidariedade. Afinal, quando você demonstra solidariedade para com uma causa ou um grupo de pessoas, você faz uma afirmação de teor moral – afirmação essa que no mais das vezes não acrescenta nada ao que outros já haviam dito –, apenas para que suas opiniões morais se tornem conhecidas. A finalidade de mostrar solidariedade é ser visto publicamente como apoiador de um grupo desfavorecido ou uma pessoa desfavorecida, por exemplo, para que as pessoas reconheçam que você se encontra nessa posição. Mas certamente não há nada de errado em se mostrar solidário a uma causa que valha a pena. Por isso, se o nosso relato condena tais declarações como manifestações típicas de *grandstanding*, isso é um problema.

Nós reconhecemos que muitas declarações de solidariedade são saudáveis, e que seria incorreto descrevê-las como *grandstanding*. Os tipos de declaração de solidariedade que temos em mente são aqueles motivados sobretudo por um desejo de ajudar as pessoas às quais o orador dirige a sua solidariedade. Nesses casos, dizer simplesmente que o autor da declaração espera obter reconhecimento por ter determinada postura moral é descrever de modo equivocado e incompleto a motivação desse autor. Ele está essencialmente esperando conseguir esse reconhecimento *a fim de ajudar outras pessoas*. Tal indivíduo se sentiria supostamente desapontado – e talvez até um pouco culpado – se fosse a única pessoa a se beneficiar do que disse. Um exibicionista moral, por outro lado, não ficaria tão desapontado. Na verdade, um exibicionista moral ficaria satisfeito por ter recebido o reconhecimento que buscava, e desapontado se a sua tentativa fracassasse.[13]

## ESCALADA

Na última metade do século XX, os soviéticos e os americanos se envolveram em uma corrida armamentista nuclear. No início dos anos 1980, os dois lados haviam estocado dezenas de milhares de mísseis.[14] O que os levou à corrida armamentista? O desejo de evitar ser superado pelo outro lado.[15] Depois de cada nova bomba produzida, os soviéticos não diziam "bem, esse número de bombas já é suficiente, podemos parar agora". Em vez disso, continuaram produzindo bombas para não ficar atrás dos americanos e acumular mais mísseis que o adversário. Tratava-se de uma competição. Cada lado tentava sobrepujar o outro.

O discurso moral acaba, com frequência, tornando-se uma corrida armamentista moral, na qual as pessoas fazem declarações cada vez mais vigorosas sobre o assunto em discussão. Chamamos a isso de *escalada*. Quando se envolvem no processo de escalada, as pessoas não tentam chegar à declaração moral correta, assim como os soviéticos e os americanos não tentavam produzir o número correto de bombas. Em vez disso, essas pessoas estão tentando se sobrepujar. O que as guia é o desejo de serem as mais marcantes em termos de moralidade. Por isso elas usam declarações de teor moral cada vez mais intensas para indicar sintonia com questões de justiça, e que os outros simplesmente não compreendem nem valorizam as implicações ou a gravidade da situação.

O *grandstanding* muitas vezes assume a forma da escalada. Observe o seguinte diálogo:

> **ANN:** Podemos todos concordar que a senadora se comportou de maneira errada e que ela deveria ser repreendida publicamente.
> **BEN:** Ah, tenha paciência! Se realmente nos importássemos com justiça tentaríamos fazer com que ela fosse removida do cargo. Nós não podemos simplesmente permitir esse tipo de comportamento, e eu não tolero isso.

CHIP: Como alguém que há muito tempo luta por justiça social, vejo essas sugestões com simpatia, mas vocês sabem o que diz a lei penal a respeito dessa questão? Eu sugiro que pensemos em mover ações criminais. Não é demais lembrar que o mundo está observando.

Por que o *grandstanding* segue esse padrão? As pessoas costumam se imaginar ocupando uma determinada posição em comparação com os outros. Os psicólogos dão a isso o nome de "comparação social".[16] Por exemplo, classificamos nossa beleza e nosso senso de humor com base em quão bonitas ou engraçadas são as outras pessoas. Como vimos no capítulo 2, a maioria de nós se considera esplêndida no campo da moral.

Geralmente fazemos essa avaliação acerca da nossa relativa pureza moral antes de ouvir os outros falarem a respeito das coisas em que acreditam. Quando tomamos conhecimento do ponto de vista dos outros (ou pelo menos do que eles alegam ser o seu ponto de vista), nós temos duas opções: ou aceitamos que somos moralmente comuns e mantemos nossas opiniões, ou as alteramos um pouco (ou pelo menos sua apresentação) para conservar o nosso *status* de modelo moral dentro do grupo. Muitos preferem a segunda opção. E, assim, o que antes era um ponto de vista razoável, deve agora ser substituído por algo um pouco mais severo moralmente.

Vamos voltar à conversa anterior para ver como isso pode acontecer. Antes de começarem a conversar, Ann, Ben e Chip provavelmente se consideravam moralmente impecáveis em matéria de justiça. Mas então Ann falou. Uma vez que Ann expôs o seu diagnóstico moral, Ben e Chip devem agora agir para preservar a posição que sentem ter dentro do grupo. Eles devem aumentar a aposta, ou então parecerá que alguém com credenciais morais superiores os suplantou. O *grandstanding* de Ben e de Chip tenderá a forçar as opiniões do grupo na direção de um extremo, e se a própria Ann resolver rebater os comentários é possível que ela acabe mudando de opinião para conservar a imagem que busca projetar. Ela era a favor de mover um processo desde o início, claro. Pareceu tão óbvio que ela nem pensou em mencionar isso.

Embora o nosso exemplo de escalada mostre reações críticas cada vez mais enérgicas, a escalada também pode resultar em afirmações positivas cada vez maiores. Uma pessoa pode descrever o comportamento de alguém como "destemido e digno da nossa admiração", enquanto outra pode declarar que "esse ato não foi apenas destemido, mas também o mais corajoso e altruísta que já testemunhei". Aqui também se pode empregar a escalada para comunicar que alguém é moralmente respeitável porque pode identificar santos morais injustamente deixados de lado.

Em uma conversa entre várias pessoas motivadas pelo Desejo de Reconhecimento, nós podemos até mesmo *esperar* uma corrida armamentista moral. O fenômeno da escalada explica por que tantas conversas sobre moralidade e política saem do controle tão rapidamente. O que começa como uma discordância sobre impostos, termina com uma pessoa chamando outra de nazista – e essas duas pessoas têm a mesma opinião na maioria das questões morais.

As pessoas realmente modificam suas opiniões morais públicas em prol da própria imagem? Parece que sim. Os psicólogos Sarah Rom e Paul Conway demonstraram que as pessoas mudarão suas opiniões morais públicas (mas não privadas) de acordo com a expectativa alheia – isto é, se acreditam que os outros querem que pareçam cordiais ou competentes.[17] Não devemos pressupor que qualquer pronunciamento moral que as pessoas postem no Facebook seja seu ponto de vista cuidadosamente embasado e considerado. Muitas declarações de teor moral são feitas estrategicamente, por pessoas que esperam induzir você a julgá-las de um modo específico.

É claro que nem toda conversa "em ritmo de escalada" é motivada por *grandstanding*. Às vezes, as pessoas aumentam o tom das suas declarações simplesmente porque discordam de outras e estão tentando se aproximar mais da verdade. Se você visse alguém condenando de maneira branda a escravidão, faria sentido se intrometer e realizar uma condenação mais vigorosa. Pode ser difícil saber se estamos observando pessoas "subirem o tom" de seus argumentos de boa-fé ou se estamos diante de uma corrida armamentista moral alimentada por *grandstanding*. Contudo, só porque é difícil saber a diferença não significa que ela não exista.

## PERFORMANCE

No conto de fadas *A Princesa e a Ervilha*, de Hans Christian Andersen, um príncipe deseja se casar com uma princesa legítima. Apesar de se esforçar muito para encontrá-la, ele falha repetidas vezes em achar uma noiva. Certa noite, uma jovem aparece e bate à porta do castelo, buscando abrigo, pois estava desprotegida em meio a uma tempestade, e afirma ser uma princesa. Ela é convidada a ficar no castelo, e, para confirmar se a moça diz a verdade, a rainha coloca um grão de ervilha debaixo de uma pilha de vinte colchões. Pela manhã, eles perguntam como ela havia dormido. "Ah, foi uma péssima noite!", ela responde. "Não consegui dormir direito. Sabe Deus o que havia na cama. Acho que me deitei sobre alguma coisa dura, e meu corpo estava cheio de hematomas esta manhã. Horrível!" Então a família real percebeu que havia encontrado a sua princesa, pois "ninguém além de uma verdadeira princesa poderia ter uma pele tão delicada".[18]

    O que torna essa história divertida é que é *evidente* que ninguém poderia ser tão sensível. Anderson brinca com um teste tão ridículo de sensibilidade para estabelecer atributos de realeza. No entanto, algumas pessoas tentam estabelecer seus atributos *morais* exibindo um grau similar de sensibilidade para problemas morais. Isso resulta com frequência em afirmações falsas a respeito da existência de um problema moral que, na verdade, não existe. A esse uso errôneo de afirmações morais nós damos o nome de *performance*. Assim como um promotor de Justiça pode simular acusações contra um suspeito, pessoas que tomam parte num debate moral às vezes fazem falsas reclamações de teor moral. A performance é um recurso útil para exibicionistas morais. Por meio da performance, esse tipo de exibicionista tenta parecer moralmente grandioso mostrando-se contrário a aspectos do mundo que nós, ignorantes morais, consideramos insignificantes, inocentes ou até louváveis. Como princesas da moral, eles são simplesmente mais sensíveis à injustiça do que o resto de nós. Note que, diferentemente do reforçamento e da escalada, a performance requer que se diga algo falso sobre moralidade. Um reforçamento pode resultar da repetição de uma afirmação moral exata; uma escalada, da exposição de uma opinião mais radical, mas de moral consagrada. Para haver uma performance, porém, é preciso agir de maneira incorreta.

A performance é um lance lamentavelmente comum no discurso moral público. Em 2014, o presidente Obama passou por dois militares da Marinha e retribuiu a continência deles enquanto carregava consigo um copo de café. O protocolo militar recomenda que não se bata continência quando se está carregando algum objeto. Analistas conservadores não perderam tempo e fizeram chover críticas morais sobre Obama. Karl Rove disse: "A ideia de dar uma saidinha do avião com o meu cafezinho e daí bater continência de qualquer jeito... Ora, isso é o cúmulo do desrespeito!".[19] Breitbart publicou uma reportagem com o título "A desrespeitosa 'continência do cafezinho' de Obama choca e ofende".[20] É necessário ter uma enorme sensibilidade para ficar tão perturbado quanto ficaram alguns por causa de uma pequena quebra do protocolo militar. Não sabemos se Rove e outros estavam ou não fazendo *grandstanding*, mas a queixa moral deles é com certeza performance.

A performance se assemelha ao que a filósofa Julia Driver chama de moralismo, e que define como "o uso ilícito de considerações morais".[21] Moralizar alguma coisa corresponde a ser excessivamente exigente ou rígido. Você pode moralizar alegando, por exemplo, que é moralmente obrigatório tomar a rota mais eficiente possível quando se dirige – nada de desperdiçar combustível em caminhos secundários de 1 quilômetro porque a rota tem uma vista mais bonita! Outra maneira de moralizar é transformar questões banais em questões morais. Driver oferece o seguinte exemplo para esse caso: um idoso que colocou sua casa à venda e reage com indignação quando lhe oferecem um valor mais baixo que o pedido pelo imóvel, acusando o possível comprador de tentar tirar vantagem de um velho.[22]

Ecologistas usam a expressão "espécies invasivas" em referência a espécies que não são nativas de um ecossistema, mas que podem se estabelecer e exercer domínio dentro dele. Uma vez introduzidas, elas causam instabilidade e danos a outras espécies. O exemplo da erva kudzu é conhecido entre muitos americanos. Nativa do Japão, foi introduzida nos estados do Sul para combater a erosão do solo. Contudo, ela se espalhou rapidamente pela região, encobrindo e matando milhões de acres de árvores e arbustos nativos. Se você já cruzou a Georgia ou as Carolinas de carro, pode ter visto centenas de quilômetros de kudzu ao longo da rodovia interestadual. Nossa tendência a moralizar é como o kudzu: uma vez que a busca por novos problemas se instala, é difícil parar. O filósofo britânico e reformador moral John Stuart Mill observou essa tendência no século XIX. Ele escreveu que "não é difícil mostrar, com abundância de exemplos, que uma das tendências humanas mais universais é a de estender os limites do que podemos chamar de polícia moral até que eles invadam a mais indiscutivelmente legítima liberdade individual".[23]

Para que haja performance é preciso uma interpretação equivocada de moralidade, mas você não precisa recorrer a *grandstanding* para isso. O universo da moralidade é complicado, e algumas vezes as pessoas cometem erros, apesar de se empenharem em fazer a coisa certa. Mas mesmo quando esse é o caso, os exibicionistas morais também tentam projetar uma imagem moral gloriosa de si mesmos. Ocorre que, muitas vezes, há conflito entre isso e o propósito de fazer a coisa certa.

É fácil perceber por que o *grandstanding* frequentemente toma a forma de performance. Em razão do seu grande desejo de mostrar que são moralmente respeitáveis, os exibicionistas morais estão *muito* inclinados a identificar como problemas coisas que outras pessoas (acertadamente) consideraram moralmente aceitáveis. Mesmo que o Desejo de Reconhecimento às vezes leve as pessoas a identificar problemas morais genuínos e a chamar atenção para eles, no fim das contas, casos legítimos de irregularidade e fáceis de reconhecer já terão sido divulgados. Mas o incentivo para que se descubram (ou inventem) novas acusações de teor moral está sempre presente. Assim, alguns exibicionistas morais apelarão para a performance.

Exibicionistas que forjam reivindicações morais exploram o fato de que essas acusações podem ser uma ferramenta poderosa para controlar a impressão causada sobre os outros.[24] Estudos mostram que acusações públicas não apenas fazem diminuir a confiança dos outros no acusado, como aumentam a confiança no acusador.[25] Fazer uma acusação, principalmente se for relacionada a uma questão que passou despercebida pelos outros, mostra que o acusador tem padrões morais elevados.

A performance pode ser uma ideia difícil de entender. Alguns podem acreditar que afirmamos aqui que qualquer reivindicação impopular ou nova é sinônimo de performance, mas essa não é nossa opinião. Não negamos que problemas morais muitas vezes escapam à atenção-padrão. É importante ter pessoas alertando sobre as injustiças que outros deixaram de perceber. Por exemplo, opiniões sobre gênero e sexualidade que são agora comuns eram extremamente controversas apenas algumas décadas atrás. Algumas preocupações de teor moral são novas e, também, válidas.

Mas há também falsa inovação moral e empreendedorismo moral criado apenas para impressionar. Como vimos em outras formas de *grandstanding*, pode ser difícil – ou até impossível – diferenciar entre performance e discurso moral oferecido de boa-fé. Para quem tiver interesse em impressionar os outros, existem claros incentivos à performance, e devemos esperar que os exibicionistas morais façam exatamente isso.

## EMOÇÕES INTENSAS

Em uma famosa cena do filme *Rede de Intrigas* (1976), de Sidney Lumet, Howard Beale, um âncora de telejornal que está se sentindo perturbado, conclui uma fala delirante sobre decadência moral orientando seus espectadores a ir até a janela e gritar "Eu estou fulo da vida, e não vou aguentar mais isso!". Um a um, seus espectadores colocam a cabeça para fora da janela do apartamento. Eles gritam e descarregam a raiva, vibrando de entusiasmo por saber que seus vizinhos estão tão indignados quanto eles.

Nossa tecnologia para demonstrar raiva se aprimorou desde então. Nós não precisamos pôr a cabeça para fora da janela e gritar para ter uma experiência de indignação compartilhada. Agora praticamente todos, a qualquer hora, têm um fórum para descarregar a raiva. Desde março de 2018, há no Facebook 1,45 bilhão de usuários ativos por dia.[26] Eles postam aproximadamente 684 mil peças de conteúdo por minuto.[27] No Twitter são 330 milhões de usuários com atividade mensal.[28] Eles postam cerca de 500 milhões de tuítes por dia.[29] Graças às plataformas de mídia social, ficou fácil para qualquer pessoa expressar indignação diante da última confusão política ou da gafe de alguma celebridade.

Você não precisa acessar as redes sociais para ver demonstrações de raiva. Ligue nos canais de notícia ou leia os artigos de opinião do seu jornal. A mídia partidária é particularmente repleta de pessoas expressando grande indignação em todos os momentos do dia. Em 2009, durante um período de dez semanas, o cientista político Jeffrey Berry e a socióloga Sarah Sobieraj estudaram canais de notícia da televisão americana, programas de rádio, blogs político-ideológicos e colunas de jornais importantes, tanto da esquerda quanto da direita. Eles concluíram que foi expressada alguma forma de indignação em 89% das centenas de itens em sua experiência.[30]

Quando falamos de "indignação", nós nos referimos a um tipo particular de raiva que envolve moralidade. Você pode sentir raiva por ter chovido no seu aniversário, ou porque Plutão não é mais um planeta, mas nós estamos interessados especificamente na indignação *moral*. Indignação moral é o que você sente quando ouve falar que uma criança foi morta por um motorista bêbado, ou que um prédio cheio de civis foi atingido num ataque com drone.

Algumas vezes nós expressamos indignação moral diretamente: "Estou indignado! Obama vestiu um terno bege na sua coletiva de imprensa sobre o Estado Islâmico. Ele não tem vergonha? #nãoéomeupresidente". Mas ela pode ser expressada de muitas outras maneiras: xingamentos, zombaria, reações emocionais (tais como gritar, berrar, revoltar-se, explodir, bloquear no Facebook), linguagem obscena, argumentação enfurecida, deturpação e exagero dos fatos.[31] Se o seu *feed* das redes sociais for parecido com os nossos, então você já viu isso tudo.

O *grandstanding* muitas vezes assume a forma de indignação e outras emoções intensas. Expressar emoção é mais um meio de influenciar a impressão dos outros a respeito do que se passa em seu íntimo. Para entender como isso funciona, nós precisaremos falar um pouco sobre psicologia.

Na década passada, a psicóloga Linda Skitka explorou o que ela chama de "convicções morais" (algumas vezes chamada de "mandatos morais").[32] Pense em uma das suas atitudes morais mais enérgicas. Talvez você acredite que abortar é errado, ou que o capitalismo é perverso. Seja qual for sua crença, é provável que seja uma das suas convicções morais. Essas são atitudes que, nas palavras de Skitka, "parecem estar imbuídas de particular fervor e paixão morais".[33] Com frequência as pessoas sentem indignação ou alegria quando falam a respeito das suas convicções morais.

Se alguém reage de modo emocional a alguma coisa, é natural pensar que isso toca essa pessoa profundamente, e a pesquisa de Skitka confirma essa suposição. Ela constatou que reações emocionais mais intensas a variados atos ou políticas (por exemplo, o suicídio assistido e a Guerra do Iraque) estão relacionadas a convicções morais mais fortes sobre essas questões.[34] As coisas sobre as quais você tem convicções morais são as que tendem a deixá-lo mais exaltado.

A pesquisa de Skitka sugere que a exibição ou o relato da indignação diante de uma questão moral podem ser usados para indicar a força de uma convicção moral a respeito dessa questão.[35] "A emoção", ela escreve, "desempenha um papel importante ao informar às pessoas se suas atitudes são ou não convicções morais."[36] Exibicionistas morais podem usar essas reações emocionais estrategicamente para comunicar aos outros suas convicções morais elevadas. Onde a indignação moral ganha carisma social, a suposição implícita é de que a pessoa mais indignada tem a maior visão ou a convicção moral mais forte acerca da questão em debate. Exibicionistas morais exploram essa suposição secundária e usam a indignação para indicar que eles são mais afetados pela desordem moral no mundo ou que se identificam mais completamente com vítimas de injustiça. Se muitas coisas no mundo irritam você, então as pessoas acharão que você tem muitas convicções morais.[37]

Essa discussão parecerá cínica demais para alguns. Eles podem argumentar que quando as pessoas expressam indignação moral, elas fazem isso para identificar injustiças no mundo. Pessoas indignadas simplesmente se importam com vítimas de injustiças, e a raiva dessas pessoas as leva a um engajamento político admirável, a protestos pacíficos e à punição dos malfeitores em nome daqueles que não têm voz nem poder. Enfurecer-se é uma clara evidência de que você está atento aos problemas do mundo e responde a eles de modo apropriado.

Costumava ser consenso entre psicólogos que nossas motivações para expressar indignação realmente eram claras a esse ponto. Nos últimos anos, porém, os psicólogos Zachary Rothschild e Lucas Keefer descobriram que existem outras motivações – bem menos admiráveis – por trás de muitas demonstrações de indignação.[38]

Aliviar a própria culpa é uma das razões que levam as pessoas a expressar indignação moral.[39] Em um estudo, voluntários que se sentiam culpados por usar mercadorias feitas com exploração de trabalho em condições sub-humanas comunicaram níveis mais altos de indignação e maior disposição a punir corporações que praticam esse tipo de exploração do que voluntários que não usavam mercadoria feita por trabalhadores explorados, e por isso não se sentiam culpados. Por que os consumidores arrependidos comunicaram maior indignação? Rothschild e Keefer verificaram que quando as pessoas se sentem cúmplices num delito moral, elas tentam aliviar essa culpa e preservar sua reputação de pessoas boas. Elas fazem isso recorrendo a atitudes de indignação e de punição contra outros indivíduos. Uma vez externada, a indignação faz com que eles se sintam bons novamente. Portanto, algumas das demonstrações de indignação moral que testemunhamos são provavelmente *defensivas*. Por exemplo, considere o apelo contínuo lançado pelo movimento Me Too – com início em 2017 – pela conscientização a respeito dos casos de estupro e assédio sexual e sua devida responsabilização. Alguém poderia perguntar quanta indignação em favor desse movimento partiu de homens tentando aplacar a culpa pelas próprias transgressões e reforçar sua autoimagem como pessoa boa.

A indignação moral também nos faz sentir bem. Em outro estudo, o psicólogo Jeffrey Green e colegas pediram aos participantes que lessem uma história de injustiça (aldeões que não receberam o alerta de *tsunami*) ou uma história "neutra" (fazendo compras para um jantar). Os pesquisadores constataram que os voluntários que experimentaram um estado de raiva virtuosa após lerem a história de injustiça se classificaram como mais imbuídos de moral do que aqueles que se encontravam em um estado emocional neutro depois de lerem a história neutra. O sentimento de indignação nos dá a impressão de que somos pessoas melhores. Além disso – e esse é um detalhe crucial para o nosso objetivo –, as pessoas que se revoltaram e se inflaram moralmente depois de ler a história inicial sobre injustiça ficaram mais interessadas em ler *outras* histórias sobre injustiça, e menos interessadas em ler histórias "felizes" que diminuiriam a sua raiva. Por que elas iriam procurar mais chances para sentir raiva? A explicação de que estariam tentando aliviar a culpa não parece razoável nesse caso. Em vez disso, parecem tentar "reforçar a autoimagem como modelos de perfeição moral".[40] Aparentemente nós apreciamos nos avaliar de modo favorável. Assim, resta saber quanto dessa demonstração de raiva é apenas uma tentativa de manter elevada a estatura moral.

Se as pessoas buscam o sentimento de raiva para reforçar a própria imagem como modelos de moral, elas provavelmente expressam indignação para que os outros *também* as vejam como modelos de moral. E é precisamente isso que nós afirmamos: os exibicionistas morais usam a indignação moral para parecer pessoas boas.

Estamos nos limitando à raiva moral, mas os exibicionistas morais podem facilmente se valer de outras emoções intensas para apresentar suas credenciais morais. Expressões de choque ("Não posso acreditar que..."), desapontamento ("Estou totalmente decepcionado com...") e aversão ("Me deixa absolutamente enojado saber que...") são todas candidatas promissoras. Emoções positivas também funcionam. Pense naqueles que se dizem "deslumbrados" com alguém por sua postura desinteressada a respeito de alguma questão moral entre amigos que têm ideias semelhantes.

É importante esclarecer que nós não estamos afirmando que qualquer expressão que indique indignação ou outras emoções fortes seja *grandstanding*. Há muitos males no mundo, e boa parte da raiva e do sofrimento que vemos é sincera e apropriadamente direcionada para problemas morais sérios. Também não estamos afirmando que uma pessoa se envolve em *grandstanding* sempre que tem uma reação emocional aparentemente inapropriada ou excessiva. Algumas vezes as pessoas simplesmente ficam nervosas demais ou se enganam de verdade. Mas muitas vezes elas também fazem encenação moral. As pessoas se indignam por todos os tipos de motivo, até mesmo o de querer impressionar os outros com suas qualidades morais.

## INDIFERENÇA

Exibicionistas morais geralmente são indiferentes. Esse é um dos motivos que podem tornar tão frustrante e difícil envolver-se em uma conversa com eles. Uma coisa é alguém pensar que é melhor do que você; outra coisa bem diferente é ser tratado como se suas opiniões e valores morais não fossem dignos de consideração. É precisamente, porém, esse o *modus operandi* de muitos exibicionistas morais. A sua atitude indiferente se revela quando eles afirmam que as evidências falam por si. Por exemplo, alguém pode dizer:

> "Se você não consegue ver que essa guerra é justa, então suas opiniões são desprezíveis, e eu me recuso a continuar conversando com você. E se você não entende o porquê, não vou perder o meu tempo explicando. Melhore."

Exibicionistas morais muitas vezes falam como se seus pontos de vista fossem absolutamente óbvios, como se qualquer pessoa apta a fazer avaliações morais fosse sem dúvida chegar às mesmas conclusões. Esse tipo de discurso pode ser usado para mostrar que as sensibilidades morais de um indivíduo são mais perfeitamente afinadas do que as de outros, e, portanto, esse indivíduo é moralmente respeitável. O que não é óbvio para outros é dolorosamente óbvio para o exibicionista moral. Além disso, esse exibicionista costuma descartar sugestões relacionadas à complexidade moral, expressões de dúvida ou discordâncias, pois para ele isso revela ou falta de sensibilidade para com preocupações de ordem moral ou falta de comprometimento com a própria moralidade. De fato, exibicionistas morais geralmente negam que suas opiniões precisem de defesa (ou eles dizem que se quisessem realizar uma defesa, a sua audiência não seria inteligente o suficiente para compreendê-la ou apreciá-la). Com frequência, exibicionistas morais declaram a sua autoridade para rejeitar outras pessoas introduzindo-se com uma credencial: "Como alguém que se envolveu em uma longa batalha contra a injustiça..." ou "Como um americano patriótico...". Claro que é útil, em algumas situações, deixar os outros saberem que você é médico ou advogado. Qualificação é relevante. Mas, de modo geral, apresentar-se "como alguém que..." ou "como um..." é simplesmente preparar-se para promover um *grandstanding*. Como na piada do comediante Demetri Martin, "Mostre-me alguém que se descreve 'como um contribuinte' e eu lhe mostrarei um idiota".[41]

É evidente que algumas opiniões políticas e morais são mais merecedoras de desprezo que outras. Nós não estamos sugerindo que desperdicemos tempo refletindo seriamente sobre argumentos a favor de sacrifícios humanos ou dos campos soviéticos de trabalho forçado. Nós também consideramos razoável que as pessoas possam discordar a respeito de quais reivindicações morais são obviamente verdadeiras e quais passam dos limites. Contudo, nada disso lança suspeita sobre nossa afirmação de que as pessoas, às vezes, recorrem a discursos morais desdenhosos para impor sua superioridade moral. O perigo é que nos tornemos tão convencidos da nossa própria virtude moral que *qualquer* opinião diferente da nossa se torne absurda, ridícula e seja rechaçada de imediato. O lado obscuro da autovalorização moral é que ela proporciona um pretexto para rejeitar quase todos os pontos de vista que sejam discordantes dos nossos.

## UM TESTE INFALÍVEL?

A essa altura, você já sabe que, embora casos de reforçamento, escalada, performance, emoções intensas e atitudes de indiferença sejam algumas vezes exemplos de *grandstanding*, também existem exemplos mais inocentes e bem-intencionados de cada caso. Você pode recorrer à escalada para tentar impressionar os outros, mas pode também usá-la simplesmente porque discorda de algo que acabou de ouvir.

Nem tudo que parece se encaixar em uma das categorias nesse guia de campo é um caso de *grandstanding*, razão pela qual o *grandstanding* pode passar despercebido. Ele pode parecer apenas como um discurso moral relativamente altruísta. É claro que às vezes a máscara parece escorregar. Por exemplo, um indivíduo pode afirmar que Donald Trump é o líder mundial mais imoral dos últimos 100 anos. É razoável crer que esse indivíduo esteja apenas expressando o ódio que sente por Trump. Em tais casos, porém, existem explicações alternativas que também são razoáveis. Algumas pessoas são completamente ignorantes no que diz respeito à história. Às vezes, as pessoas se deixam levar pelo momento e não percebem coisas óbvias, sem intenção nenhuma de buscar atenção. E muitas vezes os espectadores não terão a informação necessária para avaliar explicações alternativas a respeito do que alguém acha que está fazendo.

Portanto, ao mesmo tempo que esperamos que este capítulo tenha ajudado os leitores a entender melhor o que há de errado no discurso público, também queremos avisar que não existe um teste simples para identificar *grandstanding*. O *grandstanding* se assemelha ao ato de mentir. Nós estamos todos mais ou menos de acordo a respeito do que é mentir; mas a maioria das pessoas também compreende que não há uma maneira infalível – nem mesmo sequer muito confiável – de saber quando alguém está mentindo. Apesar do que vemos na televisão, nem mesmo com polígrafos conseguimos detectar mentiras muito bem.[42] E policiais – que recebem treinamento profissional para detectar mentiras com base na maneira de falar, na linguagem corporal e nas microexpressões – são quase incapazes de ter uma performance consistente em estudos controlados.[43]

De modo similar, com base em um texto ou uma fala, é difícil dizer se um indivíduo está ou não fazendo *grandstanding*. Pistas contextuais podem ser úteis. Por exemplo, você pode saber que o orador em questão frequentemente faz afirmações controversas de cunho moral que, segundo ele, são óbvias para qualquer cidadão de bem. Talvez você o tenha visto várias vezes defendendo posições radicais nos debates, ou talvez ele tenha tendência a introduzir informações irrelevantes sobre si mesmo em argumentos morais. Saber que alguém é narcisista também pode lhe fornecer pistas,[44] mas toda essa evidência é imperfeita e, como se pode perceber, incompleta.

Contudo, como nós demonstraremos no capítulo final, é muito menos importante identificar *grandstanding* em outras pessoas do que saber como evitá-lo nós mesmos.

# CAPÍTULO 4

## OS CUSTOS SOCIAIS DO *GRANDSTANDING*

"Por que nós temos de brigar?... Parem de prejudicar os Estados Unidos", o apresentador do *Daily Show*, Jon Stewart, implorou aos apresentadores do *Crossfire*, o programa de debates da CNN conhecido pelas provocações explosivas e improdutivas ligadas a acontecimentos controversos do dia a dia. "Vocês estão fazendo teatro quando deviam estar fazendo debate", Stewart continuou. "O que vocês fazem não é honesto. O que vocês fazem é jornalismo tendencioso."[1] Em poucas palavras, a crítica de Stewart era de que *Crossfire* explorava os custos da discussão política – arrogância hipócrita, diálogos desagradáveis, muita distorção da verdade – sem nenhum dos benefícios. A sua já lendária aparição atingiu o alvo:[2] *Crossfire* foi cancelado meses mais tarde, com sua credibilidade destruída.

O programa tinha diversos problemas, e nós não queremos exagerar a comparação entre seus defeitos e os defeitos do debate político e moral atualmente. A lição para nossos propósitos é que as pessoas esperam que o discurso público seja produtivo, e, quando ele não é, elas acham que há algo errado. O que nós queremos frisar é que o grandstanding pode ajudar a tornar o discurso público disfuncional, introduzindo custos que não trazem dividendos.

A essa altura você já tem alguma compreensão do que seja *grandstanding*, dos motivos que levam as pessoas a recorrer a ele e como se apresenta. É hora de dirigirmos um olhar crítico para a prática de usar o discurso moral para autopromoção.

Suspeitamos que a maioria das pessoas se irrita com *grandstanding*. Ver as pessoas transformar o discurso moral em uma manifestação de vaidade causa exasperação. Nesse sentido, fazer *grandstanding* é como postar *selfies* o tempo todo no Facebook. A vida é cheia desses pequenos aborrecimentos, mas não há nada de *moralmente* errado com eles.

Contudo, *grandstanding* não é simplesmente algo irritante – é pior que isso. Costuma ser ruim do ponto de vista moral, e de modo geral deve ser evitado, como buscaremos demonstrar. Uma das particularidades que o tornam ruim é que ele tem custos sociais: polarização, cinismo e esgotamento da indignação. É claro que não temos a intenção de sugerir que o *grandstanding* é a única causa desses custos sociais, mas, como o *grandstanding* se torna mais predominante no discurso público de uma sociedade, há razões para esperar que esses custos cresçam.

## POLARIZAÇÃO

Se você acompanha o cenário político dos EUA, provavelmente já ouviu falar que ele está "polarizado". Você pode ter visto manchetes como "A divisão política nos Estados Unidos continua a se ampliar" (*The Atlantic*) e "A polarização está dividindo a sociedade americana, não apenas os políticos" (*The New York Times*).

"Polarizar" alguma coisa é dividi-la ou separá-la em dois lados. Eis um exemplo: para complicar a vida do seu irmão, Brandon recentemente deu à sua sobrinha 100 bolas plásticas multicoloridas. Quando ela e Brandon brincam com essas bolas, eles acabam deixando o chão em uma grande desordem. Mas suponha que ela e Brandon começassem a juntar as bolas em dois cantos opostos da sala. No final, as bolas ficariam polarizadas em duas pilhas densamente compactas bem distantes uma da outra.

Nas últimas décadas, pesquisadores descobriram que os eleitores americanos se polarizaram cada vez mais em questões políticas e morais. Liberais e conservadores vêm se empenhando para se afastar uns dos outros. Esse processo resultou no atual estado de polarização política.

Abordar algumas descobertas empíricas pode nos ajudar a entender o que está acontecendo. Ao longo dos últimos setenta anos, a porcentagem de pessoas dizendo-se liberal ou conservadora aumentou sistematicamente, enquanto a porcentagem que se dizia ideologicamente moderada caiu sistematicamente.[3] A polarização política esvazia o centro do espectro político, assim como o centro da sala se esvaziou quando as bolas foram reposicionadas. Além disso, as políticas dos dois partidos mais importantes se polarizaram. Os democratas se deslocaram mais para a esquerda, e os republicanos mais para a direita do eleitor médio.[4]

A polarização também afetou o nosso modo de ver e de tratar uns aos outros. O fenômeno denominado polarização afetiva diz respeito à crescente antipatia direcionada às pessoas que estão "do outro lado". Atitudes negativas contra a parte contrária, tanto de republicanos quanto de democratas, aumentaram drasticamente.[5] Segundo um estudo recente, mais de 40% das pessoas de cada partido agora consideram o outro lado como "a encarnação do mal".[6] O mesmo estudo revelou que 20% dos democratas e 16% dos republicanos relataram que "o país estaria melhor" se muitos integrantes do partido oposto "morressem de uma vez". Mas o dado que parece ser mais preocupante é que 18% dos democratas e 14% dos republicanos consideraram que o uso da violência se justificaria se o lado oposto ganhasse a eleição presidencial de 2020.

É preciso salientar que entre os cientistas políticos existe muita controvérsia quanto à natureza e às causas da polarização política.[7] Ela é provocada pelas mídias sociais? Pelo sistema eleitoral? É guiada pelas elites partidárias ou pelas massas? Alguns pesquisadores chegam a argumentar que a polarização política é, em grande parte, um mito.[8] Esses debates não são o nosso foco, mas basta dizer que entre os cientistas políticos a opinião predominante parece ser a de que a polarização está acontecendo. A direita e a esquerda políticas estão se "distanciando" uma da outra – na maneira como o eleitorado se identifica, nas políticas dos respectivos partidos políticos e no modo como os apoiadores de um lado veem o outro lado. Na verdade, estamos mais polarizados agora do que já estivemos em décadas.

As causas da polarização são provavelmente numerosas e complexas, e explorar essa questão a fundo não faz parte da nossa proposta. Mas nós acreditamos que o *grandstanding* piora o problema. O uso do discurso moral para autopromoção leva as pessoas a dizer e acreditar em coisas que aumentam ainda mais a distância entre elas.

Cientistas sociais perceberam que quando um grupo de pessoas delibera acerca de questões morais ou políticas, os membros do grupo tendem a caminhar para pontos de vista mais extremos.[9] A isso se denomina "polarização de grupo". A ideia básica é que, quando pessoas se reúnem num recinto (ou num bar, ou num grupo de Facebook, ou nos programas de "debate" dos canais de notícias) para discutir questões como aborto ou imigração, elas tendem a terminar com opiniões mais extremas do que as que tinham quando começaram a discussão.

Basicamente, a polarização de grupo pode acontecer de duas maneiras. A primeira é uma movimentação dos membros de um único grupo em uma direção dentro de uma gama de opiniões. Imagine, por exemplo, que depois de um tiroteio em uma escola, amplamente divulgado, um grupo de pessoas na comunidade se reúna para considerar a adoção de novas medidas para controle de porte de armas. Suponha que a maioria nesse grupo apoie hesitantemente, a princípio, essas novas medidas. Depois das deliberações, porém, o grupo tenderá a apoiar com entusiasmo essas mesmas novas leis.[10] A esse fenômeno dá-se o nome de *polarização intragrupo.*

Um segundo tipo de polarização envolve dois grupos separados que se afastam cada vez mais, à medida que cada um dos seus membros é atraído para versões mais extremas da posição inicial do grupo. Isso pode acontecer quando membros de ambos os grupos pendem para opiniões mais extremas, ou quando apenas um grupo o faz. Imagine dois grupos de pessoas num embate de comentários em uma postagem no Facebook, um grupo de maioria direitista e outro esquerdista. Depois de algumas rodadas de debate, um grupo se une em torno da tese de que a única política justa é um salário mínimo federal de 25 dólares por hora, enquanto o outro grupo resolve apoiar a tese de que todas as leis que regulam a remuneração do trabalho assalariado são injustas. Num caso como esse, a polarização ocorre em resposta aos pontos de vista do outro grupo, que podem permanecer os mesmos ou, como no nosso exemplo, pender para um extremo. Esse fenômeno é denominado *polarização intergrupo.*

Em um trabalho recente sobre polarização de grupo, pesquisadores concluíram que a deliberação de grupo pode, às vezes, levar os indivíduos a se polarizar, porém isso não acontece com regularidade. Pelo contrário: a deliberação resulta frequentemente em homogeneização – as opiniões das pessoas acabam se aproximando.[11] Então, se a própria deliberação de grupo não causa polarização, o que causa?

O acadêmico de direito Cass Sunstein sugeriu uma explicação promissora: o "desejo das pessoas de manter a sua reputação e o conceito que têm de si mesmas".[12] Como vimos no capítulo 2, nós não apenas tendemos a ter uma ótima opinião a respeito de nós mesmos, moralmente falando, mas queremos que os outros tenham uma ótima opinião a nosso respeito também. Portanto, Sunstein acredita que os membros de um grupo buscarão com frequência superar uns aos outros, o que resultará em participações cada vez mais radicais no discurso moral público. Eles fazem isso para preservar a sua reputação e o conceito que têm de si como pessoas moralmente excelentes. O *grandstanding* é um mecanismo para essa preservação, o que explica por que ele causa polarização quando grupos deliberam. A polarização é particularmente provável em casos de escalada e performance, nos quais a competição para superar o outro força as pessoas a adotar opiniões mais extremas. Vamos usar alguns exemplos para ilustrar como isso acontece.

Em primeiro lugar, vamos verificar como o *grandstanding* pode causar polarização intragrupo. Nesse caso, membros do grupo mudam de opinião para reafirmar o conceito que têm de si expressando opiniões mais incisivas do que os outros no grupo. Suponha que você esteja conversando com progressistas que partilham das mesmas opiniões que você, e que todos se considerem profundamente preocupados com a situação dos pobres. Se um deles argumentar que a dignidade exige um salário mínimo de 15 dólares por hora, por que não responder que é ainda mais digno instituir um salário mínimo de 20 dólares?

O *grandstanding* também pode causar polarização intergrupo quando membros de ambos os grupos mudam seus pontos de vista para se afastar ainda mais da oposição. É possível que eles se envolvam em uma espécie de competição dentro do próprio grupo para ver quem rejeita mais habilmente a opinião dos integrantes do outro grupo, e o vencedor será o dono da opinião contrária mais poderosa. Obviamente, esse tipo de competição pode acontecer em ambos os grupos ao mesmo tempo.

Vamos supor que o *grandstanding* esteja comprovadamente entre as causas da polarização de grupo. E daí? Por que a polarização é uma consequência ruim? Nós teremos mais a dizer sobre polarização no capítulo 7, onde demonstraremos que o *grandstanding* mina a possibilidade de compromisso. Por agora, demonstraremos que a polarização motivada por *grandstanding* é perigosa porque leva as pessoas a adotarem crenças falsas, e as torna confiantes demais nessas crenças.

### 1. Crenças Falsas

A polarização motivada por *grandstanding* induz as pessoas a ter falsas crenças sobre o mundo. Talvez você pense que isso ocorre simplesmente porque a polarização leva as pessoas a sustentar (ou pelo menos a dizer que sustentam) opiniões mais extremas e radicais, mas isso seria um equívoco. Posições radicais ou extremas não são necessariamente falsas, apesar de tudo. Muitos pontos de vista que agora parecem "radicais" podem realmente ser verdadeiros. Além do mais, pontos de vista considerados extremos mudam com o passar do tempo. De diversas maneiras, o que é tido como "extremo" ou "radical" depende do que já é considerado "moderado" ou "normal". Cem anos atrás, a ideia de legalizar o casamento homoafetivo teria sido considerada radical por muitos no Ocidente, mas não é mais o caso hoje em dia. Portanto, não afirmamos que o *grandstanding* leva as pessoas a ter crenças falsas simplesmente porque as impele a sustentar ou expressar opiniões radicais.

Na verdade, a polarização motivada por *grandstanding* tende a levar as pessoas a ter crenças falsas devido ao incentivo contido no *grandstanding* competitivo. Lembre-se de que grande parte da polarização motivada por *grandstanding* costuma envolver escalada e performance. Note, contudo, que esses dois modos não são ferramentas confiáveis para descobrir a verdade. O que leva os exibicionistas morais a modificar seu ponto de vista ou posicionamento é geralmente um desejo de obter uma situação privilegiada dentro de um grupo. O incentivo relevante, portanto, é não parar de modificar suas crenças ou posicionamentos mesmo quando você chegar à verdade, ou a qualquer alegação que receba mais respaldo das evidências. Em vez disso, o incentivo é parar quando uma posição ainda mais extrema não impressionar as pessoas que você quer impressionar. Muitas vezes, esses incentivos apontarão para direções opostas. Lembre-se do que comentamos, no capítulo anterior, sobre a semelhança que o *grandstanding* tem com a corrida armamentista da Guerra Fria. Os soviéticos e os americanos não estavam tentando armazenar o número precisamente correto de mísseis (fosse qual fosse esse número). Da mesma maneira, não é provável que a polarização motivada por *grandstanding* resulte na descoberta da verdade acerca da moralidade e da política.

Isso pode parecer óbvio, mas alguns exemplos devem ajudar a mostrar por que o *grandstanding* não é um modo confiável de alcançar a verdade. Na tentativa de serem vistos, por sua rede social e política preferida, como as pessoas que mais se opõem ao presidente Trump, muitos tiveram de apelar para a escalada ou a performance, e, como resultado, disseram coisas falsas. Não é suficiente denunciar a presidência de Trump como terrivelmente incompetente e moralmente retrógrada. Ele precisa ser o pior presidente de todos os tempos.[13] Esse fenômeno não se aplica unicamente a Trump, é claro. Barack Obama também foi o pior presidente de todos os tempos.[14] George Bush também foi.[15] E Bill Clinton "pode não ter sido o pior presidente que a República já teve, mas ele é a pior pessoa que já ocupou a presidência".[16]

Durante a discussão sobre o projeto de lei para redução de impostos e geração de empregos de 2017, proposto pelo Partido Republicano, a congressista Nancy Pelosi descreveu o projeto como "o pior projeto na história do Congresso dos Estados Unidos".[17] Quando pressionada por um repórter a reconsiderar suas observações, Pelosi se utilizou de escalada: "É o fim do mundo. O debate sobre a saúde é uma questão de vida ou morte. O apocalipse chegou".[18] Não é suficiente argumentar que o projeto dos impostos tem algumas partes boas e muitas partes ruins, e no cômputo geral é ruim. Dizer que "o projeto aliviará a carga tributária para uma parcela da população, mas também aumentará significativamente a dívida pública e é generoso demais para com as grandes empresas" é sutil demais para um teste de perfeição. O projeto deve ser repugnante. Uma coisa atroz. Uma abominação! De que outra maneira as pessoas poderão saber quão moralmente sério você é em sua oposição? Se o objetivo de Pelosi era comunicar aos adeptos do partido a sua perfeição moral, ela teve êxito, mas se o seu objetivo foi responder apropriadamente a um projeto de lei ruim, Pelosi foi longe demais. O projeto dos impostos do Partido Republicano é pior do que as Leis do Estrangeiro e de Sedição (1798), que criminalizavam quem criticasse o governo dos Estados Unidos? Ou a Lei da Remoção dos Índios (1830), que levou à remoção forçada das tribos indígenas do sul dos Estados Unidos? Ou a Lei do Escravo Fugitivo (1850), que devolvia à condição de servidão os escravos que haviam fugido para solo livre? Ou a Lei Patriótica (2001), que deu mais poderes ao Estado em prejuízo das liberdades civis? Isso parece bastante improvável. Este texto foi escrito dois anos após a aprovação do projeto de lei dos impostos. O mundo não acabou, como podemos constatar. Você pode defender Pelosi dizendo que ela estava apenas exagerando, mas é disso que estamos falando.

Muito do exagero que se observa no discurso público é motivado por um desejo de ser visto como alguém que possui as melhores credenciais morais, pelo menos no âmbito do seu grupo social. Esse tipo de polarização não busca a verdade. É bastante improvável que opiniões obtidas por meio de escalada e performance sejam corretas. E, se forem corretas, será por uma questão de sorte. Em seu famoso trabalho sobre psicologia da multidão, do final do século XIX, o polímata francês Gustave Le Bon explicou por que tentar impressionar os outros dificilmente leva à verdade: "Só sentimentos excessivos impressionam a multidão", ele escreveu. "Exagerar, fazer afirmações, recorrer à repetição e nunca tentar provar nada por meio de raciocínio são métodos de argumentação bem conhecidos dos oradores em reuniões públicas".[19]

Arcamos com consequências significativas quando pessoas têm falsas crenças a respeito de moralidade e política. Isso se aplica principalmente a democracias, nas quais milhões de pessoas decidem quem vai nos governar.[20] Metade da população americana acredita em pelo menos uma teoria da conspiração.[21] Em 2017, metade dos Republicanos ainda acreditava que Barack Obama havia nascido no Quênia.[22] Muitos americanos têm falsas crenças, não apenas sobre o "outro lado", mas também sobre o próprio partido.[23] O democrata médio acredita que 44% dos Republicanos ganham mais de 250 mil dólares por ano. Os próprios republicanos estimam que a porcentagem dos que ganham tal soma é de 33%. Na verdade, apenas 2% dos republicanos ganham esse montante. O republicano médio acredita que 38% dos democratas são gays, lésbicas ou bissexuais. Os próprios democratas acreditam que esse número seja de 29%. O número real, contudo, é 6%.[24] Esse tipo de crença desastrosamente equivocada se deve, em parte, ao *grandstanding* que determinou que a direita é cheia de ricaços, e a esquerda é cheia de pessoas que não se encaixam dentro das normas da moralidade sexual tradicional. O *grandstanding* acaba por afetar não apenas o modo como as pessoas veem o outro lado, mas também o modo como veem a si mesmas.

Como conclui o professor de direito Ilya Somin num abrangente estudo produzido recentemente, "A ignorância política predominante é um problema sério para a democracia".[25] Como esperar que sejamos capazes de deliberar e refletir acerca das melhores soluções para nossos problemas se estamos tão fora de contato com a realidade? Também não é fácil corrigir uma crença política falsa. Estudos mostram que é mais difícil corrigir crenças equivocadas a respeito de política do que a respeito de saúde.[26] Claro, são inúmeras as razões que levam as pessoas a ter crenças falsas, mas a polarização motivada por *grandstanding* é uma delas, e todos nós sofremos as consequências.

**2. Excesso de Confiança**

Para piorar ainda mais as coisas, a polarização motivada por *grandstanding* também encoraja as pessoas a confiar excessivamente nas próprias opiniões, o que torna essas opiniões mais resistentes à correção.

Suponha que você participe de uma conversa sobre controle de porte de armas, e os demais participantes dessa conversa apoiem a legislação que torna mais difícil obter armas legalmente. Vamos também supor que haja um pouco de *grandstanding* se insinuando nessa conversa, com pessoas tentando mostrar que se importam demasiadamente com a segurança das crianças. Nós calculamos que as opiniões do grupo vão pender para o extremo; por exemplo, com mais pessoas defendendo a anulação da Segunda Emenda da Constituição dos EUA, que garante o direito de manter e portar armas de fogo.

É evidente que conversas similares estão ocorrendo entre pessoas que têm opinião diferente a respeito da questão das armas. Os que defendem o direito a ter armas também tendem a ser atraídos para posições mais extremas, e concluem, por exemplo, que, se nós realmente queremos proteger crianças de serem alvejadas em massacres, devemos armar os professores.

Esse tipo de conversa tende a pressionar os que participam ativamente do discurso público a adotar uma destas duas opiniões: a posição liberal de que a Segunda Emenda deve ser anulada e a posição conservadora favorável a que os professores se armem nas escolas.

Suponha que você se identifique com o lado progressivo de questões como o controle de armas. O fato de que o "outro lado" defende uma posição tão radicalmente diferente da sua parecerá uma evidência de que o lado sensato é o seu. Se a única alternativa viável que você vê defenderem é tão extrema, isso confirma que a *sua opinião* deve ser a correta. É a única opção aceitável ao alcance, e, quando você se aproxima mais de um extremo e se afasta do outro, isso pode lhe trazer mais confiança de que a sua opinião é correta. Mas é claro que, se a polarização é motivada por *grandstanding*, você não deveria estar tão confiante. Se a sua própria opinião e a opinião do opositor resultam ambas de polarização motivada por *grandstanding*, isso não é motivo para que você fique *mais* confiante de que está certo. Na melhor das hipóteses, é uma evidência de que você deveria estar *menos* confiante, pelo motivo que já descrevemos antes: a polarização motivada por *grandstanding* leva as pessoas a adotar crenças falsas.

Estudos mostram que confiamos mais do que deveríamos em nossas opiniões sobre moral e política.[27] Contudo, quando muita gente está extremamente confiante em suas opiniões, isso pode representar um custo social para todos. Quando pessoas extremamente confiantes estão erradas, é mais difícil convencê-las disso, e elas acharão custoso perceber pontos fracos nas próprias opiniões. Pessoas excessivamente confiantes são menos propensas a procurar informações que desmintam suas crenças. Essas pessoas também se tornam mais propensas a desmentir opiniões contrárias de maneira prematura.

## CINISMO

Pense na época em que você começou a prestar atenção às questões de interesse público. Se você era como nós, então começou bastante crédulo. Você pode ter aceitado as declarações propagandísticas feitas cuidadosamente sem pensar duas vezes, ou acreditado em Bill Clinton quando ele balançou o dedo em uma negativa e disse que não teve relações sexuais com aquela mulher. Se começou a acompanhar as notícias apenas recentemente, talvez tenha visto a declaração de Harvey Weinstein mencionada no capítulo 1 deste livro e pensado: "Ei, esse cara realmente se importa com as mulheres". Imagine, contudo, que você ficou sabendo por que ele fez essa declaração. Que surpresa desagradável. Depois, imagine que você descobre que ele fez doações em favor de causas feministas e foi defensor dessas causas durante anos. Se esse fosse um acontecimento marcante, talvez você passasse a acreditar que todo esse discurso de Harvey sobre o seu passado respeitável não era mais do que uma fachada, ou, quem sabe, algo que ele supunha que deveria fazer para ser celebrado como uma Pessoa Respeitável pela elite de Hollywood. Seja qual for a explicação, não seria fácil resistir à tentação de se deixar levar pelo cinismo.

O *grandstanding* gera cinismo em relação ao discurso moral. Ele leva ao ceticismo e à desilusão quanto à sinceridade da contribuição ao discurso moral. Ocorre porque as pessoas querem que os outros pensem que elas estão do lado dos anjos. Quando os observadores percebem o que os exibicionistas morais estão fazendo, eles começam a achar que o discurso moral não existe para promover a justiça. O discurso moral pode se desenvolver sob o *pretexto* de tornar o mundo melhor, mas para muitos, porém, tudo se resume a reforçar as credenciais morais.

De acordo com os pesquisadores da área de comunicação Masahiro Yamamoto e Matthew Kushin, "consumir informação política nas mídias sociais aumenta o cinismo e a apatia".[28] Certas formas de jornalismo parecem causar cinismo também. Em seu livro *The Spiral of Cynicism* [A Espiral do Cinismo], os pesquisadores Joseph Cappella e Kathleen Hall Jamieson descobriram um elo entre "notícias estratégicas" e cinismo diante da política e dos políticos.[29] Muitas das notícias apresentam a política como um jogo, e mostram os políticos como concorrentes tentando representar o papel mais atraente ao eleitor.

Consumir essas notícias torna as pessoas cínicas quanto aos objetivos dos políticos, precisamente porque esse é o tipo de notícia que contém muito *grandstanding*.[30] Todo o reforçamento, performance, exibição de emoções intensas e indiferença nos dá uma sensação que não conseguimos evitar: a de que muitas pessoas estão usando o discurso moral para parecer moralmente superiores, para aumentar seu status social dentro de um grupo e para dominar e silenciar aqueles que supostamente são inferiores a elas do ponto de vista moral.

Na verdade, o nosso propósito não é apenas mostrar que a hipocrisia moral (como no exemplo de Harvey Weinstein) leva ao cinismo, embora isso seja verdade indubitavelmente; nosso propósito é mais sutil. Quando percebemos que o discurso moral é usado com tanta frequência para impressionar os outros – como acontece quando se faz *grandstanding* –, isso nos dá um bom motivo para duvidar da sinceridade do discurso moral de modo geral. Por que deveríamos levar a sério seus elevados pronunciamentos morais quando esse tipo de conversa não passa de propaganda pessoal?

Observe que as pessoas não precisam saber com certeza que alguém está recorrendo ao *grandstanding* para que o cinismo delas seja cabível. Sim, exemplos individuais de um *grandstanding* que pareça óbvio tornam as pessoas justificadamente céticas a respeito do discurso moral. Mas o que nos faz ver com compreensível cinismo o discurso moral é o fato de sabermos que o *grandstanding* existe e é difícil de detectar de modo confiável.

Essa reação se deve, pelo menos em parte, a um viés cognitivo identificado pelos psicólogos Justin Kruger e Thomas Gilovich e denominado "cinismo ingênuo".[31] Trata-se de um viés que nos leva a esperar que os outros sejam mais egocentricamente motivados do que realmente são.

O cinismo ingênuo talvez mostre seus efeitos mais robustos quando estamos avaliando alguém de quem discordamos. A psicóloga Elanor Williams escreveu que "nós podemos estar especialmente propensos a sermos ingenuamente cínicos quando a outra pessoa tem um grande interesse no julgamento em questão, mas se essa pessoa for um observador imparcial, esperamos que ela veja as coisas do modo como nós vemos – isto é, do modo como as coisas 'realmente são'".[32] Isso pode explicar por que, às vezes, identificamos prontamente *grandstanding* em certos indivíduos, ao passo que aqueles cujas crenças são semelhantes às deles insistem que não veem sinais de *grandstanding*. Estamos mais inclinados a achar que detectamos motivações egoístas em nossos adversários políticos do que naqueles que concordam conosco.[33]

Mas por que devemos considerar ruim o cinismo para com o discurso moral? Nem todo cinismo tem consequências ruins, afinal. O cinismo em relação a curandeiros e esquemas de marketing multinível pode evitar muita dor de cabeça. Nós *não* estamos afirmando que *grandstanding* é ruim porque provoca cinismo, e que esse sempre traz resultados ruins. Pelo contrário, acreditamos que o cinismo motivado por *grandstanding* tem um único efeito nocivo: ele deprecia o valor social do discurso moral. Em consequência disso, o discurso moral passa a ser visto como um processo desagradável – um campo de batalha em que pessoas tentam provar que se encontram do lado certo da história. Desvalorizando dessa maneira o discurso moral, nós o tornamos um instrumento menos útil para a realização de propósitos mais importantes do que a promoção da reputação. A visão frequentemente cínica a respeito do discurso moral é um custo social com o qual todos arcamos simplesmente porque algumas pessoas tentam fazer boa figura.

Nós precisamos de uma maneira de nos comunicar sobre questões políticas e morais importantes. Quando as pessoas externam uma preocupação de cunho moral ou fazem uma reclamação, necessitamos que o debate público funcione bem o suficiente para que essas preocupações sejam levadas a sério. Com o cinismo generalizado, é mais provável que o discurso moral inspire olhares de descrença em vez de olhares interessados. E, por suscitar cinismo, o *grandstanding* mina a eficiência do discurso moral precisamente dessa maneira.

Argumentamos que o *grandstanding* é nocivo porque torna as pessoas mais cínicas em relação ao discurso moral. Contudo, alguém poderia argumentar que *este livro* também tornará as pessoas mais cínicas a respeito do discurso moral. Afinal, estamos chamando atenção para o *grandstanding* e mostrando quão comum ele é. Sendo assim, será que a leitura deste livro levará as pessoas a encarar com mais cinismo o discurso moral? E isso não significaria que este livro é também nocivo, e que escrevê-lo foi moralmente errado? Será que somos parte do problema que nos propusemos a diagnosticar? A essa linha de argumentação chamamos de objeção hipócrita: Tosi e Warmke disseram que gerar cinismo contra o discurso moral é algo nocivo; mas, se é assim, por que eles podem fazer isso?

Essa objeção não procede, por algumas razões. Suponha que você acredite que mentir é errado porque quanto mais as pessoas mentem, mais cínicas elas se tornam a respeito da comunicação. Seria errado relatar essa preocupação sobre mentir para os outros? Não, obviamente. De fato, um dos argumentos contra a mentira que John Stuart Mill, filósofo inglês do século XIX, oferece em *Utilitarismo* recorre à tendência de mentir para enfraquecer "a fidedignidade das declarações humanas".[34] Era Stuart Mill um hipócrita? Ou então considere o popular ensaio "Sobre falar merda", do filósofo Harry Frankfurt. Frankfurt argumenta que "falar merda" – isto é, dizer algo sem se importar se é verdade ou não – interfere na prática de falar a respeito do que as pessoas acreditam ser verdade.[35] Ter explicado o que é falar merda, e mostrado por que isso gera cinismo, faz de Frankfurt um hipócrita? Se somos hipócritas, estamos em boa companhia.

Em resposta a isso, alguém poderia observar que os argumentos de Mill e Frankfurt não são ruins como os nossos, porque a mentira já é velha conhecida de todos, e a maioria das pessoas sabe a respeito de "falar merda" ou "falar bobagem". Mas como o *grandstanding* é um conceito relativamente pouco conhecido, o nosso livro teria potencial para causar mais danos. Duvidamos de que isso seja verdade. Nos últimos cinco anos, depois de importunar muitas pessoas que conhecemos falando sobre *grandstanding*, nossa impressão é de que a maioria delas *realmente* sabe do que se trata. Elas também percebem que é generalizado e, quase sem exceção, conseguem mencionar pelo menos o comportamento de um dos seus amigos na internet. Por outro lado, as pessoas não parecem tão conscientes do fato de que muitas outras pessoas também refletem sobre *grandstanding*.

Estamos lançando luz sobre a ideia de *grandstanding*, produzindo rigorosos argumentos morais acerca do assunto e deixando que as pessoas saibam que, como elas, muitos se sentem incomodados com o fenômeno. Nós reconhecemos que o conceito de *grandstanding* será genuinamente novo para algumas pessoas e, talvez como resultado disso, elas se tornarão mais cínicas. Mas esse pequeno número de pessoas é insignificante comparado ao número maior de pessoas que se tornaram cínicas em virtude do fenômeno generalizado do *grandstanding*. Se o nosso livro tiver algum impacto, esperamos que seja principalmente o de tornar claro e público o que muitas pessoas já pensam sobre *grandstanding*, e as consequências desse resultado serão provavelmente muito mais positivas do que uma pequena elevação do cinismo.

Isso tudo, porém, pode ser verdade, e nós ainda podemos ser hipócritas. Mesmo assim, é possível que nossos argumentos tenham alcançado o seu objetivo – o de estabelecer um forte pressuposto moral contra o *grandstanding*. Ou o *grandstanding* causa cinismo ou não causa, e nós sustentamos que sim. Se você quiser contestar esse argumento, então precisará mostrar que o *grandstanding* não provoca cinismo. A moralidade dos autores ou deste livro é outra questão, embora esses temas sejam válidos, evidentemente. O problema é que se trata de uma questão diferente, que não tem relação com o nosso argumento.

Certa vez ouvimos falar de uma história, provavelmente apócrifa, a respeito de um filósofo que falava ao público quando foi interrompido por um pistoleiro, que atirou várias vezes no homem que discursava, mas errou o alvo. Depois de se levantar, saindo da posição defensiva, o filósofo disse: "Ainda que você tivesse me matado, não teria refutado nenhum dos meus argumentos". Ainda que sejamos hipócritas, isso não tem nada a ver com a eficácia da nossa argumentação.

## O CUSTO DA INDIGNAÇÃO MOTIVADA POR *GRANDSTANDING*

Praticamente qualquer indivíduo com acesso à internet tem uma plataforma para expressar raiva instantaneamente diante de centenas, talvez milhares de pessoas. Ao expressar raiva dessa maneira, você pode comunicar algo sobre si mesmo: que você é moralmente sensível, que se preocupa com injustiças a tal ponto que está disposto a aceitar o custo de se aborrecer para mostrar isso. Como vimos no capítulo 3, exibicionistas morais sabem como usar suas emoções estrategicamente para exibir uma autoimagem moralmente impactante. Existem três modos distintos, porém relacionados, de usar a indignação para fins de *grandstanding* que podem afetar a todos negativamente.

### 3. O menino que gritava "lobo": a questão do alarme falso

Em alguns casos, a indignação e outras manifestações emocionais intensas são positivas. Manifestações de raiva podem de fato identificar coisas ruins no mundo e motivar a sociedade a tomar uma atitude. Para usar a indignação de maneira eficaz, porém, devemos preservá-la. Caso contrário, quando a raiva for útil para ajudar as pessoas a ver que algo está seriamente errado, exibições de indignação soarão apenas como barulho.

Os exibicionistas morais não preservam a raiva; eles abusam dela. Para os exibicionistas morais, qualquer coisa pode ser motivo para indignação, desde refeitórios nas escolas servindo comida chinesa até Obama batendo continência com um copo de café na mão. Qualquer situação pode oferecer uma oportunidade para alguém fazer uma exibição de pureza moral.

A indignação motivada por *grandstanding* desvaloriza a manifestação de indignação em geral. Quando a indignação é empregada de modo apropriado, ela serve como sinal que alerta os observadores de que algo não anda nada bem. Seu uso indiscriminado, porém, diminui o seu poder de identificar coisas particularmente ruins no mundo. Quando o discurso público é inundado de indignação gerada por reclamações ridículas, preferências morais peculiares e causas piegas porque alguém quer exibir toda a força da sua sensibilidade moral, o significado desse sinal de alerta é depreciado.[36]

"Ela não causa mais o impacto que costumava causar. Para os jovens, ela simplesmente não tem tanto poder assim." Quem disse isso foi Jesse Sheidlower, lexicógrafo e editor-chefe do *Oxford English Dictionary*, referindo-se não à indignação, mas à palavra "caralho".[37] Ela perdeu força. Por quê? Por uso excessivo. O jornalista Joel Achenbach explica:

> "Nós não devemos usar indiscriminadamente os palavrões populares da nossa língua. Eles são populares apenas para os adultos, é claro. É preciso dizer às crianças que elas ainda não podem usá-los. Como dizer a um menino de 13 anos que usar determinado palavrão é inaceitável se seu irmão de 5 anos já o utiliza? O palavrão deveria ser um prêmio reservado aos adultos. Temos de preservá-lo, para que nossos filhos e os filhos dos nossos filhos possam usá-lo quando não estivermos mais aqui."[38]

Talvez você não considere grande coisa conservar o poder da palavra "caralho". Mas o ponto a que queremos chegar é mais amplo: o uso indiscriminado de um sinal pode deturpá-lo.

A história do pequeno pastor que gritava "lobo!" é uma das fábulas de Esopo mais famosas. Um garoto enganava os outros camponeses da sua aldeia dizendo que um lobo estava atacando o rebanho que ele cuidava. Os camponeses corriam para ajudá-lo, mas não havia lobo nenhum. O garoto faz isso várias e várias vezes; e quando um lobo realmente surge diante do rebanho do garoto, os camponeses o ignoram. O lobo acaba devorando as ovelhas do garoto.[39] Quando brados de indignação se tornam rotina, como podemos esperar que as pessoas sejam capazes de identificar o verdadeiro perigo quando ele bater à porta? Quando vemos um indivíduo tratar a apropriação cultural da comida do refeitório com o mesmo nível de indignação que ele usa em reação à brutalidade policial, é difícil acreditar que o seu senso de indignação detecte com precisão alguma coisa importante. Sem dúvida essa pessoa está "gritando 'lobo'" e produzindo alarme falso. Em contrapartida, quando expressamos raiva de maneira seletiva, nós a preservamos como um recurso para comunicar uma injustiça séria. Se nos recusarmos a usar a indignação para autopromoção, resguardamos o poder da indignação para propósitos mais importantes.

Evidentemente, pessoas sensatas discordarão sobre o que merece ou não uma atitude indignada. E mesmo quando as pessoas concordam que determinado caso merece tal atitude, elas muitas vezes discordam a respeito do *grau* apropriado de indignação. Em outras palavras, podemos perceber que existe uma gama de reações de indignação apropriadas, da qual, às vezes, faz parte a ausência de reação. Acreditamos, porém, que você concordará conosco de que seria ruim se o sinal enviado pela indignação se enfraquecesse. E, em nossa opinião, o *grandstanding* faz exatamente isso.

Desse modo, estamos diante de um dilema. Por um lado, podemos conquistar toda a atenção que conseguirmos fazendo *grandstanding* de como nos sentimos indignados com algo. Ao fazer isso, arriscamos a tornar essa raiva ineficaz na identificação da injustiça. Por outro, podemos guardar a indignação para momentos em que ela possa, de fato, realizar algum bem moral.

### 4. Esgotamento da Indignação

Quando o discurso público é tomado por constantes exibições de indignação, as pessoas – tanto as que colaboram para ela quanto as que a observam – padecem de *esgotamento da indignação*. Esse esgotamento ocorre quando as pessoas sentem indignação com demasiada frequência, ou estão constantemente expostas a ela. Em consequência disso, elas perdem a noção do que seja verdadeiramente indigno ou ultrajante e se tornam incapazes de demonstrar indignação, mesmo quando é apropriado.

Nós experimentamos emoções em diferentes graus de intensidade. Não ficamos simplesmente irados ou não irados. Depois que um determinado evento produz uma reação emocional, seja ela positiva ou negativa, a força dessa emoção não permanece constante. Ela se dissipa com o tempo, a não ser que mais coisas provoquem uma reação similar.[40] Quando as pessoas são repetidamente expostas a estímulos desencadeadores, isso reduz o impacto emocional de estímulos similares no futuro. Os psicólogos dão a isso o nome de habituação.[41] Quando enfrentamos o primeiro término de um relacionamento, lamentamos assim como o jovem Werther, de Goethe, que "perdemos o único encanto da vida".[42] Quando, porém, isso acontece pela 12ª vez, não parece nada fora do normal.

Tendo em vista que nós podemos nos habituar a estímulos emocionais, muitas pessoas que se envolvem em ciclos constantes de indignação acabam menos afetadas pelas coisas que costumavam deixá-las extremamente zangadas. Portanto, os esforços constantes para revigorar a indignação estão fadados a dar em nada a longo prazo, pois nós simplesmente deixamos de encontrar motivos para nos indignar. O indivíduo que se indigna constantemente exaure a sua capacidade de reagir com indignação. Se você acredita que a indignação seja um motivador importante em tempos de injustiça significativa, é crucial que consiga reter a sua capacidade de indignação. A indignação motivada por *grandstanding* favorece a habituação desnecessária, e com isso leva as pessoas a perder a noção do que seja verdadeiramente ultrajante ou indigno.

Há outra maneira de considerar o processo que leva ao esgotamento da indignação. No capítulo anterior, investigamos a evidência de que as pessoas perseguem a raiva moral porque essa raiva faz com que se sintam mais virtuosas.[43] Mas fazer isso é perigoso, pois quem consome indignação em demasia deixará de sentir satisfação nisso com o passar do tempo. Em outras palavras, é possível que a indignação obedeça à lei da utilidade marginal decrescente: quanto maior a quantidade de determinado bem, menor o valor que o seu possuidor obterá de uma quantidade adicional desse bem.[44] Por exemplo: para um indivíduo que vive em absoluta pobreza, 1 dólar a mais representa um grande ganho. Para Warren Buffett, porém, esse dólar não significa quase nada. Da mesma maneira, a segunda fatia de pizza é menos desejável do que a primeira, e a terceira ainda menos, e assim por diante. Quando você chega ao ponto da saciedade, não faz diferença comer ou não mais pizza; talvez você até sinta aversão à ideia de comer mais. A mesma ideia se aplica àqueles que buscam a indignação para se sentir bem – é provável que ela deixe de ser satisfatória. O perigo, então, é de que, depois de saciarmos nosso desejo por autovalorização usando a indignação, o interesse em sentir mais indignação já não seja tão grande.[45] Contudo, como já frisamos, muitas vezes é socialmente útil sentir e expressar indignação. Mas aqueles que já se fartaram de indignação para se sentir bem terão dificuldade em mostrá-la quando for necessário.

O esgotamento de indignação também pode nos impedir de *agir* em face da nossa indignação. Em uma série de estudos, Ernst Fehr e seus coautores demonstraram que quando as pessoas testemunham comportamento desleal elas se sentem dispostas até a pagar para garantir que os transgressores sejam punidos – mesmo quando essas pessoas não são as vítimas do comportamento desleal.[46] Quanto mais os participantes pagavam, mais seus alvos eram punidos. Os economistas David Dickinson e David Masclet realizaram uma interessante variação desse experimento. Em seu estudo, os participantes testemunharam comportamento desleal, assim como no estudo de Fehr. Mas, antes que tivessem a opção de pagar para punir o transgressor, elas tinham a oportunidade de desabafar sobre a raiva que sentiam.[47] Curiosamente, aqueles que davam vazão à raiva acabavam punindo os transgressores com menos rigor do que os que não davam. Aparentemente eles já haviam extraído alguma satisfação emocional verbalizando a raiva, e assim não tiveram de usar a punição para expressá-la por completo. Como Dickinson e Masclet observaram, essa descoberta tem um lado positivo. Quando a punição é a única maneira de expressar insatisfação para com o comportamento alheio, nós acabamos concentrando toda a nossa energia na punição, e, portanto, punimos mais do que deveríamos.[48] Mas há também um possível inconveniente na alternativa do desabafo. Se as pessoas exagerarem no desabafo por meio de manifestações de indignação relativamente fáceis, elas poderão, com a mesma facilidade, não fazer o suficiente para aplicar a punição necessária. É possível até que descarreguem tanto a raiva que não sintam necessidade de tomar mais nenhuma atitude em resposta a uma injustiça. Pense, por exemplo, em um indivíduo que tuíta desesperadamente em reação a tudo o que um político faz de escandaloso, mas não move um músculo para ajudar as pessoas que foram prejudicadas pelos atos desse político, nem para organizar uma campanha de oposição, nem para fazer qualquer coisa que traga algum resultado palpável.

A indignação e outras emoções morais são importantes. O que as torna valiosas são as coisas que elas nos motivam a fazer, não apenas o sentimento de bondade moral que nos permitem desfrutar. Mas porque as pessoas podem usar essas emoções para se sentir bem consigo mesmas, existe um risco de que elas não usem bem a sua indignação. E então elas expressarão indignação quando estiverem com vontade, não quando for apropriado. A indignação é um recurso escasso e devemos usá-la moderadamente, caso contrário ela não será capaz de cumprir a sua função quando precisarmos dela.

Um dos mais perigosos atributos do *grandstanding* é o seu poder de nos fazer sentir que fizemos algo produtivo, quando na verdade é possível que tenhamos feito algo *destrutivo* lançando mais lenha na fogueira da indignação, ou exagerando nossas crenças. Há, ainda, outro efeito extremamente insidioso que devemos observar com cuidado. Quando a raiva se tornar predominante no discurso público, as pessoas ponderadas abandonarão a arena pública, e muita gente será afastada dela.

**5. A Saída dos Moderados**

Muitas pessoas têm pouca tolerância para exibições constantes de raiva. A coisa toda é desagradável, e poucos de nós desejariam ser alvo de insultos de uma multidão on-line. O filósofo Kurt Baier escreveu que "com frequência o discurso moral é bastante repulsivo. Lançam acusações morais, expressam indignação, emitem juízos morais, espalham a culpa, administram reprovação moral, justificam-se e, acima de tudo, dão lições de moral – quem pode gostar desse tipo de conversa?".[49] Baier escreveu esse texto nos anos de 1960. Podemos apenas imaginar como ele descreveria o discurso moral que se desenrola nos fóruns virtuais dos dias de hoje, mas provavelmente sua avaliação a respeito disso não seria mais favorável do que antes. Talvez ele achasse encorajador o fato de que o público em geral parece mais próximo do seu ponto de vista quanto a repugnância inspirada por boa parte da conversação moral. Um levantamento de 2016 feito pelo Pew Research Center constatou que:

- 37% dos usuários de mídia social estão "cansados" do conteúdo político que veem, e apenas vinte por cento gostam de vê-lo.
- 59% consideram estressante e frustrante discutir política nas redes sociais com pessoas das quais discordam.
- Quase metade (49%) dos usuários de redes sociais acha que as conversas sobre política que veem on-line são mais agressivas do que as que acontecem em outras áreas da vida; 53% deles dizem que essas conversas são menos respeitosas; e 49% dizem que são menos civilizadas.
- 39% ocultaram, bloquearam ou desfizeram a amizade com alguém por causa de algo relacionado a política.
- 64% relatam que seus encontros on-line com pessoas de opiniões políticas contrárias lhes deram a impressão de que eles tinham menos em comum com essas pessoas do que haviam pensado.[50]

Como mencionamos anteriormente, muitas pessoas estão sendo atraídas para extremos partidários, num processo de polarização. Muitos dos moderados que permanecem no centro, contudo, estão fartos das contribuições dos amigos ao discurso público. De fato, aqueles que estão deixando as discussões políticas são, em grande parte, os moderados.[51] Um estudo recente mostra que, de modo geral, extremistas políticos são o único grupo que dedica muito da sua atividade nas redes sociais à discussão política.[52] Evidentemente, os moderados podem estar exaustos não apenas devido à questão da indignação – orgulho, desespero e culpa também podem ser cansativos –, e contribuir à própria maneira para compor um ambiente social nocivo. O discurso emocionalmente exaustivo desanima muitas pessoas politicamente moderadas, que se sentem indesejáveis num mundo de grupos polarizados gritando uns com os outros.

A teoria da Espiral do Silêncio a respeito da opinião pública, proposta pela cientista política Elisabeth Noelle-Neumann, explica de outra maneira por que muitas pessoas evitam as conversas de teor moral e político. Muitos de nós temem o isolamento social. Também sabemos que as pessoas que discordam de nós ou nos detestam podem orquestrar nosso isolamento social, se desejarem. Já vimos pessoas incitarem seus seguidores a tratar algumas pobres almas como párias sociais simplesmente por fazer um movimento em falso nas redes sociais. Encorajar o ostracismo daqueles que expressam ideias socialmente rejeitadas é exercer o que Noelle-Neumann chama de "pressão por isolamento".[53] Noelle-Neumann argumenta que, por medo de se tornarem alvo desse tipo de campanha, as pessoas escolhem silenciar para não correr o risco de ser banidas. Em consequência disso, aqueles que ainda se aventuram no debate moral público são os que têm mais certeza de que suas opiniões serão aceitas pelas pessoas com as quais eles querem manter laços sociais. Esses indivíduos provavelmente contam com a aceitação do seu círculo privado. Contudo, o círculo privado deles é menor. Falar de moralidade e de política rouba-lhes amigos. Um estudo mostra que pessoas com maior número de amigos são menos propensas a discutir política e questões morais controversas.[54] Todos esperam a inquisição do Facebook.

É ruim para todos quando os moderados se afastam do debate moral e político. O efeito negativo mais óbvio é que as pessoas que evitam essas discussões não ficam sabendo de argumentos e evidências oriundos de opiniões diferentes, e por isso as próprias crenças continuam sem confirmação. É mais fácil manter suas convicções precariamente formadas quando você nunca as discute com pessoas que poderiam lhe mostrar onde está o engano. Mas há algo ainda pior:

quando pessoas guardam para si suas crenças, o resto do mundo acaba privado de pensamentos dos quais talvez jamais tome conhecimento de outra maneira. Se o moderado que adotou o silêncio estiver certo em seu ponto de vista, então talvez muitos nunca descubram a verdade sozinhos. E, mesmo que esses moderados estivessem errados, os motivos que eles poderiam oferecer em defesa das suas crenças talvez gerassem discussões produtivas que aproximariam mais as outras pessoas da verdade. Um debate público saudável abarca pontos de vista de todo tipo. Portanto, quando o domínio das ideias discutidas encolhe ativamente, todos nós perdemos.[55]

Com os moderados saindo de cena, os ativistas tomam de assalto o debate político. A cientista política Diana Mutz mostrou que as pessoas mais envolvidas na política são ativistas situados nos pontos mais extremos do espectro político. Ela também descobriu que esses ativistas têm os menores níveis de "exposição horizontal", isto é, são os menos propensos a encontrar pessoas com opiniões políticas diferentes das suas.[56] Portanto, muitos ativistas pouco sabem a respeito do que as pessoas do lado oposto realmente pensam. E nem querem saber. Em um estudo, os participantes em ambos os lados de um debate sobre casamento entre pessoas do mesmo sexo estavam dispostos, em sua maioria, a renunciar à chance de ganhar 10 dólares para evitar simplesmente serem *expostos* às opiniões políticas dos seus oponentes.[57]

Mas nem mesmo quem evita cuidadosamente o discurso moral tem garantias de que se manterá fora da confusão que os outros fazem. Alguns enxergam o mundo de uma maneira tão completamente moralizada que esperam que todas as pessoas, organizações e produtos sejam classificados em categorias morais e políticas.

Prova disso é a obsessão bizarra que alguns têm de pressionar a estrela da música pop Taylor Swift para que ela se posicione publicamente a respeito do presidente Donald Trump. Enquanto muitos artistas deixaram bem claro o seu desprezo por Trump, Swift manteve silêncio sobre o assunto. Isso tem levado muitos a especular que ela é apoiadora de Trump. Alguns encontraram características de Trump na música dela: "Swift parece ser não apenas um produto da época de Trump, mas uma mensageira musical dos valores do presidente".[58] A suspeita cresceu tanto que o advogado dela até precisou declarar publicamente que ela não é uma supremacista branca. Mesmo que ela quebrasse o seu silêncio, porém, isso não agradaria a todos. O ator da Broadway Todrick Hall observa com astúcia: "Talvez um dia Taylor comece a ser superpolítica, e use a sua voz para fazer as coisas que as pessoas acham que ela deveria estar fazendo. Mas, mesmo assim, ela provavelmente será ridicularizada por não se expressar com vontade suficiente, ou por não estar do lado certo".[59] Em um ambiente moral e político no qual você deve ostentar a sua lealdade política, nem mesmo uma estrela pop tem liberdade para evitar a política e simplesmente cantar sobre rompimentos.

Até esse ponto, nós argumentamos que o *grandstanding* moral traz custos sociais significativos: polarização, cinismo e várias consequências ruins relacionadas à indignação excessiva, incluindo a questão do alarme falso, o esgotamento da indignação e a saída dos moderados. O *grandstanding* tem de fato *algumas* consequências ruins, mas isso não significa que, em termos gerais, ele faz do mundo um lugar pior. Repreender uma criança por se comportar mal tem algumas consequências ruins (ela fica triste, pode chorar um pouco), mas *no final das contas* as consequências positivas podem superar as negativas. Claro que é justo perguntar se estamos certos quanto ao lado para o qual a balança penderá em última análise. Existe algum lado positivo no *grandstanding*?

## OS BENEFÍCIOS SOCIAIS DO GRANDSTANDING

Mesmo tendo concentrado nossa atenção nas consequências negativas do *grandstanding*, nós reconhecemos que ele também pode produzir benefícios. Contudo, suspeitamos que, no final das contas, os custos superam os benefícios. Não temos a intenção de provar essa conclusão aqui; tudo o que tentamos estabelecer neste capítulo é uma suposição contra o *grandstanding*, à luz dos seus significativos custos sociais. Aqueles que quiserem defender a moralidade do *grandstanding* com base em suas consequências precisarão demonstrar que (1) o *grandstanding* não acarreta os custos sociais que nós afirmamos que acarreta; ou que (2) mesmo que o *grandstanding* tenha esses custos sociais, ele traz benefícios sociais que os superam. Quais poderiam ser esses benefícios?

Um possível benefício do *grandstanding* é que ele dá às pessoas uma oportunidade de indicarem que elas são colaborativas.[60] Essa é uma função importante, porque permite que as pessoas produzam redes de confiança que tornem possíveis os ganhos da cooperação social. Se alguém recorre a um pouco de *grandstanding* bem aplicado para mostrar aos amigos que é uma boa pessoa, esses amigos saberão que podem contar com ele quanto a manter a palavra, que ele respeita as pessoas, e assim por diante. De modo semelhante, o *grandstanding* também pressiona os outros a reconhecer que estão entre pessoas que fazem a coisa certa, e por isso devem fazer o mesmo.

É necessário fazer algumas observações a respeito dessa suposição. De fato, é benéfico para todos nós que as pessoas possam indicar umas às outras que elas são confiáveis e respeitosas, mas duvidamos que isso tenha muito a ver com *grandstanding*. Sinais são integrados ao comportamento cotidiano, quer se tenha a intenção de enviá-los, quer não. Você indica às outras pessoas que pode ser confiável seguindo regras na presença delas, como esperar o sinal abrir para atravessar na faixa de pedestres, não furtar em lojas, ou evitar comportamento antissocial de modo geral. Em outras palavras, nós mostramos às pessoas que somos cooperativos cooperando de verdade, não recorrendo a *grandstanding*. Se as pessoas resolvessem parar com a prática de *grandstanding*, ainda assim teríamos diversas oportunidades de estimular a confiança social por meio de outras formas de comunicação. Na verdade, poderíamos fazer isso simplesmente nos envolvendo em conversas de teor moral sem usar *grandstanding*.

De qualquer modo, nós duvidamos que o *grandstanding* tenha muito valor para sinalizar confiança. Outras formas de sinalizar comportamento são mais confiáveis porque são mais difíceis de fingir, e exigem mais do que simplesmente recitar as frases certas. Na verdade, o *grandstanding* é mais valioso como ferramenta de manipulação do que como um sinal de que o exibicionista moral pode ser confiável. Cabe aqui mencionar novamente o exemplo do pedido de desculpa de Harvey Weinstein, bem como os casos de homens que faziam *grandstanding* apoiando a causa feminista, mas que, na verdade, praticavam assédio e abuso sexual. Usado como fachada para o comportamento lesivo, esse *grandstanding* poderia levar as pessoas a ser mais cínicas quanto aos sinais que o discurso moral realmente envia. Apesar do nosso ceticismo, acreditamos que essa questão merece uma investigação mais profunda.

Outra estratégia para identificar os benefícios sociais do *grandstanding* é assinalar as coisas positivas que ele pode levar as pessoas a fazer. Considere, por exemplo, o fenômeno da "doação por raiva": fazer, motivado por indignação, uma doação para uma causa política ou para caridade. Elizabeth Dale, uma especialista em filantropia, explica:

> "Fazer uma doação é mais do que apenas mostrar indignação nas redes sociais, ou entre os amigos e a família. É algo tangível, que as pessoas podem fazer sem muito custo pessoal. Doar para a caridade

> tem um efeito psicológico – a ideia de que eu posso fazer alguma coisa, mesmo contribuindo com uma doação de 50 ou 100 dólares – que pode aliviar sentimentos de culpa, ou demonstrar a moral e os valores de uma pessoa. Quando revelamos nas redes sociais que fizemos uma doação, demonstramos nossos valores aos outros."[61]

Quando muitas pessoas sentem indignação diante de um determinado evento, elas podem canalizar a sua ira para uma ação produtiva. Pense, por exemplo, no clamor público contra a política de "tolerância zero" usada na administração Trump para conter a imigração ilegal, e que levou a grandes incidentes de separação de famílias. Explorando a indignação coletiva, um casal de Silicon Valley levantou 20 milhões de dólares para ajudar a reunir as crianças e suas famílias na fronteira do México com os Estados Unidos.[62]

Quer você concorde ou não com as pessoas que angariaram esses fundos em decorrência da política de imigração, o ponto é que um turbilhão de raiva expressada nas mídias sociais – parte dela certamente motivada por *grandstanding* – pode levar as pessoas a doar para uma causa na qual elas acreditam. O resultado disso pode ser excelente. Naturalmente, você não precisa recorrer ao *grandstanding* para expressar indignação ou apoiar publicamente causas políticas. Portanto, isso não é necessariamente uma defesa do *grandstanding*, e sim do discurso de indignação que estimula a filantropia, e não argumentamos contra isso. Nós nem mesmo argumentamos contra o uso da indignação. Na verdade, nós afirmamos que a indignação é válida e nos traz muitos benefícios. Mas é justamente por isso que precisamos protegê-la – para que possa ser usada em prol de causas realmente importantes, não em prol de preocupações morais mesquinhas escolhidas apenas para demonstrar sensibilidade moral.

Apesar do nosso ceticismo, achamos que esse é um caminho que vale a pena explorar. O principal desafio será produzir evidência de que o *grandstanding* tem ao menos um benefício social que não pode ser alcançado tão facilmente por meio do discurso moral que não é motivado pelo Desejo de Reconhecimento.

Contudo, mesmo que os críticos consigam mostrar que os benefícios sociais do *grandstanding* moral superam suas consequências negativas, nós ainda temos outros argumentos contra o *grandstanding* – independentemente dos seus custos sociais – para desenvolver nos capítulos seguintes. Por exemplo: como veremos em seguida, o *grandstanding* é moralmente problemático porque envolve desrespeitar as outras pessoas.

# CAPÍTULO 5

## *GRANDSTANDING* E RESPEITO

Todos merecem ser tratados com respeito. Alguns diriam que garantir respeito pelos outros é o propósito da moralidade. Por que a agressão é moralmente errada? Porque viola o princípio de tratar as outras pessoas com o respeito que elas merecem. Por que a discriminação racial é moralmente errada? Porque viola o princípio de que as pessoas devem ser tratadas com igual respeito.

O discurso moral é um dos recursos mais úteis com que contamos para conseguirmos que as pessoas sejam tratadas com respeito. É por meio dele que comunicamos que as pessoas não estão sendo tratadas da maneira devida. Por exemplo, suponha que você diga aos outros: "Essa política da imigração é injusta para com as crianças". A sua meta é chamar atenção para o fato de que as pessoas não estão sendo tratadas com o devido respeito.

A questão é que o discurso moral é uma ferramenta. Ele nos permite trabalhar conjuntamente para garantir que as pessoas sejam tratadas com respeito. Como muitas ferramentas, porém, o discurso moral pode ser usado de diversas maneiras. Alguns desses usos não são nada louváveis.

Considere, por exemplo, o martelo. Martelos podem ser utilizados na construção de casas, mas podem também ser usados para machucar pessoas. Levantar um martelo pode ou não ser uma coisa boa, dependendo dos motivos pelos quais o martelo está sendo levantado. Como os martelos, o discurso moral pode ser bem usado. Mas o discurso moral não é mágico, ele também pode ser empregado de maneiras que *desrespeitam* os outros.

Neste capítulo, nós demonstraremos que os exibicionistas morais (ou *grandstanders*) usam o discurso moral de modo a abusar dos outros. Não se trata de afirmar que o *grandstanding* é errado porque traz consequências ruins, como argumentamos no capítulo anterior. Em vez disso, mostraremos que os exibicionistas morais não tratam os outros com respeito.

Em certos casos, o *grandstanding* desrespeita as pessoas. Nós defenderemos a tese de que, de maneira geral, o *grandstanding* tira vantagem das pessoas parasitando o uso consciente que elas fazem do discurso moral, usando os outros para mostrar quão bom o exibicionista moral é, ou iludindo os outros a respeito das qualidades do exibicionista moral.

## *SHOWCASING*

Se você costuma ver televisão, já deve ter se deparado com o personagem que, prestes a ir para a prisão, é aconselhado a procurar, em seu primeiro dia na cadeia, o maior e o mais intratável detento e arranjar uma briga com ele. A ideia é enviar uma mensagem ao resto dos detentos da prisão: o novo cara na cadeia não vai tolerar abuso nem do prisioneiro mais temido, portanto é bom não procurar encrenca com ele. Embora seja duvidosa a eficácia dessa estratégia no contexto da prisão, o impulso agressivo de prejudicarmos outra pessoa apenas para demonstrar algo a nosso respeito é bastante comum. Infelizmente, as pessoas muitas vezes se mostram dispostas a tirar vantagem de outros para exibirem uma boa autoimagem.

Alguns exibicionistas morais adotam essa abordagem no discurso público. Eles buscam constantemente oportunidades para investir contra os equívocos morais dos outros, reais ou imaginados, a fim de mostrar às pessoas que bons sujeitos eles são. A esse tipo de demonstração nós damos o nome de *showcasing*. *Showcasing* envolve usar os outros colocando-os em uma cena pública designada a destacar as qualidades morais do exibicionista moral. Pode-se fazer *showcasing* com reforçamento em casos de humilhação pública, escalada ou em performances de acusações de transgressão, ou por meio de manifestações de indignação acusatórias ou outras emoções negativas. Indivíduos que recorrem ao *showcasing* são exibicionistas morais que satisfazem o seu Desejo de Reconhecimento usando as supostas falhas morais de outros para destacar a própria superioridade moral.

O que há de errado com o *showcasing*? Falemos primeiro de um caso evidente: quando o indivíduo que faz *showcasing* ataca uma pessoa *inocente* para impressionar os outros com a sua excelência moral. Nesse caso, o *showcasing* é claramente nocivo. É desrespeitoso acusar publicamente pessoas por coisas que elas não fizeram, pois elas não merecem ser tratadas dessa maneira. Do mesmo modo que seria errado se o Estado colocasse gente inocente na prisão para mostrar que zela pela justiça, é errado que os exibicionistas morais envergonhem, isolem e embaracem pessoas inocentes para mostrar que são íntegros.

Mas se o alvo é culpado, o que há de errado em fazer *showcasing*? Você pode achar que não há problema em usar a culpa e a vergonha alheias para exibir suas qualidades morais se a pessoa atingida fez alguma coisa errada. Vamos chamar isso de "defesa de Dirty Harry". No filme *Magnum 44* (1973), o personagem de Clint Eastwood, o inspetor "Dirty" Harry Callahan, é designado para a tarefa de localizar um perigoso assassino. Harry solicita dois policiais novatos com boa pontaria para lhe darem cobertura. Seu tenente não gosta da ideia de enviar dois novatos em uma missão tão importante. "E se eles entrarem em pânico e começarem a atirar?", o tenente pergunta. "Não tem problema se eles atirarem", Harry responde, "contanto que atirem na pessoa certa."

Um defensor do *showcasing* talvez raciocine da mesma maneira: não importa saber por que alguém humilha publicamente uma pessoa se essa pessoa merece isso. Claro que é desrespeitoso expor dessa maneira alguém que seja inocente, mas não se trataria de desrespeito quando seu alvo fosse um transgressor.

Há uma ponta de verdade nessa defesa do *showcasing*. Se um transgressor reagisse a um exibicionista moral acusando-o de usá-lo para parecer melhor do que é, seria justo dizer que o transgressor estava praticando o mal. Afinal, as motivações egoístas do exibicionista moral não mudam o fato de que o transgressor é culpado. Mas mesmo que o alvo tenha feito algo de errado, há objeções morais legítimas contra o *showcasing*.

Note que a Defesa de Dirty Harry funciona apenas quando o alvo de *showcasing* é corretamente identificado como transgressor, e pode então ser usado como instrumento de autopromoção. Mas será que apenas os culpados estão sendo visados pelos que usam o *showcasing*? Muitas vezes culpamos o inocente, mesmo quando o nosso *único* objetivo é identificar corretamente um transgressor. Quando nossos motivos são mais pessoais, mais egoístas, que eficácia podem ter nossas acusações?

Você pode pensar que os acusadores serão precisos na identificação dos transgressores, porque apenas nesses casos o *showcasing* deles será eficaz. Afinal de contas, quem vai considerar você um ideal de perfeição moral se você atacar pessoas por fazerem coisas moralmente inocentes, como pintar nas horas de folga ou levar os filhos ao parque? Os adeptos do *showcasing* devem escolher apenas pessoas culpadas, porque só assim conseguirão impressionar os outros.

Mas essa expectativa é otimista demais. Lembre-se de que muitos exibicionistas morais tentam impressionar membros do seu círculo. Eles querem que seus amigos pensem neles como pessoas extremamente sensíveis à injustiça, por exemplo. Embora possa ser algo difícil de aceitar, nossos grupos nem sempre reagem apropriadamente a problemas morais. Mesmo se considerarmos que o nosso grupo tem todos os valores corretos, isso dificilmente garantirá que ele faça uma avaliação moral certeira do comportamento de uma pessoa num caso em particular. A vida é complicada, e até mesmo grupos fortemente unidos com uma perspectiva moral comum estão sujeitos a se deparar com novas combinações de circunstâncias que coloquem em conflito seus valores. Só um fanático acreditaria que o seu grupo (ou mesmo qualquer membro dele) sempre encontrará a resposta moralmente correta, não importa o que o mundo lhe apresente pelo caminho. Afinal, todas as outras pessoas ao longo da história tiveram crenças morais equivocadas, mas só você e o seu círculo tornaram-se subitamente descobridores infalíveis da verdade moral? Quais são as chances de que isso aconteça?

É preciso ter em mente também o que sabemos sobre a psicologia das dinâmicas de grupo. Muitas vezes as pessoas se sentem pressionadas a adequar o julgamento público ao que elas pensam que outros esperam delas. Como os grupos são obrigados a fazer avaliações morais falhas, ao tentar impressionar seus grupos, os indivíduos acabam usando pessoas inocentes para fazer *showcasing*.

A questão é que, quando tentamos impressionar os membros do nosso círculo por meio de *showcasing*, nós frequentemente culpamos e envergonhamos pessoas inocentes, quer acreditemos, quer não que estamos fazendo isso. Saber que estamos sujeitos a errar dessa maneira deveria nos levar a diminuir nossa confiança de que qualquer caso de *showcasing* aponta para um malfeitor. Em muitos casos, nós não deveríamos ter confiança alguma.

É uma atitude respeitosa culpar e envergonhar pessoas para fazer boa figura, quando você provavelmente escolhe alvos inocentes por engano?

Considere um caso parecido. Suponha que você seja um policial que patrulha estradas. Faz semanas que o seu radar de velocidade não é calibrado, e você sabe que há apenas cerca de 60% de chance de conseguir leituras precisas com esse radar. Mas você está próximo de alcançar um recorde mensal de multas aplicadas, o que impressionaria seu sargento, e sua avaliação de desempenho anual está prestes a acontecer. Você não quer perder tempo calibrando o radar, não quando pode usar esse mesmo tempo para aplicar mais multas. Fazer isso a motoristas usando um instrumento pouco confiável parece-lhe uma atitude desrespeitosa? Se parece, então você deveria pensar que grande parte do *showcasing* que vemos por aí será desrespeitosa também pela mesma razão.

Mas o *showcasing* é válido quando você tem boas razões para acreditar que o alvo é culpado? São muitos os casos de celebridades ou políticos que cometeram delitos. Por que o *showcasing* seria desrespeitoso nesses casos? Nessa situação, ele também pode dar errado.

Mesmo que um alvo de *showcasing* seja culpado, isso não significa que o acusador, desejando impressionar os outros, lançará a quantidade justa de culpa e vergonha sobre o transgressor. É possível que os transgressores sejam tratados com mais severidade do que merecem. Devido aos incentivos embutidos na comparação social que abordamos no capítulo 2, grande parte do *showcasing*, assim como do *grandstanding* em geral, envolverá escalada e performance. Esses incentivos levam os indivíduos que aplicam o *showcasing* a ser desproporcionalmente duros com os transgressores que atacam.

Os exemplos mais claros disso se encontram nos casos de perseguição virtual.[1] Um usuário do Twitter comentou: "É estranho, mas eu posso digitar coisas nesta caixa que destruirão a minha vida".[2] Está na moda membros do exército das mídias sociais enviarem ameaças de morte, molestarem a família e os amigos e pressionarem o empregador do transgressor para que este seja demitido. Para aqueles que veem o discurso moral como mágica, tudo isso é apenas mais um dia de atividade. Claro, talvez eles estejam contribuindo para a disseminação da humilhação via internet, mas, às vezes, a justiça demanda sacrifícios – dos outros, evidentemente.

O jornalista Jon Ronson detalha o caso de Lindsey Stone, que se tornou uma vítima de perseguição virtual depois de postar no Facebook uma foto ousada de si mesma fazendo um gesto obsceno diante de uma placa que solicitava silêncio e respeito no Cemitério Nacional de Arlington. Após enfrentar o habitual suplício de perder o emprego e receber ameaças de morte, Stone acabou deprimida e incapaz de conseguir um novo emprego, pois qualquer busca na internet apresentava instantaneamente os detalhes do seu erro, inclusive com evidência fotográfica. Ela só retomou algo que lembrava uma vida normal depois que Ronson conseguiu para ela gratuitamente os serviços de uma empresa de gestão de reputação, que manipulou os resultados do mecanismo de busca para derrubar as notícias sobre o incidente nos rankings. Esse processo requer manutenção constante de uma assistência on-line cuidadosa e completa, com entradas falsas inofensivas a respeito de passeios em parques de diversão para bloquear a primeira página de resultados do Google. Segundo estimativas da empresa de gestão de reputação, limpar a reputação on-line de Stone exigiu serviços que chegaram a centenas de milhares de dólares.[3] Nós nos demoramos nesses detalhes para ressaltar quão dispendioso pode se tornar um mínimo incremento na reputação de alguém por meio de *showcasing*. Há algo muito nocivo na maneira como praticamos censura moral; prova disso é a existência de uma indústria dedicada a encontrar soluções para restaurar a reputação. Os detalhes de casos como o de Stone são difíceis de digerir, e deixam absolutamente claro que seus perseguidores fizeram algo desprezível.

Mesmo que Stone tenha agido mal, a reação contra ela foi desproporcional. Ela certamente não merecia receber ameaças de morte. Mas e quando nós sabemos com certeza que o alvo tem culpa, e que ser acusado e envergonhado é exatamente o que ele merece? Também nesse caso o *showcasing* pode dar errado. Coordenar a atividade de um grupo é difícil. Ainda que o alvo mereça *sua* manifestação de repúdio e desprezo, isso não significa que ele também mereça a demonstração de repúdio e desprezo de outras 10 mil pessoas. O *showcasing*, no mais das vezes, toma a forma de reforçamento. Aqui, os membros de um grupo individualmente "soterram" um transgressor com o seu repúdio; cada um colabora fazendo a sua parte, até que essa perseguição cause mais estrago para o transgressor do que ele merece.[4] Na melhor das hipóteses, a busca individual por status influencia o comportamento do grupo, que é desrespeitoso até quando o alvo é um transgressor.

Em uma interessante reviravolta, as gigantescas campanhas on-line orquestradas para culpar e humilhar às vezes são um tiro que sai pela culatra. Os psicólogos Takuya Sawaoka e Benoît Monin conduziram quatro estudos demonstrando que exibições de indignação contra postagens on-line racistas, antipatrióticas ou sexistas são consideradas menos louváveis quando fazem parte de um grande grupo que multiplica ataques.[5] Além disso, Sawaoka e Monin mostram que a indignação que se torna viral desencadeia uma reação favorável ao infrator por parte dos observadores. Isso representa um problema para os que fazem *showcasing*. Mesmo que o ato de acusação pareça apropriado quando feito de maneira isolada, o *showcasing* em que vários membros de um grupo se unem para multiplicar a força de um ataque pode inspirar simpatia pelo alvo desses ataques, fazendo os próprios acusadores parecerem pessoas ruins.

Mas a injustiça do *showcasing* comprovadamente não depende de culpa ou de sanções sociais desproporcionais. Mesmo que um transgressor mereça ser acusado, é possível tomar atitudes equivocadas ao fazê-lo. Para entender como isso é possível, considere o seguinte exemplo. Ann vê Ben cometer algum pequeno deslize moral. Para Ann não seria errado levar Ben a prestar contas dos seus atos diante de outras pessoas. Talvez seja até a coisa certa a fazer; e é isso que ela faz. Mas suponha que Ann esteja terrivelmente mal-humorada e ansiosa para "descarregar" em alguém. Embora não seja exagero de Ann pedir a Ben que se explique, sua motivação para confrontá-lo é censurável. Para Ann, não importa saber quem é a pessoa atacada, nem por que está sendo atacada. Se Ben não estivesse por perto, ela teria descarregado seu mau humor sobre outra pessoa. Ann trata Ben como se fosse um saco de pancada substituível, mas a moralidade não existe para esse tipo de coisa. Ben deve ser responsabilizado por seu comportamento porque fez algo errado, não porque Ann se sente bem acusando-o.

Podemos usar esse caso para mostrar por que o *showcasing* é errado pela mesma razão. Suponha que, em vez de estar de mau humor, Ann sente que suas qualidades morais não são devidamente apreciadas. Quando Ben comete um erro, ela vê sua oportunidade, ataca Ben e anuncia suas qualidades morais superiores para todos que possam ouvi-la. Também nesse caso Ann age erradamente ao repreender Ben apenas para exibir suas credenciais morais.

Você poderia argumentar que Ann não fez nada de errado em ambas as versões. Por quê? Porque ela, de fato, puniu uma pessoa culpada. Como Ben era culpado nos dois casos, ela tinha o direito de puni-lo. Dessa forma, fazer isso não foi errado.[6] Naturalmente, ela estava mais do que preparada para se lançar sobre outra pessoa para ter o que desejava, mas a sorte lhe sorriu e lhe enviou uma oportunidade para destilar o seu veneno sem despertar suspeita.

É verdade que o comportamento de Ann não é tão nocivo quando o seu alvo é alguém como Ben, que tem culpa, e não uma pessoa inocente. Se examinássemos o comportamento de Ann, porém, seria um erro ignorar a atitude dela para com outras pessoas.[7] Ela simplesmente teve a sorte de tirar vantagem de uma pessoa culpada. A moralidade, como já afirmamos, não é pretexto para usar outra pessoa. A moralidade exige que tratemos as outras pessoas segundo o valor delas como seres humanos, não como meros instrumentos. O *showcasing* falha nesse aspecto.

## FRAUDE

Ao longo do livro, percebemos que é útil comparar *grandstanding* com mentira. Por exemplo, ambos são maneiras de se fazer algo moralmente errado por meio da comunicação. Além do mais, como acontece com a mentira, geralmente é difícil saber se uma pessoa está se valendo de *grandstanding* apenas examinando as palavras dela. Salientando as semelhanças do *grandstanding* com a ideia mais familiar do ato de mentir, esperamos facilitar a compreensão. Nós agora demonstraremos que alguns exemplos de *grandstanding* têm ainda mais em comum com a mentira.

Supomos que os exibicionistas morais (ou *grandstanders*) geralmente sejam sinceros – eles acreditam nas coisas que dizem, ou relatam aos outros suas verdadeiras crenças morais. Nós também supomos que o *grandstanding* seja nocivo por muitas outras razões que não exijam insinceridade (e ainda há muitos argumentos a apresentar). Mas *grandstanding* também pode ser nocivo porque, como a mentira, ele engana os outros.

Vamos nos concentrar na mentira por um momento. Mentir é uma tentativa de levar alguém a acreditar em algo que o próprio mentiroso sabe ser falso.[8] Por que mentir geralmente é errado? Uma explicação plausível é que, ao enganar outra pessoa, você deixa de tratá-la com o respeito que se deve a um igual moral. Suponha que um amigo seu queira se tornar um barbeiro. Você jamais deixaria que ele cortasse o seu cabelo, mas quer apoiá-lo, e então resolve dizer a um colega do trabalho que esse seu amigo é um ótimo barbeiro com experiência. Você conhece a verdade e por isso não deixa que o seu amigo lhe corte o cabelo. Por outro lado, como você mentiu para o seu colega, ele tem uma informação falsa. Como resultado disso, ele faz algo que, de outra maneira, não teria feito. Ao mentir, você agiu como se os interesses práticos dele fossem menos importantes que os seus. Você explorou a confiança dele e o manipulou para atingir o objetivo de ajudar seu amigo. Em resumo, você tirou vantagem dele ao mentir.

Também é possível enganar, manipular e tirar vantagem dos outros por meio do *grandstanding*. Exibicionistas morais às vezes fazem isso para que os outros acreditem que são confiáveis, e então exploram a verdade que inspiram – quer tenham a intenção de fazê-lo, quer não. Exibicionistas morais muitas vezes visam projetar reputações acima de qualquer suspeita, ou talvez apresentar-se como pessoas perfeitamente decentes. Mas a verdade pode passar longe da imagem de excelência que os exibicionistas morais projetam.

Há casos em que o *grandstanding* é involuntariamente enganoso. Como vimos no capítulo 2, existe uma boa chance de que você não seja tão moralmente bom quanto pensa que é. A maioria das pessoas se considera acima da média no campo moral. Elas não podem estar todas certas. Muitas realmente erram quando se comparam com outras em matéria de qualidades morais. Portanto, se você estiver tentando convencer as pessoas de que é moralmente excepcional, provavelmente as está enganando – o seu *grandstanding* tem como objetivo fazer com que as pessoas acreditem em coisas sobre você que na realidade são falsas. Ainda que não esteja tentando enganar os outros, você pode estar fazendo exatamente isso.

Você pode insistir que *você* não cometeria tal erro. Talvez não. Mas a pesquisa psicológica nos dá bons motivos para acreditar que somos juízes falhos das nossas próprias qualidades morais. O efeito "sou melhor do que eu mesmo" fornece um motivo particularmente impressionante para duvidarmos de nós. Em um estudo, pediu-se aos participantes que avaliassem a porcentagem de tempo em que exibiriam certas características, tais como cooperação, honestidade, cortesia e responsabilidade.[9] Desse modo, um participante poderia avaliar, por exemplo, que era cooperativo 90% das vezes e não cooperativo 10%. No total, eles avaliaram a si mesmos em 26 características. Semanas mais tarde, os mesmos participantes retornaram para prosseguir com o experimento. Os pesquisadores lhes disseram que eles receberiam a média de autoavaliações dos seus colegas em cada característica. Então, pediram a esses participantes que se avaliassem em comparação com essa média. Em 23 das 26 características, os participantes se autoavaliaram consideravelmente melhores do que a média. As maiores diferenças se encontravam nas suas avaliações de quatro características morais: cooperação, honestidade, cortesia e responsabilidade. É interessante notar que quando foi pedido aos participantes que eles se avaliassem em comparação com a "média", essa média que eles receberam eram, na verdade, *suas próprias* autoavaliações feitas anteriormente. De fato, quando eles disseram que eram melhores do que a média, eles afirmaram que eram melhores que si mesmos. Isso sugere que nós não somos juízes confiáveis quando se trata de avaliar quão bons somos – seja em termos absolutos, seja relativamente a outras pessoas. Portanto, embora seja verdade que algumas pessoas são melhores do que a média, talvez *você* não devesse estar tão confiante de que é melhor que a média. Se a imagem que você projeta de si mesmo é a de um santo moral, há boas chances de estar se enganando.

    É claro que, nesses casos, estipulamos que você não está tentando enganar os outros. Você realmente acredita que é moralmente superior e quer que os outros acreditem nisso também. Mas isso não significa que seu *grandstanding* não possa ser enganoso, apenas que o seu logro não é intencional. Mesmo que o *grandstanding* enganoso não seja intencional, ele ainda pode ser irresponsável. Quando você recorre ao *grandstanding*, faz algo que envolve uma grande possibilidade de enganar pessoas.

Afinal de contas, quais são as chances de que você seja tão moralmente notável quanto pensa que é? Provavelmente não são chances muito boas. Quando se trata de iludir as pessoas, o *grandstanding* é um comportamento arriscado. Tendo em vista que é errado enganar para obter ganho pessoal, nós mostraríamos mais respeito aos outros se não fizéssemos *grandstanding*.

Por outro lado, uma parcela de *grandstanding* é intencionalmente enganosa. Nesses casos, os exibicionistas morais (ou *grandstanders*) não acreditam que sejam tão moralmente notáveis como sugere seu *grandstanding*, mas de qualquer maneira querem que os outros acreditem que são. Esse tipo de *grandstanding* envolve mentir, já que tem como objetivo enganar outras pessoas. Ora, sabemos que geralmente é errado enganar os outros. Na medida em que *grandstanding* teria como objetivo enganar os outros, ele também seria moralmente errado.

Talvez você acredite que mesmo que muitas vezes o *grandstanding* seja enganoso, não se trata de um erro moral significativo. Nós todos nos gabamos um pouco para os outros, mostrando-nos mais engraçados, mais atraentes ou mais inteligentes do que somos realmente. É lamentável que algumas pessoas cheguem a extremos para convencer os outros de que são mais inteligentes, mais fortes ou mais romanticamente competentes do que na verdade são. À exceção dos casos extremos, aqueles que obtêm êxito nesses esforços provavelmente não causam grande dano.

Contudo o *grandstanding* é mais sério do que esses casos nos mostram. A impressão equivocada que o exibicionista moral suscita nos outros permite que ele tire vantagem das pessoas de maneiras que vão além da simples farsa. Apresentando-se como pessoas melhores do que realmente são, muitos exibicionistas morais conquistam imerecidamente a confiança dos outros, e podem explorar essa confiança de diversas maneiras.

Por exemplo, algumas pessoas usam o *grandstanding* para encobrir o próprio comportamento nocivo. A psicóloga Anna Merritt e colegas conduziram uma série de experimentos em que demonstraram que as pessoas buscam referências morais quando temem que o seu comportamento futuro possa parecer imoral.[10] Em um estudo, os participantes foram informados de que deveriam tomar uma decisão de contratação, e teriam de escolher entre um candidato branco e um negro. Alguns participantes receberam descrições de qualificações que mostravam que o candidato negro era mais forte do que o branco; outros, receberam descrições que mostravam o contrário. Antes de tomarem a decisão de contratação, os participantes tiveram de responder a um questionário no qual se perguntava se vários tipos de comportamento eram ou não racistas. Os participantes foram avisados de que suas respostas a esse questionário seriam mostradas aos seus colegas, juntamente com a decisão de contratação. Os pesquisadores constataram que os participantes que receberam os arquivos nos quais o candidato branco era mais bem qualificado estavam mais propensos a criticar como racistas os comportamentos no questionário. Ao exibirem preventivamente uma elevada sensibilidade a racismo, os participantes esperavam que isso lhes servisse como garantia para escaparem de críticas por escolherem o candidato branco.

Esse tipo de sinalização antecipada não é sempre moralmente errado, naturalmente. Às vezes, precisamos recorrer a artifícios para mostrar que nosso comportamento é moralmente admissível quando as aparências sugerem o contrário. Nosso propósito é simplesmente mostrar que essas mesmas motivações estão em jogo quando pessoas particularmente ruins recorrem ao *grandstanding* para mais facilmente tirar vantagem da confiança de outros. Por meio do *grandstanding*, pessoas podem criar sua reputação moral para evitar suspeitas e talvez até escapar da condenação quando seus delitos são descobertos.

As pessoas também podem usar a confiança conquistada por meio de *grandstanding* para ludibriar vítimas. Elas podem fazer pior ainda, usando essa confiança para tirar da sua vítima a vontade de se manifestar, lançando antecipadamente sementes de dúvida sobre a plausibilidade da acusação. O *grandstanding* torna mais fácil o abuso contra outras pessoas, e é isso que o diferencia de outros tipos de autoapresentação, que, embora aprimorados, são moralmente inocentes. Veremos alguns exemplos que ajudarão a demonstrar o que queremos dizer.

Lembre-se da carta que Harvey Weinstein fez circular em resposta às acusações de assédio sexual. Dando ênfase ao seu apoio a causas políticas progressistas e ao seu profundo respeito pelas mulheres, Weinstein tentou se apoiar na reputação que havia cultivado durante anos transmitindo uma falsa impressão, e comprar leniência acenando com a possibilidade de realizar boas obras no futuro, algo que seria impossível se ele fosse responsabilizado por suas ações. Além da transparência dos seus motivos, revelados na própria carta, a evidência de que ele tentou manipular o público a fim de comprar para si mesmo maiores liberdades se confirmou com mais força pelo fato de que ele, aparentemente, dissera coisas similares quando confrontado em particular, bem mais de uma década antes das acusações mais recentes.[11]

Apresentando-se ostensivamente, ao longo da sua carreira, como politicamente progressista, Weinstein fez com que diminuíssem as chances de que as acusações contra ele recebessem crédito, e por conseguinte fez diminuir a probabilidade de que alguma de suas vítimas o denunciasse. Seu *grandstanding* parou de funcionar (pelo menos por enquanto), mas ele foi capaz de usá-lo junto com o poder que detinha para se envolver em abusos terríveis durante anos. Em resumo, o *grandstanding* de Weinstein convenceu as pessoas a acreditar nele muito mais do que ele merecia.

Alguns exibicionistas morais provavelmente manipulam as pessoas sem nem perceber que o estão fazendo, e talvez acabem enganando a si mesmos no processo. Considere o caso de Ted Haggard, ex-pastor da New Life Church, uma megaigreja localizada em Colorado Springs, no estado do Colorado. Haggard também era o presidente da National Association of Evangelicals [Associação Nacional de Evangélicos], uma associação de dezenas de milhares de igrejas teologicamente conservadoras, representando milhões de membros. Haggard ganhou fama nacional em meados dos anos 2000, em parte devido a uma aparição num documentário televisivo, *The Root of All Evil?* [A origem de todo mal?]. No programa, ele reagiu com irritação às perguntas do entrevistador Richard Dawkins sobre ciência e evolução, desprezou sua arrogância e lhe ordenou que fosse embora. O tratamento de Haggard para com Dawkins foi uma exibição clara de raiva hipócrita, direcionada a uma pessoa de fora do grupo cujos vícios ele não estava disposto a tolerar.[12]

Haggard também atraiu a mídia por seu apoio aberto a uma emenda do estado do Colorado que tornaria ilegal o casamento de homossexuais. Para ele, a questão nem mesmo merecia um debate sério: "Não temos de colocar em debate o que achamos da atividade homossexual. Está escrito na Bíblia", ele afirmou.[13] Assim, Haggard demonstrou a todos que a resposta para o que então era uma questão extremamente controversa era simples e óbvia para ele. Logo depois desses eventos, Haggard foi publicamente acusado de manter um relacionamento durante anos com um garoto de programa de quem ele comprava metanfetamina. Embora tenha contestado as acusações a princípio, Haggard, posteriormente, admitiu que eram verdadeiras.

Devido às demonstrações públicas de pureza moral de Haggard, sua congregação provavelmente confiava nele com fervor. Mas ele pode também ter conseguido enganar a si mesmo a respeito da própria integridade. Como vimos no capítulo 3, às vezes manipulamos nossas próprias emoções morais, como a raiva, para aprimorar e manter moralmente boas as impressões a respeito de nós mesmos.[14] Grande parte da indignação pública e do *grandstanding* de Haggard podem ter funcionado para que ele convencesse *a si mesmo* de que era uma boa pessoa, apesar do seu fracasso em seguir os próprios padrões de moralidade sexual. Por meio do seu *grandstanding*, Haggard enganou sua congregação e talvez a si próprio.

Pode-se extrair uma lição prática de casos como o de Haggard. Nós sabemos que a maioria das pessoas tem uma ideia mais otimista a respeito das suas qualidades morais do que seria cabível. Por esse motivo, precisamos desconfiar da tentação de recorrer ao *grandstanding* para sentirmos orgulho de nós mesmos. Se o fizermos, corremos o risco de alimentar nossas próprias ilusões e de nos distanciarmos cada vez mais de uma ideia precisa sobre quem somos e o que nos interessa.

Alguém poderia argumentar que nossas preocupações a respeito de enganar são exageradas. As pessoas não são estúpidas, elas sabem que todos querem ser vistos com bons olhos; portanto, esperamos que os outros mintam um pouco a respeito do que mostram de si mesmas ao mundo. Já que estamos cientes disso, vamos aumentar a vigilância e quando nos depararmos com ostentação sob a forma de *grandstanding* moral vamos rechaçá-la, evitando assim ser enganados.

O problema com essa argumentação é que o *grandstanding* geralmente não é direto o suficiente para ser detectado com facilidade. Caso contrário, ele não seria eficaz. A capacidade de impressionar os outros por meio de *grandstanding* é uma habilidade que as pessoas possuem em graus variados, assim como a capacidade de perceber a farsa na maneira como alguém se apresenta. Quando as pessoas dizem o que queremos ouvir sobre questões políticas ou morais, ficamos sujeitos a ser enganados por um *grandstanding* aplicado com eficiência. Seria incrivelmente ingênuo dizer que esse tipo de farsa, ou qualquer outro tipo, poderia simplesmente ser detectado e facilmente descartado.

Somos capazes de perceber a farsa dos Weinsteins e dos Haggards do mundo, pelo menos depois que são desmascarados. Sabemos que as pessoas envolvidas usam *grandstanding*, e podemos ajustar devidamente o nosso nível de confiança nelas. Mas nós nem sempre temos essa capacidade. Quantas pessoas recebem total confiança, e até mesmo amor, apenas porque seu *grandstanding* é eficiente? Isso é preocupante. Se respeitamos os outros, não faremos *grandstanding* para levá-los a confiar em nós mais do que confiariam naturalmente.

Até agora, oferecemos dois argumentos para fundamentar a conclusão de que o *grandstanding* é nocivo porque é desrespeitoso. Primeiro, quando exibicionistas morais recorrem ao *showcasing* – isto é, culpam e envergonham alguém para mostrar quão bons eles são –, eles tratam as pessoas como sacos de pancada úteis e substituíveis. Segundo, quando exibicionistas morais enganam os outros convencendo-os de que são moralmente melhores do que de fato são (algo que já costuma ser desrespeitoso), ganham imerecidamente a confiança de outras pessoas ludibriando-as, além de serem capazes de cometer abusos contra elas e se safar de suas transgressões mais facilmente.

Note que esses argumentos visaram especificamente a casos de *grandstanding* envolvendo *showcasing* e logro. Mas é possível fazer *grandstanding* sem fazer nada disso. Portanto, nós não acreditamos que esses argumentos mostram que todos os casos de *grandstanding* são desrespeitosos, apenas que muitos deles são.

## PARASITISMO

Uma das grandes vantagens da vida em uma sociedade estável é que podemos desfrutar dos resultados da cooperação com outras pessoas em projetos de larga escala. Todos fazem a sua parte, mesmo que pequena, e seguem as regras. O resultado é um benefício mútuo significativo. Por exemplo, em muitas culturas, é uma prática comum as pessoas esperarem em fila para ser atendidas. A ideia é que aqueles que chegaram antes sejam atendidos primeiro. Como resultado, o que poderia ser um processo desordenado e cheio de conflitos é (geralmente) simples e tranquilo.

Contudo, quando os projetos de cooperação se ampliam, surgem dificuldades. Ocorre que algumas pessoas podem tirar vantagem da colaboração honesta de outras. Essas pessoas traem as regras de cooperação em voga para obter maiores benefícios para si mesmas. Esse "parasitismo" desrespeita aqueles que seguem as regras. Nesta seção, nós apresentaremos a hipótese de que nossa prática de discurso moral público é uma prática cooperativa em larga escala. Nós consideramos que os exibicionistas morais parasitam o bom comportamento de outras pessoas no discurso público. Essa é mais uma maneira de os exibicionistas morais desrespeitarem os outros.

Imagine que você e mais nove vizinhos deixem suas vacas pastando num pasto grande, de grama. O pasto tem capacidade para comportar 100 vacas. Isso significa que se 100 vacas, não mais que isso, pastarem nesse terreno, haverá muita grama para futuras vacas comerem. Mas se uma quantidade maior de vacas for colocada para pastar, o campo acabará arruinado por esgotamento.

No começo, cada vizinho deixa apenas duas vacas pastando no terreno. Então, um dos vizinhos percebe que poderia ganhar mais dinheiro se deixasse mais algumas das suas vacas pastando ali. Afinal de contas, vinte vacas pastando estão bem abaixo da capacidade total do pasto. Mesmo com mais algumas vacas, ainda sobraria muita grama. Outros vizinhos percebem essa estratégia, e também colocam mais vacas no pasto. Você se dá conta de que sairá perdendo se não deixar mais algumas das suas vacas pastando também.

O que acontecerá se as pessoas continuarem a acrescentar vacas, e o pasto se aproximar do seu limite de ocupação? Você mesmo poderia parar de colocar mais vacas nesse espaço, mas por que faria isso? Você não tem certeza de que seus vizinhos respeitarão o limite, e seria trabalhoso demais monitorar o pasto o tempo todo para garantir que não seja excessivamente utilizado. Por que ser o único bobalhão que não aproveita o que pode enquanto o pasto ainda resiste?

É do interesse de todos preservar o pasto para que ele continue viável para o uso. Mas, quando as pessoas agem apenas segundo os próprios interesses em um espaço comum sem controle e com recursos escassos, o quadro de destruição do pasto está formado. Esse tipo de cenário é conhecido como tragédia dos bens comuns.[15] Somos todos capazes de ver tais tragédias se aproximando, mas como só podemos escolher o que fazer por nós mesmos, não podemos evitá-las. O melhor que podemos fazer como indivíduos é tentar tirar o que conseguirmos do recurso comum antes que se esgote.

De certo modo, a prática do discurso moral é um recurso comum, como o pasto. O discurso moral é um recurso valioso. Como explicamos no capítulo 1, é principalmente por meio do discurso moral que levamos moralidade aos problemas práticos. Nós resolvemos, ou pelo menos tentamos resolver, muitos problemas importantes utilizando esse recurso. Mas, assim como o pasto da história pode ser arruinado por excesso de uso, o discurso moral também pode ser destruído se houver abuso. Nós abusamos do bem comum do discurso moral quando aplicamos moral em excesso, fazendo afirmações morais claramente falsas ou absurdas, ou usamos o discurso moral de maneira francamente egoísta. Tudo isso acontece quando as pessoas se envolvem em *grandstanding* moral, e, como argumentamos no capítulo anterior, a consequência disso é a degradação do valor social desse bem comum.

Em face desse problema, o que podemos fazer? Como os criadores de gado, nós podemos dar de ombros e pegar o que conseguirmos enquanto ainda existem bobos que levam o discurso moral a sério. Mas os criadores de gado têm outra opção, e nós também: a submissão mútua a um conjunto de regras ou normas que protegem o bem comum.

No caso do pasto, um sistema de regras para a propriedade evitaria que os criadores a arruinassem. Em vez de se entregarem a uma trabalhosa vigilância das práticas de pastoreio uns dos outros, eles se beneficiariam se cada um se responsabilizasse por uma parte do pasto: isso faria surgir o interesse em preservar cada qual a sua parte, e um não poderia destruir a parte do outro.

Não faz sentido falar em privatizar o discurso moral, é evidente. Por sua própria natureza, a comunicação se vale do compartilhamento de recursos. Felizmente, porém, existem outros meios de evitar uma tragédia dos bens comuns.[16] Uma dessas soluções envolve a adoção de normas que protegem a prática do discurso moral contra abusos. Quando um número considerável de pessoas adota as normas (e sofre punição por violá-las), nós podemos evitar a degradação do discurso moral.

Para entender o que queremos dizer, considere o pensamento do filósofo H. P. Grice segundo o qual as conversas podem ser úteis em termos de cooperação apenas quando os que estão envolvidos nelas seguem certos princípios gerais.[17] Ele deu a isso o nome de máximas da conversação. Eis alguns exemplos dessas máximas: "Não diga coisas sobre as quais você não tenha evidências adequadas", "Seja pertinente", "Evite expressar-se de maneira obscura" e "Seja organizado". Esses são princípios gerais que nós todos devemos seguir em uma conversação. Se as pessoas parassem de seguir essas normas, a conversa seria inútil como uma cooperativa de risco. Alguém lhe perguntaria se você gosta de chá e você responderia "eu adoro velejar" (uma violação da norma "Seja pertinente"). As conversas funcionam porque seguimos algumas regras gerais.

Nós acreditamos que existam também normas que governam o discurso moral produtivo, uma das razões que levam a maioria das pessoas a considerar o *grandstanding* tão irritante. Sabemos que se pode fazer boa figura marcando publicamente uma posição a respeito do que é certo. Também sabemos que fazer essa boa figura não é o objetivo quando tomamos uma posição. Considere o clichê do político ávido por publicidade que, para se promover, usa de forma evidente o discurso moral aplicado a causas políticas. Quem usa o discurso moral dessa maneira viola as normas do comportamento social aceitável. Sugerimos, portanto, uma máxima para a conversação moral: "Não use o discurso moral para se promover". Se um número significativo de pessoas seguir essa regra geral, protegeremos o recurso da fala moral.

Vamos supor que não haja dúvida de que essa é uma boa norma de conversação moral. Nesse caso, seria errado recorrer ao *grandstanding*, porque seria injusto para com todos aqueles que preservam a viabilidade do discurso moral privando-se dessa tentação.[18] Pessoas que não fazem uso do *grandstanding* podiam recorrer ao discurso moral para fazer boa figura, e provavelmente até se safar disso na maior parte do tempo. Em vez disso, porém, essas pessoas se contêm e seguem as normas que as orientam no uso do discurso moral, em prol da promoção da justiça no mundo. Como muitas pessoas exercitam o autocontrole, todos nós podemos desfrutar dos benefícios de viver em uma sociedade na qual o discurso moral é eficaz. Exibicionistas morais, por outro lado, têm o melhor dos dois mundos. Eles se aproveitam dos benefícios obtidos por meio do autocontrole dos outros e ainda utilizam o discurso moral para melhorar seu status social. Em outras palavras, eles "pegam carona" nos sacrifícios de todos os demais e se recusam a se sacrificar da mesma maneira. Eles tiram vantagem dos outros e agem como se tivessem o direito de gozar de mais liberdade que o resto de nós.

Alguns leitores perceberão uma semelhança entre esse argumento e aqueles apresentados no capítulo anterior sobre as consequências nocivas do *grandstanding*. De fato, uma preocupação relacionada ao parasitismo é que ele pode levar a uma redução nos benefícios da cooperação, ou até mesmo ao fracasso de todo o sistema cooperativo. Mas é importante perceber que o parasitismo é nocivo, mesmo que ninguém sofra nenhum dano tangível por causa dele. É nocivo porque é injusto, independentemente de outras consequências que possa causar. Quando as pessoas cooperam obedecendo a um conjunto de regras, elas se comprometem umas com as outras a seguir essas regras. Quando um indivíduo quebra uma regra, ele mostra desrespeito aos seus colegas colaboradores. Essa (e nenhuma outra) é a origem do erro no parasitismo.

Alguém poderia concordar que o discurso moral é proveitosamente compreendido como uma prática de colaboração, mas, ao mesmo tempo, insistir que estamos enganados a respeito das suas normas num aspecto importante. Talvez o ponto principal da moralidade, de acordo com alguns teóricos da evolução, seja possibilitar a cooperação entre pessoas que se consideram ligadas por seus compromissos. O discurso moral possibilita a cooperação entre essas pessoas, permitindo que elas indiquem umas às outras que são confiáveis, particularmente acusando ou punindo transgressores.[19] Portanto, sinalizar a outros a respeito das suas qualidades morais pode ser mais importante do que gostaríamos de admitir, e isso não deveria ser desprezado como motivo.

Mas é importante perceber que existe uma diferença, por um lado, entre as ações de uma pessoa funcionando como um sinal e, por outro, uma pessoa agindo com o intuito de enviar um sinal. A sinalização é uma característica inevitável do comportamento aparente, quer haja intenção, quer não. Contudo, agir com a intenção de exibir-se para os outros não é inevitável. Se o comportamento das pessoas piora quando o seu objetivo é exibir-se, isso é preocupante. Se isso for verdade, então uma regra contra tal comportamento poderia ser uma importante providência para a eficácia do discurso moral.

## CONCLUSÃO

O discurso moral é uma ferramenta. Tem sido usado em projetos valorosos, importantes e impactantes, mas continua sendo apenas uma ferramenta. Embora o discurso moral seja providencial para tornar o mundo mais justo, isso não significa que todas as ocorrências dele devam ser associadas a coisas moralmente valorosas, ou mesmo moralmente admissíveis. Martelos podem ser utilizados para bater pregos e arrancá-los, mas também podem ser usados para atacar pessoas. Ninguém com mais de 3 anos aplaudiria todas as batidas de um martelo, e não deveriam aplaudir todas as ocorrências de discurso moral.

## CAPÍTULO 6

## UMA PESSOA VIRTUOSA APELARIA PARA O *GRANDSTANDING*?

Até aqui, nossa argumentação moral contra o *grandstanding* se concentrou no impacto dele sobre as outras pessoas. Isso não deveria causar surpresa. Quando as pessoas pensam em moralidade, elas pensam no modo como os outros são afetados pelo nosso comportamento. No capítulo 4, nós argumentamos que o *grandstanding* é nocivo porque acarreta custos sociais consideráveis, com os quais todos nós arcamos quando os exibicionistas morais (ou *grandstanders*) abusam do discurso moral. No capítulo 5, argumentamos que, mesmo deixando de lado suas consequências negativas, o *grandstanding* é errado por um motivo adicional: ele desrespeita os outros.

Mas a moralidade não se resume às avaliações do nosso comportamento e seu efeito sobre outras pessoas. Nós também fazemos julgamentos a respeito das características morais dos outros. Dizemos coisas como "Jim é confiável" e "Kerry é egoísta". Ao fazer isso, nós avaliamos caráter.

Refletir sobre caráter pode esclarecer importantes diferenças morais entre as pessoas. Suponha que Jamie faça serviço voluntário num abrigo para moradores de rua. Ela joga cartas com os sem-teto, dá a eles assistência médica e os ajuda a encontrar empregos estáveis. Ela gosta desse trabalho, e se oferece como voluntária porque quer ajudar aqueles que levam uma vida difícil. Ela tem a característica, ou a virtude, da compaixão.

Will também é voluntário no abrigo, e faz todas as coisas que Jamie faz. Mas ele detesta o trabalho, e faz aquilo apenas porque está realizando uma pesquisa para um papel que desempenhará num filme. Ele finge que se importa, e é muito convincente nisso, mas na verdade odeia moradores de rua e não vê a hora de poder voltar a ignorá-los. Embora o comportamento de Will e o de Jamie sejam – a julgar pelas aparências – basicamente iguais, há uma diferença moral significativa entre eles. Jamie é a pessoa que sente verdadeira compaixão. Há qualidades morais importantes que não são necessariamente reveladas pelo nosso comportamento.

Refletir a respeito do caráter moral não apenas nos ajuda a esclarecer diferenças entre pessoas; também lança luz sobre questões morais relacionadas ao modo como devemos viver. Nós poderíamos perguntar, por exemplo, se uma pessoa com caráter impecável sonegaria impostos. De que maneira uma pessoa generosa trata os amigos que se encontram em um momento de necessidade? Neste capítulo, nós perguntamos se uma pessoa virtuosa apelaria para o *grandstanding*.

Lembre-se de que nossa Configuração Básica de *grandstanding* inclui o Desejo de Reconhecimento: quando alguém usa o *grandstanding*, é consideravelmente motivado pelo desejo de ser visto pelos outros como uma pessoa moralmente respeitável. Alguns leitores devem ter percebido que nenhum dos argumentos que oferecemos nos capítulos anteriores dependia de que houvesse algo de errado com tal desejo. Pelo contrário, os problemas que assinalamos até agora se relacionam com as coisas que as pessoas tendem a *fazer* porque são motivadas pelo Desejo de Reconhecimento, mas agora iremos além disso. Ter o Desejo de Reconhecimento com a intensidade que têm os exibicionistas morais é um defeito de caráter.

Ao longo dos séculos, as pessoas propuseram muitos conceitos sobre virtude, e não pretendemos abordá-los todos aqui.[1] Em vez disso, nós utilizaremos algumas abordagens populares e mostraremos que em nenhuma delas o *grandstanding* costuma ser algo que uma pessoa virtuosa faria. Vamos começar examinando um conceito tradicional de virtude, de acordo com o qual uma pessoa virtuosa faz a coisa certa pelo motivo certo.

## FAZENDO A COISA CERTA PELO MOTIVO CERTO

Olhar com atenção para o comportamento claramente observável de alguém pode nos indicar se a pessoa faz a coisa certa. Mas, para saber se se trata de uma boa pessoa, nós teremos de aprofundar o nosso olhar. Entre outras coisas, devemos investigar por que ela age como age.[2] Qual é a sua motivação?

Considere novamente o caso de Jamie e Will, do nosso exemplo anterior. Embora Will faça todas as coisas de maneira certa no abrigo, é evidente que ele não age de maneira virtuosa. Ele odeia os moradores de rua e só trabalha como voluntário porque precisa da experiência de conviver com eles para se preparar para um papel em um filme. Ser uma pessoa virtuosa requer mais do que simplesmente fazer a coisa certa. De acordo com a visão tradicional acerca das virtudes, para ser virtuoso você deve fazer a coisa certa pelo motivo certo.[3]

Mas quais são os motivos certos? O que motiva uma pessoa virtuosa? Para responder a essa pergunta, nós podemos simplificar as coisas e nos concentrar em três tipos gerais de motivadores para nossas ações.[4]

> 1 – Motivação egoísta: você está apenas preocupado consigo mesmo e agindo em prol dos próprios interesses.

2 – Motivação altruísta: você está apenas preocupado com o que é bom para os outros.

3 – Motivação ligada ao dever: você está apenas preocupado em cumprir seu dever, ou com o que é moralmente correto.

Voltemos ao abrigo para moradores de rua a fim de exemplificar esses vários motivos. Jamie é voluntária no abrigo porque quer que os sem-teto sintam que são valorizados, ouvidos e cuidados. Ela quer ajudá-los a comer melhor e serem mais saudáveis, além de ajudá-los a encontrar emprego, porque deseja que eles tenham melhores condições de vida e que sintam orgulho por contribuírem para a sociedade. Em resumo, o que motiva Jamie é o desejo de ajudar outras pessoas. Suas motivações são altruístas. É claro que o trabalho voluntário de Jamie também lhe proporciona alguns benefícios pessoais – por exemplo, ela pode acrescentar essa experiência ao seu currículo. Porém, sendo a sua motivação altruísta, esses benefícios são um subproduto dos atos de Jamie, não a sua meta.

Por outro lado, Jamie poderia ter sido motivada pelo dever. Sua motivação poderia ter sido a preocupação de agir segundo princípios morais – fazer a coisa certa simplesmente porque é a coisa certa a ser feita. Podemos imaginar Jamie se convencendo – com base em argumentos morais, na sua consciência ou na educação religiosa – de que ajudar os pobres é um imperativo ético. Talvez ela tenha se oferecido como voluntária simplesmente porque sabia que devia fazer aquilo.

As motivações de Will, contudo, são egoístas. Ele não se importa com os moradores de rua. Will foi trabalhar como voluntário no abrigo porque acha que isso o ajudará a tornar-se um astro do cinema. Ele, na verdade, odeia os moradores de rua e os está apenas usando para favorecer sua carreira. Se o seu trabalho de pesquisa for útil, ele ficará rico, e finalmente conseguirá se mudar para Miami e comprar um barco veloz de fibra de vidro. Considere também o caso de Mary, que é voluntária no abrigo porque espera ser entrevistada na rede de televisão local e aparecer como uma heroína moral. Essas motivações não são nem altruístas nem ligadas ao dever.

    É claro que a vida real raramente é simples assim. Como explicamos no capítulo 2, nós costumamos agir movidos por motivações variadas. Você deve concordar, porém, que, embora seja fácil imaginar uma pessoa virtuosa trabalhando como voluntária num abrigo para moradores de rua por razões altruístas ou relacionadas a dever, é difícil imaginar uma pessoa virtuosa agindo sob motivações como as de Will ou de Mary. O trabalho voluntário deles poderia até impressionar muito você, mas certamente rebaixaria sua avaliação a respeito do caráter moral deles se soubesse que ambos se ofereceram como voluntários para poder comprar um barco ou aparecer na televisão. Pode ser útil ter por perto uma pessoa bem-comportada, mas uma pessoa de excelente caráter não é apenas útil, é também admirável.

    Agora que temos uma ideia de quais tipos de motivação são característicos de uma pessoa virtuosa segundo a explicação tradicional, nós podemos perguntar: essa pessoa virtuosa recorreria ao *grandstanding*? Um exibicionista moral (ou *grandstander*) participa do discurso público em razão do Desejo de Reconhecimento: ele quer ser visto como alguém moralmente respeitável. Mas o Desejo de Reconhecimento não parece ser uma motivação nem altruísta nem ligada ao dever. Na verdade, parece egoísta: exibicionistas morais querem atenção, querem ser vistos como pessoas moralmente impactantes.

    Isso é evidência de que pessoas virtuosas não apelam para o *grandstanding*? Em nossa opinião, o fato de os exibicionistas morais terem motivações consideravelmente egoístas quando se envolvem no discurso público é uma boa evidência de que pessoas virtuosas evitariam o *grandstanding*. Mas nós também acreditamos que é possível elaborar um argumento mais forte apelando para a ideia de virtude cívica. Nem todo discurso moral público diz respeito à política ou à sociedade civil, mas a ideia de um cidadão exemplar é um termo de comparação útil para que se compreenda o que significa contribuir bem para o discurso público.

## *GRANDSTANDING* E VIRTUDE CÍVICA

Virtude cívica é a "disposição a favorecer o bem público em detrimento do privado em ação e deliberação".[5] Um bom cidadão deixa os próprios interesses de lado quando é chamado a cumprir seu dever cívico para favorecer o bem comum. Quem não for digno desse chamado pode usar as instituições políticas como nada mais que uma ferramenta para promover os próprios interesses. Por exemplo, alguém que investiu pesadamente em contratos militares pode fazer campanha para um candidato que apoia conflitos armados, simplesmente porque quer que seus investimentos tenham sucesso. Pior ainda: um político pode usar as instituições políticas para atacar seus críticos. Ele pode propor políticas que desagradem a esses críticos pelo simples fato de que elas lhes desagradam. Ou pode tentar atrapalhar os interesses deles apenas por maldade. Por outro lado, alguém pode alcançar um importante cargo público simplesmente para o próprio engrandecimento, sem o menor interesse pelo bem comum. Todos esses exemplos dizem respeito a pessoas que favorecem seus interesses privados em detrimento do bem público. As motivações são egoístas, definitivamente vinculadas ao ganho pessoal. De qualquer uma dessas maneiras, e de muitas outras, uma pessoa pode perseguir exclusivamente seu bem privado, traindo assim os ideais da virtude cívica.

É muito útil fazer uma diferenciação entre virtude cívica e contribuição virtuosa ao discurso moral público. Nós já dissemos aqui que uma pessoa virtuosa terá, com frequência, motivações que não são egoístas. Na política, ela pode querer usar instituições do Estado para promover o bem-estar popular. No discurso moral público, ela pode querer ajudar outras pessoas a refletir de modo mais claro e cuidadoso acerca de questões morais, propor argumentos ou tomar uma posição que encoraje as pessoas a tratar melhor umas às outras.

Por outro lado, uma pessoa virtuosa pode estar motivada a agir de acordo com o dever. No âmbito da política, ela pode querer que seu país entre em uma guerra justa simplesmente porque é a coisa certa a fazer, por exemplo. No discurso público moral, um indivíduo com esse tipo de motivação apresenta argumentos aos outros simplesmente porque quer que as pessoas tenham crenças morais verdadeiras, quer que os outros ajam pelos motivos certos, como ele mesmo se esforça para fazer.

Assim como você rebaixaria sua avaliação sobre o caráter de uma pessoa se descobrisse que a participação dela na política teve motivação egoísta, achamos que você também deveria rebaixar sua avaliação sobre o caráter de um indivíduo se descobrisse que ele usa o discurso moral público de maneira egoísta. Quando uma pessoa o utiliza para alcançar maior status social e parecer notável, por exemplo, ela se desvia de modo considerável das motivações tradicionalmente associadas à virtude.

Pense em um discurso moralmente tocante ou inspirador – um que deixa você com uma ótima impressão acerca da pessoa que o proferiu. Talvez lhe venha à mente o discurso "Quit India" [Saiam da Índia], de Gandhi, ou "I Have a Dream" [Eu tenho um sonho"], de Martin Luther King, ou "Ain't I a Woman" [Eu não sou uma mulher?], de Sojourner Truth. Seja qual for o discurso que você considere mais inspirador, imagine que a BBC noticie que arquivistas encontraram um diário perdido há muito tempo pela personalidade que proferiu o discurso, e o documento contenha dezenas de entradas redigidas pela personalidade em questão. Nesse diário, porém, essa personalidade quase não menciona suas esperanças de que o discurso pudesse mudar os rumos da opinião pública, guiando-a na direção da visão moral correta, ou de que o discurso pudesse levar um grupo desfavorecido a obter a ajuda de que precisava ou o respeito que lhe cabia. Em vez disso, o que parece ter preocupado a personalidade foi o interesse em assegurar seu lugar no registro histórico como um modelo moral, impressionar possíveis parceiros românticos com seu amor pela justiça e dizer apenas a exata combinação de palavras para ser citado nos cartazes dos ativistas para sempre.

É provável que a vida dos maiores heróis da história tenha sido idealizada. As pessoas são complicadas. Em alguns aspectos, não importaria muito se o herói que você tem em mente usasse seu discurso moral de maneira egoísta. A menos que o egoísmo fosse a principal motivação na vida dele, provavelmente ele ainda seria uma boa pessoa – talvez até uma grande pessoa. Mas a prova das suas verdadeiras motivações mancharia o seu caráter. Nós não diríamos que essa pessoa é tão completamente virtuosa se ela participasse do discurso moral público com esses objetivos egoístas tão ostensivos em mente, mesmo que suas palavras tivessem um enorme impacto positivo no mundo. Se sua maior preocupação é mostrar que você tem um bom coração, então você não tem um bom coração.[6] Mas talvez essa reação ao herói vaidoso e em busca de fama seja excessivamente dura. Nós agora examinaremos uma visão alternativa de virtude, na qual o vaidoso pode ser avaliado de modo mais favorável.

## VIRTUDES E CONSEQUÊNCIAS

Alguns leitores talvez reajam de maneira mais solidária à personalidade no exemplo do diário. Para eles, o caso do diário estaria longe de mostrar que o herói hipotético era imperfeito; eles diriam que esse caso simplesmente mostra que ele era humano. Seres humanos são motivados por interesses relacionados a sua herança, suas possibilidades românticas e sua reputação entre aqueles que eles têm em grande estima. Esses são desejos humanos naturais, e não deveria causar surpresa que nossos heróis sejam tão condicionados quanto o resto de nós. Esses leitores poderiam salientar, porém, que há uma lição importante no caso: nós podemos ser motivados a realizar grandes coisas sem ter um raro conjunto ideal de traços de caráter. Até mesmo interesses egoístas podem nos estimular a fazer coisas boas no mundo.

Alguns filósofos usam essa constatação para promover uma noção de virtude muito diferente daquela que nós consideramos até aqui. Em vez de pensar em uma pessoa virtuosa como alguém com traços de caráter que são excelentes por si mesmos, esses filósofos dizem que devemos pensar nas virtudes como os traços de caráter que levam a boas consequências de modo geral. Essa concepção é denominada virtude consequencialista e é uma alternativa à concepção tradicional de virtude.[7] Leva esse nome porque, segundo consta, um traço de personalidade é uma virtude quando a pessoa que o possui é levada a agir de maneiras que geram mais consequências boas que consequências ruins.[8]

Por exemplo: de acordo com a virtude consequencialista, a honestidade é uma virtude porque leva as pessoas a fazer mais bem do que mal no mundo.[9] Em outras palavras, para determinar se algo é ou não uma virtude, nós não devemos apenas considerar um padrão qualquer de crenças, desejos, hábitos e motivações e então perguntar se esse padrão é "virtuoso" ou não. Em vez disso, devemos analisar os resultados desse padrão. Quando uma pessoa é motivada por um traço particular de personalidade, ela age de maneira que habitualmente produz boas consequências? Se sim, então esse traço é uma virtude. A questão é que você não pode simplesmente olhar para um traço de personalidade e enxergar ou não uma virtude. Você deve observar o que esse traço leva as pessoas a fazer. Suponha que ser honesto tenha levado as pessoas a agir de modo a causar miséria, dor, morte e ressentimentos. Você ainda acharia que se tratava de uma virtude – algo que torna alguém uma boa pessoa? Consequencialistas da virtude dizem que não. Ser virtuoso é ter os traços de personalidade que levam você a agir de maneiras que tragam boas consequências.

## VAIDADE COMO VIRTUDE?

Vamos agora aplicar ao *grandstanding* esse raciocínio sobre traços de caráter. Os exibicionistas morais querem obter reconhecimento dos outros. Como vimos no capítulo 2, eles são motivados geralmente por um sentimento de grandiosidade e por egocentrismo. Vamos empregar o termo "vaidade" como referência à característica que os exibicionistas morais tendem a possuir. Vaidade não é bem o que esperaríamos de um apoiador ideal do discurso moral público, como já argumentamos antes neste capítulo. Contudo, agora estamos examinando por um outro ângulo os traços de caráter ligados à virtude. Nossa pergunta agora é se essa característica, a vaidade, costuma ter mais consequências boas do que más. Sob essa óptica, a vaidade pode ser uma virtude? E se a vaidade for uma virtude, isso não significaria, afinal, que o *grandstanding* é virtuoso?

    David Hume, filósofo escocês do Iluminismo do século XVIII, acreditava que a vaidade – "o desejo de reputação" – seria útil para nos motivar a fazer o bem no mundo.[10] "A vaidade", ele escreveu, "deve ser valorizada como uma paixão social e um vínculo de união entre homens."[11] Por que Hume pensava assim? Ele reconheceu que, enquanto praticamente todos nós nos importamos muito conosco, com nossa família e com nossos amigos, poucos se sentem motivados a ajudar aqueles que estão mais distantes de nós. Nosso altruísmo tem grandes limitações. Agrada-nos a ideia de que outras pessoas vivam bem, mas a ideia de fazer grandes sacrifícios pessoais para ajudar estranhos nos agrada muito menos. Assim sendo, precisamos de algo mais para nos motivar a fazer algo em benefício de outra pessoa – tem de haver algo de vantajoso nisso para nós, e motivações altruístas não são suficientes.

A vaidade pode ser um estímulo eficaz para que ajudemos os outros. Pessoas vaidosas se preocupam com a opinião alheia a respeito delas, e não hesitam em tomar medidas para manter uma imagem social positiva.[12] Até certo ponto, nós avaliamos uns aos outros com base em qualidades morais, e uma dessas medidas é o discurso moral destinado a mostrar a terceiros quão bons nós somos. A vaidade pode servir como um "vínculo de união", já que nos orienta a criar redes de respeito mútuo que podem ter resultados positivos importantes. Se a vaidade traz consequências tão boas, isso pode ser uma boa razão para acreditar que seja uma virtude, afinal de contas. E se é uma virtude, uma das suas consequências típicas – o *grandstanding* – pode se revelar exatamente o tipo de coisa que uma pessoa virtuosa faria.

## O *GRANDSTANDING* É MESMO VIRTUOSO?

A vaidade conduz as pessoas ao *grandstanding*, e de certa forma isso pode ser uma coisa boa. Como envolve muitas vezes a repetição de afirmações sobre valores morais compartilhados, o *grandstanding* pode reafirmar e difundir boas normas sociais. Ouvir outras pessoas dizerem repetidamente que vidas humanas são valiosas – e dizendo isso você mesmo – faz você lembrar que existe um enorme consenso a respeito do valor da vida humana. Também o fará lembrar que os outros olharão feio para o comportamento que não mostrar a devida consideração pela vida humana, o que fornecerá um incentivo a mais para que você se comporte. O *grandstanding*, portanto, pode fortalecer as normas sociais e encorajar as pessoas a agir moralmente. Ao contrário do que afirmamos antes – que o *grandstanding* revela falta de virtude –, será que agora descobrimos que o *grandstanding* é precisamente o que uma pessoa virtuosa faria? Se é bom ser vaidoso, então não é bom fazer *grandstanding*? Afinal de contas, é o que fazem os vaidosos.[13]

Por enquanto, imagine que a vaidade é uma virtude porque costuma produzir boas consequências no cômputo geral. Ainda assim, isso não significa que seja virtuoso agir vaidosamente em todas as situações. Algumas situações pedem humildade e modéstia, mesmo se você estiver inclinado a seguir em outra direção. Seria inadequado contar a história engraçada de quando você revidou de forma humilhante a sua sogra enquanto discursa no funeral dela. Mesmo que a vaidade seja geralmente uma virtude, o comportamento vaidoso não é aceitável em todas as ocasiões.

A título de comparação, suponha que a honestidade seja uma virtude precisamente pela razão que o consequencialista da virtude diz que é: ela nos motiva a fazer coisas que trazem boas consequências no cômputo geral. Mesmo que a honestidade seja uma virtude, isso não significa que uma pessoa virtuosa sempre agirá de maneira honesta. Às vezes, a virtude exige que se faça algo desonesto. Suponha que a Gestapo lhe pergunte se você está abrigando judeus no seu porão. Num cenário como esse, uma pessoa virtuosa certamente não responderia com honestidade.

Um consequencialista sensato não diria que agir de maneira vaidosa é sempre virtuoso. Em vez disso, ele afirmará que a pessoa virtuosa agirá com vaidade em *algumas* situações.[14] Como o nosso interesse aqui é o *grandstanding* – ação vaidosa no contexto do discurso público –, nós podemos simplesmente nos concentrar em investigar se agir de maneira vaidosa tem, em geral, boas consequências no discurso público.

Nós buscamos responder a essa pergunta no capítulo 4, no qual já expusemos algumas das consequências negativas do *grandstanding*. Fechamos o círculo, portanto. Embora possam existir muitos contextos nos quais a vaidade traz boas consequências, agir movido pelo Desejo de Reconhecimento no discurso público causa dano considerável. Isso geralmente leva as pessoas não a se tratar bem, mas, em vez disso, a manobrar para obter uma posição melhor entre seus colegas e a lutar para ganhar todo o status que puderem. Isso faz com que as pessoas a busquem novas oportunidades para demonstrar suas qualidades morais, sacrificando os interesses legítimos de outros ao fazê-lo.

Mas um consequencialista da virtude que ainda esperasse justificar o *grandstanding* poderia tentar um último argumento. Suponha que você acredite que algumas pessoas conhecem a verdade sobre justiça. Seria proveitoso para todos nós se elas compartilhassem o seu conhecimento no discurso público, mas se isso não for bom para elas, talvez elas não se interessem em fazê-lo. Por outro lado, se essas pessoas forem vaidosas, talvez partilhem seu conhecimento, apoiem uma mudança moral positiva e recebam algo por seu esforço: reconhecimento por serem moralmente excelentes. Nesse cenário, a vaidade é uma característica valiosa para o discurso público, porque motiva as pessoas a compartilhar suas crenças sobre moralidade e a colaborar em movimentos sociais importantes.

Mas essa avaliação otimista da vaidade se baseia em uma consideração incompleta das suas consequências. Vaidade, na forma de Desejo de Reconhecimento, não torna simplesmente mais fácil dizer ou fazer a coisa certa (se é que ela faz isso). Ela motiva as pessoas a defender opiniões ou a agir no intuito de ficarem sob os holofotes, não porque essas opiniões sejam verdadeiras, nem porque essas ações sejam boas. O desejo por status pode motivar as pessoas a recorrer ao *grandstanding*, em vez de fazer coisas que terão um impacto moral maior.[15] Isso pode até modificar os tipos de projetos morais aos quais nós nos dedicamos. Pense no fenômeno da doação por raiva, que mencionamos no capítulo 4. Claro, quando as pessoas se exaltam em uma discussão devido à indignação de seu círculo, elas podem partir para a ação. Mas a energia delas será direcionada para o que seu grupo identificou como um problema interessante em termos de *grandstanding*. Causas morais receberão atenção porque elas proporcionam oportunidades para *grandstanding*, não porque são importantes. Embora seja verdade que a vaidade possa motivar algumas pessoas a fazer a coisa certa no discurso público, consideramos mais provável que ela tenha consequências negativas. Naturalmente, você pode achar que sua vaidade no discurso público geralmente leva a consequências boas. Mas o que torna você tão especial?

Mesmo que a virtude consequencialista seja a abordagem correta para identificar virtudes, não há nenhuma boa razão para acreditar que a vaidade produza consequências melhores no discurso público do que outros traços de caráter, tais como modéstia, humildade ou virtude cívica. Portanto, de acordo com a virtude consequencialista, parece que uma pessoa virtuosa não apelaria para o *grandstanding*.

## GRANDSTANDING E NIETZSCHE

De modo geral, alguns leitores devem concordar com nossos argumentos neste capítulo até o momento, embora possam sentir algum descontentamento. Sem dúvida, demos alguns motivos para que pensassem que o *grandstanding* não satisfaz o padrão ético da virtude tradicional de fazer a coisa certa pelo motivo certo. Além disso, as características associadas ao *grandstanding* não parecem obter a aprovação dos consequencialistas da virtude. Embora esses argumentos expliquem de maneira satisfatória por que o *grandstanding* é deficiente em termos de virtude, alguém poderá alegar que eles são apenas superficiais. Deve existir algo de censurável quanto ao caráter de exibicionistas morais (ou *grandstanders*), afinal de contas eles muitas vezes disfarçam suas tentativas de favorecer os próprios interesses utilizando linguagem altruísta, e usam esse mesmo tipo de fala como um modo socialmente aceitável de insultar aqueles de quem não gostam. Esse não é um comportamento corriqueiro, imperfeitamente virtuoso. É uma forma clara de vício, e merece ser diagnosticada e condenada em termos rígidos.

Para os leitores que esperam uma condenação mais dura do *grandstanding*, temos a coisa certa. Friedrich Nietzsche, filósofo alemão do século XIX, ao elaborar uma das mais interessantes críticas à moralidade convencional da história da filosofia, argumentou que os costumes da moral moderna impedem que os seres humanos explorem todo seu potencial.[16] Seus motivos para pensar assim se vinculam ao fenômeno do *grandstanding* de maneira interessante. Nós explicaremos algumas das ideias de Nietzsche aqui para desenvolvermos outra abordagem acerca dos vícios envolvidos no *grandstanding*. A análise que apresentamos é inspirada na obra de Nietzsche, mas não estamos tentando adivinhar o que o próprio Nietzsche diria sobre o *grandstanding*. Também discordamos dele a respeito de a moralidade convencional ser uma coisa boa, mas nós consideramos preciso seu diagnóstico a respeito da maldade de algumas práticas morais, e aproveitaremos seus insights aqui para avaliar o *grandstanding*.

Vamos começar com a ideia de vontade de potência. Nietzsche afirma que todos os animais, incluindo os seres humanos, são instintivamente motivados a maximizar sua sensação de poder – isto é, a sensação que temos quando superamos a resistência para realizar nossos objetivos.[17] Essa resistência pode advir de um oponente, de circunstâncias materiais ou de qualquer outra dificuldade prática. Nós menosprezamos essa resistência porque ela é frustrante, mas também precisamos dela para experimentarmos o sentimento de realização que nos invade quando a superamos.

Nietzsche também tem uma opinião sobre a boa vida para seres humanos que os filósofos morais dos dias de hoje chamam de perfeccionismo.[18] De acordo com os perfeccionistas, uma boa vida reside na excelência em buscar um conjunto de benefícios objetivo – conhecimento, relações profundas com outras pessoas, a criação de obras de grande valor estético, e assim por diante. Não há consenso a respeito dos itens que estariam na lista de Nietzsche de benefícios compensadores, já que suas observações sobre essa questão são caracteristicamente enigmáticas, mas ele enfatiza com clareza a criatividade, e com frequência destaca a importância de uma pessoa "criar" a si mesma. Nós não precisamos nos deter nessa questão, contudo, porque não estamos especialmente interessados na opinião de Nietzsche em si. O que importa é que se uma pessoa vive bem, ela buscará superar a resistência ao perseguir certas metas, mas não é qualquer uma que serve. Algumas metas não valem o tempo e a energia que uma pessoa gasta para persegui-las. Quanto menos benefícios objetivos uma pessoa tem na vida, menos boa sua vida será, ainda que ela esteja satisfeita com as coisas que busca.

Nietzsche acredita que não somos todos igualmente bons em perseguir a excelência na vida. Algumas pessoas obtêm grande satisfação em maximizar sua sensação de potência alcançando suas metas, enquanto outras se frustram – e bastante, às vezes. E é aqui que começa o problema. Em vez de simplesmente admitir a derrota, aqueles que falham em exercer sua vontade de potência conquistando coisas que realmente valham a pena mudam as regras do jogo. Eles tentam redefinir o que é viver bem e depreciam o sucesso dos outros. O resultado é o que Nietzsche chama de "revolta dos escravos no campo moral". Isso significa que o fracassado diz a si mesmo que algo de valioso lhe está destinado como consolação para seus insucessos. Consequentemente, Nietzsche acredita que a verdadeira excelência humana é desvalorizada e depreciada. Quando um sentido cultural do que é valioso muda em resposta a essas tentativas, isso leva ao que Nietzsche chama de "reavaliação de valores". O que antes era considerado uma marca do fracasso humano se torna um bem moral, e o que antes era considerado excelência humana se torna o mal moral. É essencial para nossos propósitos notar que a "revolta escrava" consiste em que as pessoas usem a moralidade para satisfazer a própria vontade de potência. Nietzsche considera que nossa própria cultura já foi alvo de tal revolta. Desse modo, nossas crenças morais dominantes estão extremamente equivocadas, pois são criadas para envergonhar os fortes e valorizar os fracos.[19]

Nessa abrangente e substancial avaliação do estado da moralidade comum, nós discordamos com veemência de Nietzsche. Acreditamos que algumas das mudanças que ele despreza – particularmente o amplo reconhecimento de todos os seres humanos como iguais no terreno moral – são tendências positivas, e até mesmo grandes realizações culturais. Sem dúvida, Nietzsche teria rejeitado muito do que dissemos neste livro. Mas, ainda que discordemos de Nietzsche em algumas coisas, nós acreditamos que ele fornece uma importante visão sobre moralidade em geral: as pessoas, muitas vezes, usam a moralidade para se sentir poderosas, e até para exercer sua vontade sobre os outros. De fato, essa visão pode nos ajudar a considerar o *grandstanding* sob um novo ângulo.

Como temos nos empenhado em mostrar ao longo deste livro, as pessoas frequentemente usam a moralidade – e especialmente o discurso moral – para objetivos egoístas. No início do livro nós dissemos que o discurso moral não é mágico, mas pode ser um tipo de truque. As pessoas utilizam o discurso moral de maneira dissimulada para promover os próprios interesses, tal como Nietzsche havia previsto. Ele também estava certo, em nossa opinião, quanto aos motivos que levam as pessoas a usar a moralidade deste modo: aumentar o status social e sentir a satisfação de que estão conquistando algo no mundo. O que aprendemos com isso não é que a moralidade do senso comum está profundamente equivocada, mas que o discurso moral é muitas vezes uma pele de ovelha para lobos fracos ou desesperados. Eles não podem ter o que querem por meio de um ato claro de força – alcançando, de fato, a excelência no nível que desejam –, e por isso encontram outra maneira. Dizem a si mesmos que serem vistos como boas pessoas é um objetivo relevante, e então passam a exibir suas qualidades morais embelezadas. É uma artimanha astuta, de certa maneira, mas também é rasteira e frequentemente cruel. Isso pode fazer com que se sintam poderosos, mas sua realização é vazia.[20] Impressionar os outros por meio de *grandstanding* não é o mesmo que realmente alcançar excelência.

Mas por que não vale a pena perseguir o objetivo de obter reconhecimento de outras pessoas por ter boas qualidades morais? Nós já mencionamos anteriormente que nossos próprios estudos empíricos sugerem que os exibicionistas morais buscam dois tipos de status: prestígio, ou o status que você alcança quando as pessoas têm você em alta conta devido ao seu conhecimento, às suas habilidades ou ao seu sucesso; e domínio, o status que você obtém instilando medo nos outros por meio de intimidação, coerção ou exibições de força bruta.

Em primeiro lugar, consideremos o *grandstanding* que visa dominar os outros. O *grandstanding* para obter domínio consiste em erguer-se derrubando outras pessoas. Quem faz isso tenta se apossar do poder social tratando a moralidade como uma arma. Que isso chegue tão perto de ser exatamente o que Nietzsche descreve como uma revolta escrava no campo moral deve deixar claro por que não deve ser considerado um objetivo digno. Assim como a "revolta escrava" original buscava usar a moralidade como um meio para dominar pessoas, os exibicionistas morais (ou *grandstanders*) usam a moralidade – e especialmente o discurso moral – para conquistar superioridade. O *grandstanding* de domínio é uma maneira de exercer a vontade de potência sacrificando os outros.

Consideremos agora o *grandstanding* que visa a obtenção de prestígio. Esse tipo de *grandstanding* implica com frequência garantir ao grupo que você é como eles, portanto é valioso. Alguém alinhado ao pensamento de Nietzsche poderia se perguntar: não existe algum outro modo de demonstrar seu valor? A recitação maquinal de termos morais que as pessoas aprovam parece um substituto barato para uma exibição mais proveitosa do que torna você uma pessoa que vale a pena ouvir ou com a qual vale a pena se associar. Isso vale para formas mais ambiciosas de *grandstanding* por prestígio. Se você quiser demonstrar não apenas que pertence a um grupo, mas que é perfeito para assumir uma posição de destaque, apelar para a muleta do discurso moral como uma maneira de mostrar seu valor é uma estratégia para os fracos. A verdadeira excelência é mais difícil de conquistar, mas é mais gratificante e honesta.

De uma perspectiva nietzschiana, o *grandstanding* não é algo que uma pessoa extraordinária faria. Pessoas extraordinárias dedicam seu tempo e sua energia a objetivos relevantes – objetivos que sejam bons para os seres humanos alcançarem. Nós não precisamos concordar com Nietzsche sobre quais seriam esses objetivos. Podemos, por exemplo, considerar que prazer, conhecimento, conquista, virtude moral e relacionamentos são objetivos humanos muito relevantes.[21] Sejam quais forem esses objetivos, nós acreditamos que Nietzsche tinha razão pelo menos a respeito disto: uma pessoa extraordinária jamais usará a moralidade, incluindo o discurso moral, como ferramenta para satisfazer sua vontade de potência. Uma pessoa extraordinária não recorreria ao *grandstanding*. Pessoas extraordinárias não têm interesse em fazer tentativas insignificantes de ganhar status por meio do uso estratégico de discurso moral.

## CONCLUSÃO

Chegamos agora ao fim da nossa argumentação contra o *grandstanding*. Nos capítulos anteriores, nós nos concentramos nas consequências nocivas do *grandstanding* e no desrespeito que essa prática representa para os outros. Neste capítulo, abordamos a ética do *grandstanding* sob um ângulo diferente, perguntando como uma pessoa virtuosa se comportaria no discurso público. Nós mostramos que, pelo ponto de vista tradicional de virtude, você avaliaria negativamente o caráter de uma pessoa se descobrisse que ela usava de maneira egoísta o discurso moral para promover seus interesses particulares em detrimento do bem público. Isso é evidência de que o *grandstanding* não é algo que uma pessoa virtuosa faria. Também consideramos uma abordagem alternativa, segundo a qual um traço de caráter é uma virtude quando produz boas consequências. Nós observamos que mesmo a vaidade sendo, de maneira geral, uma virtude, agir vaidosamente no discurso público tende a gerar todas as consequências ruins que descrevemos no capítulo 4. Portanto, não seria virtuoso lançar mão do discurso público como um veículo para a autopromoção. Por fim, nós lançamos nossa mais dura condenação, recorrendo às constatações de Nietzsche a respeito do uso manipulativo da moralidade para argumentar que o *grandstanding* é uma maneira patética e rasteira de tentar sentir-se poderoso.

# CAPÍTULO 7

## POLÍTICA COMO DESFILE DE MORALIDADE

Os políticos são adeptos notórios do *grandstanding*, talvez mais do que qualquer outro grupo. Nós vemos o tempo todo manchetes acusando políticos de recorrer a essa prática:

> "Políticos precisam cessar o *grandstanding* e começar a tratar da realidade."[1]
> "A lei 'Protect and Serve' é *grandstanding* político a respeito de um problema que não existe – e isso pode causar dano real."[2]
> "Obama ataca *'grandstanding'* republicano."[3]
> "*Grandstanding* do presidente Obama nas declarações assinadas."[4]

Isso não deveria causar surpresa. Os políticos, afinal de contas, estão sob os olhos do público porque eles detêm, ou ao menos esperam deter, poder político. Nesse contexto é comum a manifestação de opiniões sobre o que há de errado com o mundo, e como as coisas deveriam ser. Em outras palavras, oferecer frases e chavões morais para consumo do público é parte do trabalho de um político. Nas democracias, é de interesse cultivar uma imagem pública favorável, afinal eles querem ser eleitos. Eles também querem ganhar apoio público para suas políticas preferidas. Sendo assim, seu discurso moral se destina a obter apoio público. É claro que os políticos não são os únicos atores na política. Ativistas políticos, por exemplo, também querem convencer a opinião pública, mobilizar apoio político e influenciar políticos e outros ativistas.

Nós usaremos a expressão *grandstanding político* como referência ao *grandstanding* moral que políticos e outros atores da política (como os ativistas, por exemplo) adotam como parte das suas atividades políticas. Neste capítulo, examinaremos o que acontece com políticos em uma democracia quando o *grandstanding político* é recompensado.

Tratar demoradamente de uma questão tão relevante tomaria um livro inteiro. Assim, nós nos concentraremos apenas em três consequências negativas do *grandstanding* no terreno da política nas democracias. Mas, antes de começarmos a tratar dessas questões, vamos investigar por que os políticos são adeptos tão famosos do *grandstanding*.

## POR QUE POLÍTICOS FAZEM *GRANDSTANDING*?

É fácil denunciar o *grandstanding* de políticos. Parece muitas vezes tão claramente egoísta e covarde. Mas se pararmos para considerar o estímulo que os políticos recebem, o *grandstanding* deles parecerá mais compreensível, e talvez até inevitável. Pelo visto, políticos recorrem ao *grandstanding* mais do que a maioria das pessoas porque têm mais incentivo para fazê-lo. Como muitos outros, os políticos têm tendências narcisistas, mas a política eleitoral oferece uma audiência acessível, ávida e atenta, que a maioria de nós jamais terá de enfrentar. Como observam os cientistas políticos Peter Hatemi e Zoltán Fazekas:

> "A política oferece comprovadamente o teatro ideal para que o narcisismo se expresse: a interminável troca de insultos entre políticos; as mensagens alarmistas personalizadas de mobilização carregadas

> de ansiedade e propagadas por campanhas; as reclamações de que as necessidades de um grupo são mais importantes ou legítimas que as de outros; e as recompensas intrínsecas que as pessoas obtêm observando os campeões da sua causa humilharem seu oponente põem em exposição o narcisismo e ativam isso no público como outros poucos veículos fazem."[5]

O *grandstanding político* envolve apostas mais altas que as do *grandstanding* que você vê seus amigos fazerem. Os atores políticos do *grandstanding* não tentam apenas vencer argumentos, silenciar seus oponentes ou se gabar nas redes sociais. Quando o *grandstanding* de um político é bem-sucedido, ele pode garantir doações suficientes para realizar uma campanha de peso. Pode conquistar a confiança de eleitores em número suficiente para ser eleito. Esses e outros fatores dão a ele respaldo para persuadir ou pressionar os colegas a votar de determinada maneira na legislação. E, quando o *grandstanding* dos ativistas políticos tem êxito, eles podem mobilizar milhares – ou até milhões – de pessoas para protestarem. Por outro lado, quando um político não consegue impressionar a quantidade necessária de pessoas, ele perde apoio financeiro do seu partido, capital político e votos na urna. Em suma, ele é demitido. Ativistas, sobretudo ativistas profissionais, enfrentam problemas semelhantes.[6] É improvável que a maioria de nós tenha de enfrentar problemas desse tipo, não apenas porque nós não temos visibilidade social para influenciar tanta gente, mas também porque são próximas de zero as chances de que um dia tenhamos poder político nas mãos.

Os políticos sabem que impressionar eleitores é de vital importância, e também sabem quanto os eleitores querem um desfile de moralidade.[7] Em uma enquete, a maioria dos entrevistados disse que as questões de "caráter" eram mais importantes que as questões de "política".[8] Uma pesquisa feita pela CNN/USA Today/Gallup constatou que o mais importante aspecto para antecipar como as pessoas votarão para presidente é o nível de comprometimento que o candidato tem com os valores dos eleitores.⁹ Segundo um estrategista do Partido Democrata, "as campanhas presidenciais dos dias de hoje são essencialmente testes de caráter, com definição ampla do que ele é, a fim de abranger uma combinação de características – aparência, simpatia, visão, filosofia, ideologia, biografia, habilidades de comunicação, inteligência, força, otimismo, empatia, ética, valores, entre outras".¹⁰ Os cientistas políticos também notaram que as campanhas estão fortemente empenhadas em convencer eleitores de que os candidatos possuem certos traços de caráter.¹¹

Por que tantos eleitores se preocupam em apoiar o político que acreditam que seja moralmente bom? Afinal, uma pessoa moralmente suspeita, porém inteligente, capaz e instruída, também poderia implementar com eficiência as políticas "certas". É possível que os eleitores simplesmente prefiram ser representados por pessoas moralmente boas. Os políticos "falam" por seus eleitores, e eles podem querer que seu representante tenha um caráter elevado. Ou talvez as pessoas queiram evitar apoiar um indivíduo moralmente ruim em suas iniciativas, não importa quão bom ele seja em trabalhar a reforma tributária.

Outros podem usar o caráter de um político como substituto para alguma outra coisa. Perdem-se muito tempo e energia para decidir não apenas quais são as melhores políticas, mas também quais políticos são os mais indicados para implementá-las. Alguns eleitores podem ponderar que se a melhor pessoa é aquela que executará as melhores políticas, é mais fácil avaliar o caráter dos candidatos e votar na melhor pessoa.¹² Assim, eles simplesmente votam em quem quer que pareça ter certas características morais desejáveis.¹³

Sejam quais forem as razões, muitas pessoas baseiam seus votos no caráter moral ou nos valores compartilhados de políticos. Nós não tomaremos uma posição com relação a essa questão – isto é, se as pessoas devem ou não votar com base no caráter ou nos valores dos candidatos.¹⁴ A verdade, porém, é que a maioria das pessoas não tem informação suficiente para escolher candidatos com base em seu nível de conhecimento ou em sua experiência na política.[15] Na nossa opinião, muitas pessoas votam guiando-se por seus julgamentos acerca do caráter dos candidatos. Como o ex-presidente Richard Nixon, elas pensam: "Você não deve dar poder a um homem, a menos que ele tenha caráter mais do que qualquer outra coisa. Caráter é a qualificação mais importante que um presidente dos Estados Unidos pode ter".[16]

Porque o público se importa com o caráter, os políticos identificam uma demanda por exibições de suas qualidades morais. Você quer saber que o seu senador se preocupa profundamente com os pobres? Então ele lhe mostrará que se preocupa. Essa demanda por exibições morais transforma a política num desfile de moralidade.

Como os eleitores exigem que os políticos exibam suas credenciais morais, não negamos que o *grandstanding* moral pode ser muito eficaz para finalidades políticas, até mesmo as boas. Isso pode significar que o *grandstanding* é moralmente admissível para políticos, mais frequentemente do que é para o resto de nós. Retornaremos a essa questão no final do capítulo. Por mais eficaz, porém, que seja o *grandstanding político*, ele ainda traz os próprios custos. Afinal, mentir também pode ser um meio eficiente de alcançar objetivos políticos. Encarcerar a oposição também pode. Mas seria absurdo defender a moralidade dessas práticas dizendo "Ei, elas fazem com que as pessoas de quem eu gosto sejam eleitas!".

O *grandstanding* na política é um recurso eficaz para alguns propósitos. Talvez até seja impossível eliminá-lo. Nós devemos reconhecer que o *grandstanding* funciona porque as pessoas *querem* que seus políticos ofereçam um desfile de moralidade, mas o fato de algumas pessoas assistirem ao desfile não é um argumento irrefutável em sua defesa. Isso impõe ônus significativo sobre todos nós; e se as pessoas vissem esse ônus mais claramente, talvez elas parassem de incentivar o *grandstanding político*. No restante deste capítulo, nós identificamos os três ônus do *grandstanding político* em uma democracia.

## O PROBLEMA DO DESACORDO

Uma crítica clássica às democracias é que elas se transformam em uma guerra entre facções – grupos polarizados que almejam promover os próprios interesses à custa dos outros.[17] Um recurso vital para impedir esse destino – ou ao menos retardá-lo – é um discurso público saudável. O discurso saudável permite que indivíduos e grupos enfrentem abertamente seus problemas e reclamações comuns e deliberem a respeito de como lidar com eles. Tal discurso depende de certas condições culturais: ambiente propício para a autoexpressão, normas de sinceridade, espaço para a discordância sensata, algum grau de abertura a novas ideias e confiança social, apenas para citar algumas.[18] Nós já mostramos como o *grandstanding* interfere com alguns desses aspectos. Por exemplo, ele mina a confiança entre os cidadãos encorajando o cinismo e a apatia em relação ao discurso moral público, e manifestações comuns de *grandstanding*, como escalada e performance, promovem a polarização do grupo.

O *grandstanding* na política contribui para o que nós denominamos de Problema do Desacordo: ele enfraquece as condições que poderiam levar ao acordo entre grupos políticos opostos. Portanto, o *grandstanding* torna as democracias mais vulneráveis ao perigo das facções. Ele faz mais do que apenas promover a polarização do grupo, pois também torna difícil para membros de partidos opostos deixarem de lado suas diferenças e negociarem para resolver problemas em termos aceitáveis para a maior parte das pessoas. Sendo assim, o *grandstanding* faz mais do que criar divisões em uma sociedade; ele também torna difícil superar essas divisões. É possível ver de que modo o *grandstanding* enfraquece a possibilidade de acordo examinando dois modos de usar o *grandstanding* na política: (1) os apelos no interior do grupo e (2) os ataques fora dele.

Quando um ator político recorre ao *grandstanding* fazendo apelos dentro do grupo, ele tenta mostrar aos que pensam de forma similar que ele compartilha seus valores. Esse ator político geralmente faz isso mostrando aos outros que ele é ideologicamente puro, ou mais ideologicamente puro do que, digamos, os rivais políticos dentro do próprio partido. Exibições de pureza ideológica frequentemente têm caráter moral. Pode-se facilmente imaginar, por exemplo, um político dizendo que qualquer um que se importe de verdade com justiça apoiaria um salário mínimo de 15 dólares por hora. Esse tipo de alegação moral serve a um propósito político: ele situa a pessoa que a faz na vanguarda do seu grupo – a minoria seleta que leva o partido a adotar pontos de vista novos e radicais. Aqueles que apoiam novos valores morais como esses podem assegurar que não vão recuar. Para muitos apoiadores, isso é música para os ouvidos. A pureza ideológica tem mais valor para eles do que a boa vontade de chegar a um meio-termo para fazer com que as coisas aconteçam. Não é encorajador para os membros do partido ouvir de um potencial líder que ele está disposto a comprometer os valores que o tornaram um candidato atrativo para eles.

Você até verá algumas vezes um político se gabando da sua recusa em se comprometer como uma demonstração de pureza ideológica. Como seria de esperar, essas declarações geralmente são feitas como chamamento dentro do círculo. Quando concorreu ao Senado dos Estados Unidos, Ted Cruz disse a uma multidão de texanos durante as primárias republicanas: "Se vocês estão procurando por um moderado de renome que irá para Washington firmar acordos pelos corredores... eu não sou quem vocês querem".[19] Cruz se referia ao seu oponente, o republicano David Dewhurst, aparentemente aberto a apoiar o Obamacare, patrocinado pelo Partido Democrata: "Ninguém poderia duvidar, nem por um instante, que David Dewhurst iria correndo – não andando, correndo – para o meio dos que defendem acordos no Senado". Cruz acabou ganhando essa eleição.

Ele acredita que seu trabalho é defender o que é absolutamente correto, em vez de trabalhar junto com o outro lado: "Eu não acho que Washington precise de mais acordos, acho que precisa é de mais bom senso e mais princípios".[20] Esse tipo de fala é, sem dúvida, música para os ouvidos daqueles que concordam com Cruz a respeito do significado de senso comum. Vez por outra, alguém até mesmo escuta oponentes políticos dizerem que sentem admiração quando esse sentimento é expresso – o de fazer prevalecer o princípio sobre o pragmatismo. Isso, dizem eles, é uma mudança bem-vinda de todos aqueles que assumem posições somente por ganância, perversão ou outros motivos desprezíveis.

O problema que queremos enfatizar é que quanto mais uma questão política se torna moralizada, menos as pessoas se dispõem a chegar a um meio-termo com essa questão. O cientista político Timothy Ryan constatou que é muito improvável que as pessoas se comprometam com uma questão quando essa questão ganha contornos de convicção moral, aquelas atitudes morais profundamente arraigadas de que tratamos no capítulo 3.[21] Quanto mais suas opiniões sobre a reforma da Previdência Social, direitos de dissídio coletivo, pesquisa de células-tronco ou casamento entre pessoas do mesmo sexo fizerem parte das suas convicções morais fundamentais, essenciais, menos aberto a um acordo você estará com relação a elas.

É por esse motivo que o *grandstanding* mina a possibilidade de acordo político. Como já vimos, o *grandstanding* muitas vezes consiste em moralização: a aplicação ilícita de moralidade quando não cabe aplicá-la, ou o exagero de alegações morais. A moralização transforma questões corriqueiras em questões morais. Os moralizadores buscam constantemente novas áreas da vida para pôr em prática a sua visão moral superior, e existe uma pressão competitiva para que esses interesses se tornem ainda mais fundamentais para as convicções morais das pessoas. Portanto, o leque de questões a respeito das quais as pessoas têm convicções morais se expande. Quanto mais elas se expandem e se fortalecem devido ao *grandstanding*, mais difícil é para as pessoas se comprometerem.

Isso é perigoso. Atores políticos precisam apenas estimular o desenvolvimento de convicções morais a respeito de questões que nem mesmo são relevantes ou importantes para a vida dos integrantes do seu círculo, e os membros do grupo responderão adotando um posicionamento inflexível. Como adverte Robert Dahl, "para o homem de moralidade rígida... é melhor não concordar de modo algum do que concordar com um acordo imperfeito".[22]

Há uma boa razão para que políticos prudentes evitem fazer declarações categóricas aos montes, ou assumir posturas morais a torto e a direito. Por quê? Porque quando políticos assumem um posicionamento moral, a população espera que eles o cumpram. E quando eles parecem mudar de ideia ou voltar atrás em seus compromissos, os eleitores os punem, considerando-os menos merecedores de apoio e menos eficazes em suas funções.[23] O público espera que a força dos compromissos morais não diminua quando alguma informação nova surge, como acontece com os compromissos pragmáticos.[24] Mas isso é ridículo, como qualquer filósofo moral competente sabe. O que nós devemos moralmente fazer em um determinado contexto depende dos fatos do mundo, assim como considerações acerca de prudência ou eficiência podem mudar com a descoberta de novos fatos. Devemos ir à guerra? Tributar emissões de carbono? Abolir o salário mínimo? A resposta a todas essas perguntas depende, em parte, dos fatos em curso. A quantidade de danos colaterais e o número provável de civis mortos são levados em conta enquanto tentamos decidir o que fazer do ponto de vista moral. Além do mais, as melhores evidências que temos sobre os fatos mudam com frequência. Isso não significa que não haja verdade moral a respeito dessas questões, significa apenas que é difícil determinar a resposta, e que pessoas sensatas – inclusive os políticos – deviam mudar de ideia quando as evidências mudam.

Mas, como as pessoas esperam que as afirmações de cunho moral sejam imutáveis, o *grandstanding* pode interferir com a capacidade de governar do agente político. Dando ao público o que ele quer por meio de *grandstanding*, ou tentando contornar a competição dentro do grupo exibindo a pureza ideológica de alguém, os exibicionistas morais correm o risco de se encurralarem quando deveriam preservar sua flexibilidade. Em outras palavras, os políticos podem ter de mudar de rumo para fazer a coisa certa, e, no entanto, se virem impedidos de fazê-la porque assumiram uma posição moral inflexível para exibir sua pureza ideológica. Assim, o *grandstanding* dirigido aos colegas partidários pode não apenas impedir que os políticos se comprometam com o outro lado, como pode impedir que eles façam a coisa certa em benefício dos seus eleitores – pelo menos não sem que haja uma repercussão negativa relevante.

O *grandstanding político* também pode assumir a forma de um ataque entre grupos diferentes. A estratégia é estabelecer contrastes acentuados entre o exibicionista moral (ou *grandstander*) e o grupo externo, como entre partidos políticos adversários. O outro lado odeia minorias, mas você adora e acolhe a todos. Você admira o trabalho duro e a responsabilidade; eles recompensam a preguiça. Você é um funcionário público altruísta; eles estão no bolso dos grandes bancos. Você quer um mundo verdejante e pacífico; eles querem um etnoestado fascista e violento. Você quer preservar a linguagem e os costumes da sua cultura; eles querem instituir a lei islâmica.

O *grandstanding* que ataca um grupo externo geralmente é feito apresentando-se uma caricatura do oponente, como um "bicho-papão" que represente todo o grupo. Esse "bicho-papão" costuma ser uma figura com vícios publicamente conhecidos que podem ter pouca ou nenhuma relação com seus pontos de vista políticos ou morais. Ele pode até ser relativamente irrelevante para a causa ou movimento político que supostamente representa. Pense, por exemplo, no modo como alguns conservadores nos Estados Unidos ainda se referem aos casos extraconjugais do ex-presidente John F. Kennedy como evidência da podridão no coração do Partido Democrata contemporâneo, ou escolhem e repetem observações de ativistas hollywoodianos desinformados, como se eles representassem o melhor que o outro lado pode oferecer.

Os progressistas têm sua seleção de personalidades da mídia conservadora marginal – Ann Coulter, Tomi Lahren, Alex Jones – para inflarem a importância até que eles sejam vistos como símbolo de uma direita disfuncional. O exibicionista moral frequentemente invoca nomes como esses para impulsionar o próprio status. Em geral a ideia é que "esse é o tipo de pessoa que estamos enfrentando".

O *grandstanding* do "bicho-papão" tem duas funções. Em primeiro lugar, ele comunica que determinado grupo está corrompido demais para merecer confiança, pois acolhe um "bicho-papão" entre seus membros. Em segundo, dá a entender que o exibicionista moral (ou *grandstander*) e seu público não apenas são moralmente melhores que os membros desse outro grupo, mas também estão unidos contra ele. Talvez o exibicionista moral até proteja seu público da odiada figura e do movimento que ela representa. Nenhuma dessas mensagens abre portas para um possível acordo com quem está do outro lado e não é "bicho-papão".

De maneira similar, os exibicionistas morais são estimulados a chamar atenção para as propostas políticas de menor importância e mais censuráveis do grupo em questão, e fingem que elas representam o que há de mais relevante na agenda desse grupo. Políticos podem usar esse *"grandstanding* contra ideias extremistas periféricas" para intensificar o senso popular da ameaça representada pelo outro grupo.

O *grandstanding* contra ideias extremistas também faz o exibicionista moral parecer o defensor de um grupo sob ataque. Por exemplo: nos Estados Unidos, conservadores muitas vezes expressam a preocupação de que a esquerda tenha planos (secretos, às vezes, por assim dizer) de usar instituições do Estado para confiscar todas as armas de fogo de propriedade pessoal, o que muitos deles consideram um cenário de fim de mundo.[25] Alertas sobre confiscos iminentes alcançam o ponto mais alto depois de tiroteios em massa.

Paralelamente, os progressistas se fixam nas sugestões políticas mais ultrajantes apresentadas por algum conservador em resposta a um tiroteio em massa, e as tratam como um resultado legislativo plausível, e também como uma ameaça real. Enquanto escrevemos isso, progressistas mantêm respirando por aparelhos sua indignação para com alguns direitistas – entre eles o presidente Trump – que brincam com a ideia de exigir que professores andem armados para se defender de atiradores nas escolas. A tarefa de retratar como extremista a agenda política do grupo opositor é facilitada, evidentemente, quando esse grupo se envolve em escalada a ponto de realmente defender políticas extremas absurdas. Ao destacar o perigo que o inimigo representa, o exibicionista moral pode ganhar a reputação de alguém que é sensível às ameaças que outros podem negligenciar ou não levar a sério. Naturalmente, as preocupações do exibicionista moral podem ser benéficas ainda que sejam exageradas, ou que descrevam sem nenhuma generosidade o que o outro lado anda tramando. O *grandstanding* para ideias extremistas de uma minoria também torna mais difícil o acordo político. Quando as ideias mais radicais de um adepto são usadas para representar todo um grupo, qualquer meio-termo parece um acordo com o diabo.

Por fim, um exibicionista moral pode impulsionar seu status dentro do círculo retratando até os valores convencionais do grupo oponente como radicais e contrários aos do próprio grupo. Podemos dar a isso o nome de *grandstanding* de alienação. Se for possível argumentar que até mesmo os principais membros do grupo oponente promovem valores extremistas, então o grupo do exibicionista moral verá isso como uma ameaça mais séria. E para eles, mais uma vez, o grupo e seus defensores terão mostrado sua importância crescente. Ao chamarem atenção para o extremismo do grupo oponente e expressarem sua desaprovação a isso, os exibicionistas morais (ou *grandstanders*) exibem seu valor ao próprio grupo.

Infelizmente, essa dinâmica é comum entre a direita e a esquerda contemporânea na política americana. O comentarista conservador Kurt Schlichter oferece involuntariamente o seguinte exemplo paradigmático de *grandstanding* de alienação:

> "Eles odeiam você. Esquerdistas não discordam simplesmente. Eles não acreditam simplesmente que você esteja enganado. Não acreditam que você esteja errado. Eles odeiam você. Querem você escravizado e obediente, ou mesmo morto. Quando você entender isso, tudo o que está se passando agora fará sentido, e você vai compreender o que tem de estar pronto para fazer."
>
> "Você é normal, portanto, é um herege. Você se recusa a se curvar diante dos ídolos deles, a se comprometer com catecismos distorcidos, a rezar para os falsos deuses deles. Isso é imperdoável. Você tem de queimar."[26]

Mais especificamente, muitos partidários da direita alegam que a esquerda planejou desde o início não apenas que o Estado reconhecesse que o casamento gay está em pé de igualdade com o casamento heterossexual tradicional, mas também questionou inteiramente a moralidade sexual tradicional. Eles insistem que a pretensão da esquerda de querer o Estado "fora da cama" se baseia num princípio muito mais radical do que o mero reconhecimento da igualdade nas uniões entre dois adultos com consentimento mútuo. Se a liberalização da moralidade sexual não for controlada, dizem eles, a esquerda passará a pedir que a bestialidade e a pedofilia sejam toleradas.

Por sua vez, a esquerda descobriu recentemente o romance distópico *O Conto da Aia*, de 1985, escrito por Margaret Atwood, no qual o governo dos Estados Unidos é derrubado por um regime cristão teocrático que institui leis e práticas misóginas, incluindo escravidão sexual. Alguns ativistas de esquerda agora aparecem em protestos vestindo os hábitos vermelhos e gorros brancos das aias do romance, como representação do medo de que a agenda real da direita os prive dos seus direitos humanos.[27] Há pessoas na esquerda que ainda insistem que estamos quase vivendo uma situação parecida com a história de *O Conto da Aia*.[28]

Para dizer a verdade, é comum encontrar pessoas no grupo oponente que estão ávidas por adotar políticas ou valores radicais que os exibicionistas morais exploram quando fazem ataques a esse grupo. Uma das contribuições mais incríveis da internet é que os medos apresentados como argumentos controversos são, muitas vezes, imediatamente confirmados por um partidário que fica feliz em aceitar qualquer argumento do seu grupo, por mais caricato que seja. Isso de fato mostra que algumas pessoas não hesitam em se apresentar para defender seu grupo, custe o que custar.

Os ataques entre grupos como os que nós descrevemos são contraprodutivos para a criação de consenso. Quando um grupo se convence de que o outro grupo está repleto de pessoas absolutamente contrárias a eles em questões morais e políticas, ele passa a pensar em si em termos pessimistas, pelo menos parcialmente – isto é, como pessoas que não são como as do outro grupo.[29] Quando essa tendência é associada a testes de pureza, as possibilidades de acordo tornam-se deprimentes. Mesmo que um ator político enxergue alguma possibilidade de concordância entre seu círculo e o oponente, trabalhar junto com esse grupo oponente o deixaria vulnerável a ataques dos ideólogos puristas do seu próprio círculo. E aqueles do grupo adversário que estivessem dispostos a colaborar com ele se colocariam em posição igualmente vulnerável.

Não queremos sugerir, é claro, que é sempre apropriado buscar acordos com "o outro lado". Em algumas questões, ele seria errado. O filósofo Avishai Margalit propôs a ideia de um acordo "podre" para descrever esses casos. Um acordo podre é um "acordo que nós não devemos fazer, haja o que houver".[30] Um exemplo seria um acordo para estabelecer ou manter um regime desumano. Embora às vezes seja necessário fazer concessões para obter um acordo com oponentes políticos com os quais ainda temos de viver, nós não devemos fazer compromissos que possam permitir coisas como a legalização da escravidão.[31] A distinção que Margalit faz entre tipos de acordo é útil, porque as pessoas sensatas, em sua maioria, podem reconhecer que nem todas as políticas favoráveis ao seu grupo estão ligadas à proteção dos direitos humanos básicos, e por isso podem ser negociadas a fim de que se garanta uma cooperação pacífica. Para aqueles que são mais polarizados, porém, e em parte por causa do *grandstanding*, o partido rival representará frequentemente um regime desumano. Para essas pessoas, *todos* os acordos são podres. Quando tudo é questão de princípios morais fundamentais, não pode haver justificativa para "escolher suas batalhas" e pegar o que puder conseguir. Contudo, às vezes é preciso fazer acordos até mesmo injustos para evitar que algo ainda pior aconteça.[32] Para o exibicionista moral, porém, qualquer acordo desse tipo é cumplicidade para com o mal, e, portanto, inescrupuloso.

Felizmente, as instituições democráticas contam com forças compensatórias que realizam acordos politicamente sábios. Os partidos têm incentivo para nomear candidatos "elegíveis" – que podem apelar para outros eleitores além dos inflexíveis partidários. Caso contrário, eles não ganhariam as eleições, e o poder institucional lhes escaparia. Pela mesma lógica, os candidatos têm incentivo para apelar ao eleitor médio, a fim de garantir o maior número possível de votos e aumentar suas chances de ganhar as eleições.[33] Mas os responsáveis pelas campanhas às vezes também falam de eleições nas quais a estratégia vencedora é aumentar a presença dos próprios apoiadores, e diminuir a presença da oposição, em vez de apelar ao outro lado.[34] Portanto, incentivos institucionais podem ajudar, mas não são substitutos de um público sensato.

Quando nós esperamos que nossos políticos façam *grandstanding*, tornamos mais difícil para eles realizarem acordos. Pedimos pureza ideológica rígida e recompensamos os políticos por mostrarem que são moralmente puros, e apontamos como traidores da causa aqueles que se afastam dos valores do partido. Nós aplaudimos credulamente quando políticos se saem bem em declarações que eles não escreveram e em truques de publicidade, e adoramos quando eles erguem a voz para questionar a integridade moral dos grupos adversários. Sendo assim, é de surpreender que tão poucos políticos se mostrem dispostos a realizar acordos e trabalhar junto com os adversários?

## O PROBLEMA DE EXPRESSÃO DA POLÍTICA

Quando a política se tornar uma questão de gestos simbólicos para mostrar que você tem um bom coração, um político apoiará medidas simplesmente porque elas expressam certos valores morais. Ele pode, por exemplo, apoiar a abertura das fronteiras para mostrar que é receptivo e misericordioso. Outro político argumenta a favor da guerra para mostrar que valoriza a honra do seu país. É possível até imaginarmos um político apoiando determinada medida simplesmente porque acredita que, com isso, mostrará que está do lado certo da história, seja lá o que isso signifique. Por motivos similares, ele contestará políticas que não expressem determinados valores, ou talvez simplesmente porque elas expressam os valores "do outro lado".[35]

Quando a política se torna um desfile de moralidade, os políticos apoiam políticas pelos motivos errados. Nós damos a isso o nome de Problema Expressivo de Política; é o segundo dos três principais problemas que o *grandstanding* impõe à política.

Antes de entendermos o problema, é preciso explicar o que expressar um valor representa para o comportamento. O comportamento expressivo demonstra compromisso com um princípio moral sem realmente segui-lo.[36] Tomemos um exemplo para comunicar essa ideia mais claramente. Considere a aliança de casamento. Em muitas culturas, usar uma aliança expressa o valor da lealdade ao cônjuge. A aliança mostra que você se importa e está comprometido com o valor da fidelidade marital, mas você não é leal ao seu parceiro simplesmente porque *usa* uma aliança. Usar uma aliança de casamento expressa um compromisso de fidelidade, mas não é, por si só, um ato de fidelidade. Recusar-se a trair é um ato de fidelidade. É claro, pode ser que as pessoas que usem aliança de casamento sejam mais fiéis aos seus parceiros; mas a sua real fidelidade é uma outra questão. Usar a aliança expressa apenas um valor.

Tudo isso também pode se aplicar às políticas. Apoiar uma política pode expressar um valor quando seu apoio pretende comunicar que você se importa ou está comprometido com o valor em questão.[37] Por exemplo, suponha que haja um partido político cujo principal valor seja tornar a moradia acessível a todos. O partido deve expressar seu compromisso com esse valor promovendo leis de controle sobre o aluguel – um limite legalmente imposto sobre o aluguel que os proprietários podem cobrar. Se essa política tornará realmente a habitação acessível a todos é uma outra questão, diferente do que ela expressa.[38] O simples fato de usar uma aliança de casamento não significa necessariamente que você é fiel ao seu companheiro; da mesma maneira, apoiar publicamente e fazer aprovar leis de controle sobre o preço do aluguel não significa que você está tornando a moradia acessível a todos.

Parece estranho pensar que algumas pessoas desenvolvam preferências políticas com base no que essas políticas expressam, e não no que elas realmente são. Afinal, por que as pessoas dão importância à expressividade?

Uma explicação popular que podemos emprestar das ciências sociais parte da constatação de que adquirir informação é dispendioso, e informação sobre política e política pública não é exceção.[39] Suponha que você seja uma pessoa responsável que quer fazer sua parte como cidadã e se informar de modo a contribuir significativamente para sua cultura cívica. Esse objetivo envolve muito trabalho. Para se informar sobre a situação do mundo, você deve acompanhar as notícias. Para se assegurar de que está recebendo um panorama claro dos eventos do dia, suas notícias devem vir de várias fontes diferentes, e você tem de avaliar criticamente o modo como elas são apresentadas enquanto as lê ou assiste.

E não basta apenas acompanhar os acontecimentos atuais. Você deve também estudar pelo menos a história recente para compreender a importância do que está acontecendo agora. Depois, restará ainda saber o que deve ser feito. Mesmo supondo que a resposta certa a essa pergunta é simples para cada um dos casos, saber como abordar os problemas da sua comunidade exige considerável conhecimento dos potenciais dispositivos políticos, cada um dos quais é vinculado a custos e benefícios complicados. Pesquisadores poderiam encher a Biblioteca do Congresso com coisas que quase ninguém conhece – e, na verdade, eles têm feito isso.[40]

Não seria realista acreditar que mesmo uma pessoa meticulosa poderia adquirir toda a informação listada. E, ainda que isso fosse possível, certamente seria quase irracional que alguém o fizesse. A vida é cheia de coisas para fazer. A nossa vida (isto é, a dos autores) tem sido relativamente tranquila e, falando francamente, não muito empolgante. Nós temos interesses esquisitos, e provavelmente deveríamos sair mais. Mas mesmo nós podemos buscar interesses na vida bem mais recompensadores do que ler sobre política e administração pública. Ainda que estivéssemos intensamente interessados nesses assuntos (e não estamos), o efeito prático do nosso conhecimento sobre eles é irrelevante. Quase sempre, exceto em casos bastante atípicos, até mesmo a pessoa mais bem informada em termos políticos pouco terá a oferecer de bom por todo o tempo que passou estudando todas essas coisas. Além disso, é praticamente nula a chance de que o voto de qualquer indivíduo seja decisivo em uma eleição de alguma importância, ou sequer contribua de maneira significativa para a margem de vitória. Em resumo, criar a base de conhecimento de um bom cidadão é proibitivamente custoso. Você gastaria melhor seu tempo sendo um melhor pai, amigo, irmão, colega de trabalho ou simplesmente fazendo algo em seu próprio benefício. Na verdade, é desse modo que a maioria das pessoas distribui seu tempo, como se é sensato fazer.

Contudo muitas pessoas que não leem sobre administração pública são ativas na política. Para contornar sua falta de informação, elas fazem uso de várias heurísticas, ou regras de ouro, como auxílio na sua tomada de decisão. Um exemplo de orientação heurística, e talvez a mais comumente usada, é se afiliar ao partido dos candidatos. Não sabe ao certo em quem votar, nem por que votar? Vote nos candidatos dos partidos que expressam seus valores com mais frequência.

Talvez uma heurística ainda mais fundamental seja usada para que as pessoas concluam se um candidato (ou partido) parece se importar com elas. Pode ser impossível para o eleitor médio dizer quais seriam as consequências a longo prazo de determinada política técnica, mas as pessoas têm uma intuição muito mais forte para perceber se um indivíduo se importa ou não com elas – ou talvez seja mais exato dizer que as pessoas sentem que têm tal intuição.

Cidadãos que não contam com informação suficiente preferem políticas que abordem de maneira fácil de entender os problemas que interessam a eles. Por quê? Como afirmam os filósofos Guido Pincione e Fernando Tesón, "as pessoas estão mais inclinadas a acreditar em teorias *nítidas* da sociedade", porque "elas operam mediante a 'evidência' prontamente disponível que se encaixa em sua mentalidade teórica impulsiva".[41] Os filósofos usam o termo "nítidas" como fazem os psicólogos, em referência à informação que é "a) emocionalmente interessante, b) concreta e estimulante ao imaginário e c) próxima em termos sensoriais, temporais ou espaciais".[42] Por exemplo, suponha que as pessoas considerem duas explicações possíveis para que uma assembleia legislativa, repleta de políticos bem-vestidos e aparentemente abastados, tenha fracassado na aprovação de alguma lei essencial. Por um lado, esses políticos podem ter fracassado porque são todos "ladrões". Por outro lado, eles podem ter agido sob um conjunto complexo de incentivos conflitantes – mas perfeitamente corretos – que tornaram impossível transformar em lei qualquer uma das opções disponíveis. A explicação de que seriam "ladrões" é mais nítida – lança faíscas de indignação e evoca imagens de sacolas de dinheiro mudando de mãos, o que também explicaria o fato de se vestirem tão bem. A explicação baseada no cenário complexo de incentivos é nebulosa. É mais difícil de descrever, e para ser compreendida exigiria mais detalhes do que as pessoas estariam dispostas a ouvir. Portanto, explicações nítidas tendem a ser mais cativantes.[43]

Os atores políticos são incentivados a promover políticas que apelem para explicações nítidas. Essas políticas expressam os valores do grupo político mais claramente, portanto são mais eficazes como ferramentas de autopromoção. Apoiar políticas explícitas mostra às pessoas do seu círculo que você se importa com gente como elas, e que você tem um bom coração. Portanto, políticas explícitas são atrativas para os que recorrem ao *grandstanding*. E políticas menos explícitas não são atrativas pelas mesmas razões.

Infelizmente, embora as políticas baseadas em explicações nítidas sejam cativantes num primeiro momento, muitas vezes elas são ineficazes. Podem ser até mesmo contraproducentes. Isso não deveria causar surpresa, afinal, o mundo é complicado. Considere novamente o problema da escassez de moradias a preços acessíveis. As políticas de controle de aluguel abordam essa questão com nitidez. O aluguel é alto demais, então por que não obrigar logo os proprietários a diminuir seus preços – ou pelo menos limitar a possibilidade de que aumentem o aluguel ainda mais? Como qualquer estudante de economia básica sabe, políticas de controle de aluguel levam à escassez de habitação. Para tirar vantagem das taxas de aluguel fixas, as pessoas param de se mudar, e os empreendedores param de construir novas moradias porque podem obter maior retorno para seus investimentos em outro lugar.[44] As políticas não funcionam, mas o *grandstanding* sobre elas funciona. Os políticos têm duas opções: podem devorar livros até descobrirem como resolver um problema, e então tentar explicá-lo aos membros impacientes do seu grupo; ou então podem exibir slogans e prometer ou exigir resultados imediatamente em tom impertinente, de uma maneira que soa bem, mas não funciona.[45]

Exemplos não faltam. Em 2012, republicanos da Assembleia Legislativa do estado de Iowa tentaram recusar quase 2 bilhões de dólares em financiamento federal para o Medicaid porque esse programa havia financiado vinte e dois abortos no estado. Todos os abortos foram realizados por motivos aceitos por muitos ativistas pró-vida como justificáveis.[46] Esse movimento deu aos candidatos a chance de comunicar que fariam tudo o que fosse possível para defender bebês não nascidos – uma expressão nítida do seu compromisso com a vida. Contudo, a súbita perda do financiamento mencionado teria sido desastrosa para outras pessoas em situação de vulnerabilidade no estado.

Programas de troca de seringas permitem que as pessoas – geralmente usuários de drogas – troquem agulhas hipodérmicas usadas por outras limpas. Esses programas previnem de forma eficaz a propagação do HIV e da hepatite, entre outras patologias. Eles são também alvos frequentes de exibicionistas morais (ou *grandstanders*) em busca de oportunidades para propor políticas explícitas. A ação habitual contra tais programas é argumentar que eles toleram e até encorajam o comportamento imoral. Os defensores desses programas têm montanhas de evidência empírica mostrando que as trocas de agulha previnem de forma eficaz a disseminação da doença e não aumentam os índices de uso de drogas.[47] Mas os exibicionistas morais precisam de material, e muita gente não se importa com viciados em drogas. Assim, quando surge a oportunidade de criticar programas de troca de agulhas, os exibicionistas morais parecem subitamente preocupados em manter as mãos limpas.

Talvez você discorde de nós a respeito de alguns desses exemplos, ou até a respeito de todos. Talvez os políticos em questão estejam apresentando preocupações morais válidas e defendendo boas soluções políticas. Mas ter ou não razão nesses casos específicos não altera em nada nossos argumentos. O problema surge simplesmente quando políticos e eleitores se concentram no que uma política expressa, e não no que ela faz. Lembre-se: só porque uma política expressa um valor, isso não significa que ela o promova de fato. Pior ainda: políticas explícitas frequentemente minam os valores que expressam.

Isso não equivale a dizer que não há nada de positivo em manifestar valores abertamente, ou no fato de eleitores tomarem conhecimento dos valores que um político tenha (supondo que esse político expresse honestamente seus valores ao apoiar certas políticas). Nós voltaremos a essa questão em breve. O dano, contudo, ocorre quando os eleitores presumem que se um político apoia uma proposta que expressa um valor desejável, implementá-la levaria à promoção desse valor. Os eleitores não devem concluir que um político promoverá seus valores apenas porque eles apoiam propostas que expressam esses valores. Eles devem querer um político que proponha políticas que realmente promovam seus valores.

Mas como é possível saber se um político apoia uma iniciativa simplesmente porque o valor que ela manifesta explicitamente faz com que ele seja visto com bons olhos? Eis aqui um teste que identificará muitos casos: o político está disposto a divulgar as prováveis consequências negativas da sua proposta política? Pincione e Tesón dão a isso o nome de Teste da Exposição.[48] Praticamente qualquer proposta política tem desvantagens – até mesmo desvantagens significativas – quando implementada. Se um político for honesto a respeito dessas desvantagens e apoiar a proposta mesmo assim, essa será uma boa evidência de que ele a apoia porque acha que ela trará bons resultados de maneira geral. Por outro lado, quando um político dissimula ou se recusa a admitir os aspectos negativos da sua proposta, Pincione e Tesón sugerem que ele é ignorante ou desonesto. Ignorante se não tem consciência dos aspectos negativos, e desonesto se tem consciência, mas os oculta a troco de vantagem retórica. É um "fingidor", nas palavras de Pincione e Tesón.[49]

Se desejamos que nossos políticos façam *grandstanding*, não devemos nos surpreender quando eles apoiarem políticas que, embora expressem os valores que cultivamos, podem não alcançar as metas pretendidas. Esse é o problema da política explícita. Acabamos apoiando as políticas erradas porque nos importamos com valores impactantes. O incentivo para os políticos não é fazer a coisa certa, e sim fazer o que agradará às pessoas certas. Se nós lhes oferecemos mais status por fazer propostas políticas explícitas, eles nos darão o que estamos pedindo: políticas que parecem atraentes, mas não funcionam.

## O PARADOXO DE SOLUCIONAR PROBLEMAS SOCIAIS

Existe ainda um último risco em recompensar o *grandstanding* no campo da política. O objetivo da ação política é resolver problemas, não criar um fórum para a glorificação daqueles que dele participam. Mas, quando a política se torna um desfile de moralidade, os oponentes têm um incentivo para manter intactos os problemas – ou, pior ainda, talvez: têm incentivo para se engajar num ativismo sem absolutamente nenhum objetivo claro. Nós antecipamos que quanto mais a política se torna um fórum para a exibição das qualidades morais de alguém, mais as pessoas se dedicarão ao ativismo em benefício próprio, simplesmente como veículo para a vaidade.

Vejamos o seguinte texto da teórica política Michaele Ferguson sobre o movimento Ocupa:

> "Os ativistas envolvidos apostaram na própria liberdade política como ponto central do movimento, em lugar de uma agenda clara e comum. Um observador descreveu como propósito das ações do Ocupa no *Zuccotti Park* o estabelecimento de 'um acampamento de longa duração num espaço público, um cenário de protesto democrático improvisado sem líderes previamente nomeados, comprometidos com uma crítica generalizante – a economia americana está quebrada, a política foi corrompida pelo dinheiro dos poderosos – mas sem apelo imediato para alguma ação do Poder Legislativo ou Executivo'. Tendo em vista a rapidez com que os protestos de imigrantes de 2006 foram dissolvidos quando os organizadores alcançaram seus objetivos comuns, essa pode ser uma estratégia política astuta. *Se o Ocupa declarasse metas claras, e elas fossem alcançadas, não haveria necessidade de mais ativismo.* E se essas metas não fossem alcançadas, talvez as pessoas com uma intenção de obter determinado resultado acabassem desencorajadas. Ao tornar a prática autônoma da democracia a finalidade da ação política, o Ocupa estimulou o desenvolvimento de um senso de democracia entre os participantes que poderia energizar e reenergizar o movimento por anos a fio, ou sobreviver a ele caso enfraqueça."[50]

Para Ferguson, é bastante negativo para um movimento alcançar suas metas, porque o movimento então deixa de ter sentido. Este é o paradoxo de solucionar problemas sociais: quando um agente político consegue tudo o que quer, essa função deixa de ter sentido.[51] Se para um indivíduo o que mais importa é ser um ator político, então resolver problemas sociais realmente interfere com o que ele quer na vida. Seu expediente, a possibilidade de obter status por meio de *grandstanding* político, desapareceria.

O paradoxo se impõe tanto para os indivíduos como para as organizações. Para uma pessoa, está em jogo a identidade como ativista e reformista. Se ela alcançasse todos os seus objetivos, não teria razão para permanecer ativa na causa, a não ser esperar pelo reaparecimento dos problemas que uma vez a levaram a agir. Ela poderia encontrar uma nova causa, mas exigiria muito tempo e esforço obter o mesmo status entre ativistas ocupados com outras questões. Projetos se esvaziam, e podemos concordar que isso é algo triste. Relacionamentos significativos que se estabeleceram em torno de um propósito comum podem acabar. Até que apareça outra coisa que importe na vida, você pode se sentir perdido. Há uma tendência natural a querer hesitar e relembrar vitórias passadas. Mas seguramente esse pesar tem pouca relevância quando comparado à possibilidade de resolver um problema social importante o suficiente para que alguém se devote a ele. É difícil imaginar adultos verbalizando esses pensamentos, embora consideremos compreensível tê-los. A injustiça não é uma oportunidade de se exibir para seus amigos ou se sentir importante. É um chamado para fazer as coisas direito.

As organizações também enfrentam uma versão do paradoxo. Se uma organização é constituída para resolver um problema e esse problema acaba, as pessoas podem ficar sem emprego. Elas podem ter se mudado, comprado casas, começado famílias e organizado a vida de outras maneiras em torno da continuidade dessa organização. Resolver o problema poderia lançar a vida dessas pessoas no caos. Mais uma vez, porém, essa não parece uma boa razão para esperar que o problema não seja resolvido, ou para insistir que algo está errado quando não está. Talvez se possa considerar vantajoso manter um grupo encarregado de reagir rapidamente a uma súbita deterioração do progresso que havia sido feito. Mas certamente é possível estabelecer uma organização menor nesses moldes em lugar do engajamento proativo e sem transformar o movimento no equivalente político de um ataque de raiva inconsequente.

Além disso, além do incentivo individual e coletivo para que os ativistas continuem a desempenhar seus papéis, há pressão para moralizar: buscar um número cada vez maior de usos da moralidade para curar o mundo. O mundo está repleto de males, não resta dúvida. Mas também não devia haver dúvida de que muitos ativistas, visando prosseguir com seu trabalho de alcançar objetivos vagos e de duração indeterminada, consideram irresistível caçar males morais.

Considere o caso de Barrett Wilson, autointitulado "ex-defensor fanático da justiça social" que "tinha um trabalho bem pago em uma área que poderia ser descrita como a indústria da justiça social".[52] Em outras palavras, ele era um ativista. Perdeu o emprego quando ele mesmo se tornou alvo da própria horda de justiceiros sociais. O que nos interessa aqui é a confissão de Wilson a respeito do alvo, em constante expansão, do olhar de suspeita moral dos ativistas:

> "Há apenas poucos anos, muitos dos meus amigos e colegas que se consideravam progressistas eram fãs declarados de comediantes de stand-up polêmicos, como Sarah Silverman, e de programas como *South Park*. Hoje, esse tipo de material é visto como profundamente 'problemático', e até rotulado como discurso de ódio. Eu, um sujeito que não ligava quando as pessoas contavam piadinhas, passei a praticamente desmaiar quando elas usavam o pronome errado ou expressavam um ponto de vista mais à direita. Eu, que debochava do cara que levava muito a sério piadas de mau gosto, acabei me tornando ele."

O pior é que as próprias qualidades das quais os ativistas tendem a se orgulhar – militância, hostilidade, originalidade, excentricidade – são as que impedem que as pessoas sejam receptivas a ativistas e às mudanças que eles propõem. A psicóloga Nadia Bashir e seus colegas conduziram vários estudos mostrando que

> "aparentemente a dedicação zelosa a uma causa social pode dar errado e provocar reações negativas em outras pessoas. De fato, indivíduos evitam aproximar-se de ativistas 'típicos' e adotar os comportamentos pró-mudança que esses ativistas defendem porque eles são associados a estereótipos negativos. Ironicamente e apesar das suas boas intenções, portanto, as próprias pessoas que estão mais ativamente engajadas em promover mudanças sociais podem inadvertidamente indignar o público e reduzir a motivação pró-mudança".[53]

Ativistas do *grandstanding* que desfilam sua superioridade moral impondo às pessoas vergonha ou outros tipos de tratamento hostil podem causar mais danos do que benefícios. A lição aqui é clara: se queremos contribuir para que mudanças reais aconteçam no mundo, nós perseguimos esse objetivo de modo mais eficaz ao não recorrermos ao *grandstanding*.

Agora que identificamos três aspectos perigosos do *grandstanding político*, devemos dar uma chance de defesa ao outro lado. O *grandstanding político* traz consequências positivas?

## BENEFÍCIOS DO GRANDSTANDING POLÍTICO?

No capítulo 4, nós identificamos dois possíveis benefícios sociais do *grandstanding*: ele indica cooperação e estimula a ação social produtiva. Além desses benefícios, o *grandstanding político* pode produzir outro: ele fornece informação útil ao eleitor. Saber a respeito dos valores dos políticos pode ser uma heurística útil para os eleitores que não têm tempo de ler sobre posições políticas ou sobre registros de votos. Se há pessoas que desejam simplesmente votar no candidato que mais se importa com os pobres ou com o livre-comércio, será útil para os vários candidatos exibir tais valores. Então, se os políticos cessarem o *grandstanding*, esses eleitores serão privados de informações importantes.

Por esse motivo, suspeitamos que os políticos às vezes se encontram em situações nas quais é aceitável recorrer ao *grandstanding*. O *grandstanding político* pode ser positivo às vezes, mas isso evidentemente não anula o fato de que continua sendo ruim por outros motivos. Ele ainda pode ter outras consequências ruins, ser desrespeitoso ou revelar falta de virtude. No final das contas, porém, o *grandstanding* político pode ser aceitável às vezes. Se isso for verdade, os políticos podem ter maior liberdade do que o resto de nós para usá-lo. A função de compartilhamento de informação do *grandstanding político* pode desempenhar um papel importante em uma democracia.

Contudo, é importante levar em consideração que o *grandstanding* de um político nem sempre (e talvez nem com muita frequência) comunicará aos eleitores a verdade sobre suas qualidades morais. Nem todo político que se vale de *grandstanding* para sugerir que se importa muito com determinado valor realmente se importa. Alguns talvez não se importem nem um pouco, e até mesmo planejem ignorá-lo. Portanto, o suposto benefício em termos de informação que viria do *grandstanding político* não pode estar ligado a aprender algo sobre o caráter dos políticos, pois eles frequentemente darão a você informações falsas a respeito disso.

Ainda que o *grandstanding político* proporcione informações proveitosas, você tem de se preocupar com o seguinte cenário. Suponha que existam dois partidos: o Partido do Mal e o Partido da Justiça. Os políticos dos dois partidos usam *grandstanding* para comunicar aos seus possíveis eleitores quais são seus valores. Porque o Partido do Mal está simplesmente errado a respeito de tudo, não seriam erradas todas as coisas levadas em conta no *grandstanding* dele, mas aceitáveis para os políticos do Partido da Justiça?

Contudo, é importante ter em mente que não estamos defendendo a ideia de que o *grandstanding* ajuda os eleitores a votar nos políticos que fariam mais ações boas. Em vez disso, o que o *grandstanding político* pode fazer é ajudar as pessoas a votar de acordo com suas preferências. Um dos valores fundamentais do governo democrático está em fazer com que as pessoas se sintam em casa no mundo – governado pelas próprias escolhas, que refletem seus valores.[54] Ajudar as pessoas a votar de maneira condizente com suas preferências tem sua importância, ainda que outras coisas possam ser mais relevantes.

## CONCLUSÃO

O *grandstanding* causa um dano significativo aos políticos em uma democracia. Quando as pessoas tratam o discurso político como um fórum para engrandecimento próprio, seus interesses frequentemente colidem com o objetivo de solucionar problemas sociais. Em vez de buscar acordo com o grupo oponente, os exibicionistas morais (ou *grandstanders*) o atacam e usam de má-fé para descrever as crenças e propostas políticas dele. Quanto aos membros do seu próprio grupo que se mostram dispostos a um acordo, os exibicionistas morais questionam sua integridade e encorajam os outros a evitá-los. Em lugar de promover políticas maçantes, mas que fazem a diferença, os exibicionistas morais preferem o estardalhaço que traz pouco resultado, mas lhes permite reivindicar o crédito pelo esforço. E, para os exibicionistas morais que apreciam sem moderação suas atuais funções, há um incentivo para que não prejudiquem a razão da sua existência resolvendo problemas sociais.

Se esses efeitos negativos (e os outros problemas que identificamos) são suficientes para sobrepujar o bem que o *grandstanding político* pode fazer, é, pelo menos em parte, uma questão empírica para a qual não temos uma resposta definitiva. De maneira geral, nós suspeitamos que o *grandstanding* traz mais dano do que benefício ao nosso processo político e às suas instituições. De qualquer modo, não devemos aplaudir com entusiasmo quando a política se torna um desfile de moralidade.

# CAPÍTULO 8

## O QUE FAZER A RESPEITO DO *GRANDSTANDING*

Nós avaliamos a ética do *grandstanding* e concluímos que se trata de um comportamento nocivo que faríamos bem em evitar. Mais do que diagnosticar isso como um problema, porém, desejamos ajudar os leitores a pensar em soluções. Como nós podemos aprimorar o discurso moral público? A realidade é que não se pode eliminar o *grandstanding* inteiramente. Contudo, nós podemos tentar reduzi-lo de modo significativo – e, por todos os motivos que apresentamos ao longo deste livro, devemos fazê-lo.

Mas como é possível fazer isso? Como reduzir a jactância e a dissimulação no discurso moral, e todo o dano que isso causa? Falando francamente, não sabemos com certeza. Como conseguir que milhões de pessoas de todas as camadas sociais parem de usar o discurso moral para satisfazer o desejo humano comum de status social? Para piorar, é difícil saber quando as pessoas estão fazendo *grandstanding*. Ninguém é capaz de ler mentes para saber com certeza quais são as motivações dos outros, e isso torna difícil monitorar o *grandstanding*. Identificar exibicionistas morais não é como emitir multas por excesso de velocidade. Além do mais, devido ao nosso ambiente político beligerante, *qualquer* tentativa de sugerir às pessoas como elas contribuiriam melhor para o discurso moral e político é repleta de riscos. Muitas pessoas podem considerar sugestões assim não pelo seu significado evidente, mas como um tipo de ataque velado a inimigos políticos.

Como lidar com o problema do *grandstanding*? Nós vamos oferecer os melhores conselhos que pudermos a esse respeito. Temos de enfatizar, contudo, que a maior parte do que dizemos tem caráter investigativo. Oferecemos diversas estratégias empiricamente comprovadas que acreditamos serem meios promissores de reduzir o *grandstanding*. Mas estamos ansiosos para ver o futuro trabalho de especialistas em outros campos abordando maneiras de infundir mais modéstia em nosso discurso público.

## CONTRA A REPREENSÃO

Uma maneira de tentar mudar o comportamento das pessoas é repreendê-las. É comum o impulso humano de dizer às pessoas que elas fizeram bobagem. Essa pode parecer uma maneira óbvia de lidar com o *grandstanding*: quando você acreditar que um indivíduo está fazendo *grandstanding*, chame atenção dele para isso.

> BEN: O Wells Fargo mais uma vez mostra desrespeito pela privacidade dos seus clientes. Como outros que levam realmente a sério os direitos dos consumidores e desprezam a ganância corporativa, eu estou considerando muito fortemente mudar de banco.
>
> ANN: "Considerando muito fortemente"? Cuidado, gente, homem em fúria! Pare com esse *grandstanding*.

Muitos leitores provavelmente têm vontade de dizer algo parecido. Em nossa opinião, porém, repreender exibicionistas morais geralmente é uma estratégia ruim para melhorar o discurso público.

Chamar atenção de uma pessoa é acusá-la publicamente de má conduta. É preciso ter justificativa para fazer tal acusação. Seria injusto sair por aí acusando precipitadamente alguém de trair seu parceiro ou de desfalcar seu empregador. Um acusador precisa, no mínimo, estar bastante seguro de que suas acusações são verdadeiras. As consequências de acusar alguém injustamente costumam ser significativas. Além de ser um ato injusto, pode também prejudicar de forma séria a reputação do indivíduo atingido – talvez até arruinar a sua vida. A questão é simples: para fazer uma acusação pública de má conduta, você não deve ter dúvidas de que a acusação é precisa.

Algumas vezes seguir esse requisito é fácil, como quando uma celebridade bêbada é flagrada em uma gravação em vídeo fazendo um insulto racial. Às vezes, porém, uma característica que torna uma ação errada não pode ser percebida. Considere, por exemplo, a mentira. É difícil saber quando alguém está mentindo na sua cara. É mais difícil ainda saber se alguém está tentando enganar você em uma declaração por escrito. Tente:

"Warmke evita comer glúten."
"Tosi viu a Interpol tocar ao vivo cinco vezes."

Estudos mostram que, em média, as pessoas conseguem detectar mentiras com um índice de acertos de 54% por cento.[1] Um pouco melhor do que um "cara ou coroa". A maioria desses estudos permite que os "detectores" vejam as expressões faciais dos "mentirosos", mas não recebem muitos detalhes acerca do contexto. Imagine como se torna difícil detectar mentiras quando tudo o que você tem é um texto escrito por um estranho.

Mais uma vez, o *grandstanding* tem algo em comum com a mentira. Lembre-se de que os exibicionistas morais (ou *grandstanders*) usam o discurso moral para impressionar os outros com suas supostas qualidades morais. Mas é difícil saber se alguém está participando do discurso público por essa razão, em especial quando a única evidência que se tem é alguma comunicação escrita. Para acusar uma pessoa de fazer *grandstanding*, você deve estar devidamente seguro de que se trata de *grandstanding*. Considerando que no mais das vezes você não sabe o bastante a respeito do que motiva o discurso moral de uma pessoa, você não tem fundamentos para acusar alguém de *grandstanding* em público. Essa é uma boa razão para não repreender as pessoas por *grandstanding*.

Vamos abrir aqui um parêntese para evitar um mal-entendido. Nós declaramos ao longo do livro que o *grandstanding* moral é comum no discurso público. Ainda assim, acabamos de admitir que é difícil saber se alguém está fazendo *grandstanding* em casos particulares. Mas como sabemos que o *grandstanding* é comum se é tão difícil afirmar se alguém está fazendo *grandstanding*?

Suponha que sempre que você suspeite seriamente de que alguém esteja recorrendo ao *grandstanding* exista uma chance de 50% de você estar certo (você não tem consciência dessa informação, mas vamos presumir, no momento, que isso seja verdade). Suponha que você passe uma hora num site de rede social e veja 100 postagens que lhe pareçam nitidamente conter *grandstanding*. Convencido pelo nosso argumento de que é difícil saber ao certo se alguém está empregando *grandstanding*, você percebe que não deve se sentir seguro em apontar nenhum caso específico. Mesmo assim, seria uma grande surpresa se você não tivesse visto dezenas de casos de *grandstanding* durante essa hora.

Considere novamente a mentira. Como já observamos, geralmente é difícil saber se alguém está mentindo para nós. Mas seria um erro concluir, com base apenas nesse fato, que não há muita mentira no mundo. Isso é provavelmente óbvio para você; não há necessidade de uma pesquisa sobre a abrangência da mentira para saber disso. Mas esse assunto foi objeto de estudo das pessoas, e nós sabemos que a mentira é comum na vida social.[2]

Portanto, mesmo que seja difícil determinar com certeza quando estamos diante de um caso de *grandstanding*, isso não significa que não podemos saber se *grandstanding* é algo comum. Tendo em vista que a maioria de nós é autocentrada em termos de moral e que tentamos controlar nossas opiniões para que as pessoas pensem o melhor a nosso respeito, seria uma surpresa se o *grandstanding* não fosse comum. Na verdade, nossa pesquisa empírica preliminar sugere que recorrer ao *grandstanding* visando prestígio, particularmente, é bastante comum.[3] Mesmo assim, saber que o *grandstanding* normalmente é difícil de detectar é uma boa razão para resistir à tentação de acusar publicamente alguém de fazê-lo.

Mas e se você estiver comprovadamente certo de que alguém está fazendo uso de *grandstanding*? Nesse caso, a repreensão é a melhor atitude? Mesmo aqui, sua confiança justificada não significa necessariamente que lançar uma acusação pública seja o melhor a fazer. Por si só, a veracidade não permite que acusações sejam lançadas. Suponha que um amigo seu conte uma piada sem graça durante um jantar. Você sabe que a piada foi ruim, mas isso não torna aceitável que você declare isso em voz alta na mesa. Uma atitude dessas seria desnecessariamente cruel, sem mencionar que seria uma reação desproporcional.

Da mesma maneira, mesmo quando uma pessoa realmente faz uso de *grandstanding*, costuma ser ineficaz repreendê-la em público, porque seria contraproducente. Depois que as acusações de *grandstanding* são feitas, a discussão resultante (se houver alguma) geralmente é desagradável e inútil. Depois de sermos publicamente acusados de fazer *grandstanding*, poucos de nós têm autocontrole suficiente para evitar revidar. Então, se você de fato acusar alguém de *grandstanding*, a acusação provavelmente acabará se voltando contra você.[4] Ou você será acusado de silenciar as pessoas.[5] Ou será criticado por não reconhecer as preocupações sinceras dos outros.[6] Ou eles dirão que você está tentando impregnar a discussão com a sua política.⁷ A sua acusação pode até dar margem a mais *grandstanding* por parte de outras pessoas.

Acusações de *grandstanding* também tendem a ser contraproducentes porque a parte acusada pode apelar para alegações – impossíveis de verificar – a respeito do que ela estava tentando fazer. Quando alguém é acusado de fazer *grandstanding*, há uma resposta simples à disposição: "Eu *não estava* tentando impressionar as pessoas!". Então todos podem discutir sobre a avaliação do acusador, contestando os motivos dele próprio. Esse tipo de discussão nunca se mostrou produtivo.

Outro problema com acusações de *grandstanding* é que o desvio conceitual rapidamente se instala com termos como *grandstanding*. Esse fenômeno ocorre quando os limites de um conceito se expandem, ultrapassando o que foi uma vez uma ideia clara para cobrir, de forma tangencial, fenômenos relacionados.⁸ Considere *mansplaining*. Quando surgiu, esse termo era geralmente usado para descrever uma explicação condescendente e no mais das vezes equivocada que um homem dá a uma mulher, quase sempre sobre algo que a mulher em questão compreende melhor que o homem.⁹ A expressão se popularizou, e em pouco tempo estava sendo usada para descrever homens falando em praticamente qualquer contexto. Assim que as pessoas percebem quão útil pode ser aplicar um conceito como o *mansplaining* em mais casos, elas expandem as possibilidades de uso da palavra. Por exemplo: durante uma sessão na Câmara dos Comuns em 2017, Jeremy Corbyn, líder do Partido Trabalhista britânico, disse: "Amanhã é o Dia Internacional da Mulher, uma chance para celebrarmos o fato de termos avançado tanto na questão da igualdade de gênero, mas também para considerarmos quanto ainda falta avançar, não só neste país mas no mundo todo". Em resposta a ele, Theresa May, primeira-ministra do Reino Unido, disse: "Bem, antes de mais nada, posso agradecer ao justo e honrado cavalheiro por me dizer que amanhã é o Dia Internacional da Mulher? Acho que acabamos de ver o que se chama de *mansplaining*".[10]

Quando usado com frequência como condenação pública, o termo *grandstanding* pode ser alvo do mesmo tipo de desvio. Termos difíceis de definir e comportamentos difíceis de identificar estão especialmente sujeitos ao desvio. Já sabemos aonde isso vai levar: as pessoas descobrem que podem usar acusações de *grandstanding* para dispensar um interlocutor que não mostra o empenho desejado e, com o tempo, usarão o termo contra qualquer um que as deixe ideologicamente desconfortáveis.

Nós podemos imaginar alguém dizendo: "Você acabou de argumentar contra repreender pessoas que apelam para o *grandstanding*. Mas, mesmo assim, escreveu um livro inteiro criticando esse fenômeno. Isso não é hipócrita? Você não deveria seguir seu próprio conselho?".

Existem duas maneiras de criticar publicamente a prática de *grandstanding*. Na primeira delas, acusa-se publicamente uma determinada pessoa. Você pode fazer a acusação diretamente à pessoa (respondendo a ela em uma rede social, por exemplo), ou pode acusar publicamente uma pessoa sem que ela saiba (por exemplo, denunciando um *grandstanding político* no Twitter). Essas são críticas *pessoais*.

Mas um segundo tipo de crítica pública envolve avaliar negativamente o *grandstanding* de maneira geral. Críticas desse tipo não são acusações contra uma pessoa em particular, mas críticas *gerais*. Assim como você pode dizer que mentir é ruim sem repreender nenhuma pessoa por mentir, você pode dizer que o *grandstanding* é ruim sem repreender ninguém em particular. Nós alertamos contra críticas pessoais aos que se utilizam de *grandstanding*, mas isso não impede que sejam feitas críticas ao *grandstanding* em si.

A moralidade raramente nos dá regras definitivas para lidarmos com situações difíceis da vida. Mas nos parece que, de modo geral, acusações públicas de *grandstanding* pioram as coisas ainda mais. Além disso, quando as pessoas percebem que criticar alguém por fazer *grandstanding* confere poder, muitas resolvem exercer esse poder sobre os outros e passam a condená-los por qualquer tipo de discurso moral, o que é uma consequência terrível. Por esses motivos, nós recomendamos que se evite repreender publicamente aqueles que recorrem ao *grandstanding*.

Para muitos leitores, repreender os exibicionistas morais parecerá a única resposta possível. Sem essa arma em nosso arsenal, a possibilidade de reduzir o *grandstanding* não parece ser das melhores. Mas não desista ainda. Temos algumas outras ideias para tentar reduzir o *grandstanding* e aprimorar o discurso moral.

## MUDANÇA PESSOAL

Muitos de nós adquirimos hábitos ruins em nosso uso do discurso moral. Algumas pessoas podem até ser exibicionistas morais em série. Outras podem se envolver em *grandstanding* ocasionalmente, quando se torna difícil demais resistir. Se formos realmente honestos, admitiremos que fazemos *grandstanding*, ou pelo menos que nos sentimos tentados a fazer.

Seres humanos têm força de vontade limitada. Mesmo quando nossas convicções morais sinceras recomendam que não façamos algo ruim, nós não fazemos automaticamente o que é certo. Como se costuma dizer, podemos resistir a tudo, exceto à tentação.[11] Aqueles que tentaram parar de fumar entenderão, assim como as pessoas casadas que não conseguem evitar flertes e aventuras amorosas. Talvez o *grandstanding* seja igualmente tentador. É comum um indivíduo crer na própria superioridade moral. Nosso desejo pela aprovação dos outros também pode ser difícil de refrear.

Porém, *grandstanding* não é uma característica inevitável do discurso público. Nós podemos ter uma grande vontade de que os outros nos considerem indivíduos da mais alta moral, mas isso não significa necessariamente que seja correto ceder a esses impulsos. Ter uma grande vontade de atrair por meio de flerte não significa que não há problema em flertar com seus colegas de trabalho. Querer ser admirado não torna uma boa ideia dominar a conversa durante o jantar contando vantagem. Quando alcançamos a idade adulta, a maioria de nós já aprendeu a não se envolver nesses comportamentos antissociais. Nós também podemos aprender a nos controlar quando se trata de *grandstanding*. Você pode operar diversas mudanças pessoais para diminuir o *grandstanding* que você mesmo faz. Repare que nós dissemos "diminuir", não "eliminar". Mudança pessoal é algo difícil, mesmo que você tente com muito empenho, provavelmente não será o bastante. Mas não faz mal. Ainda que você não consiga eliminar totalmente o *grandstanding*, já será bom se conseguir diminuí-lo.

### 1. Planeje suas situações

Uma das descobertas mais respaldadas no campo da psicologia no século XX foi que as situações desempenham um importante papel na formação do nosso comportamento. Por exemplo: em determinado experimento, o objetivo foi saber se os participantes ajudariam uma pessoa no aposento ao lado quando ouvissem barulhos e gritos altos. Setenta por cento dos que estavam sozinhos durante o incidente ajudaram, mas, quando colocados ao lado de um confederado (um ator se passando por participante) que reagiu ao barulho com indiferença, apenas 7% ajudaram.[12] Em outro estudo, os participantes tinham o dobro da probabilidade de ajudar a entregar documentos a 40 metros de distância se lhes fosse pedido que o fizessem logo após saírem de um banheiro público.[13]

Segundo a teoria do "situacionismo", as situações exercem uma influência poderosa na formação do nosso comportamento.[14] Você reconhece esse fato implicitamente quando se esforça para evitar uma tentação. Por exemplo: quando alguém está tentando parar de fumar, ele evita o caminho para casa que passa pelo estabelecimento onde costumava comprar cigarros.

Mudanças na sua situação também podem ajudá-lo a melhorar seu comportamento no discurso público. Você pode achar que consegue navegar pelo Twitter por horas todos os dias sem se revoltar contra o *grandstanding* hipócrita de um tuíte a ponto de escrever uma resposta indignada. Você pode achar que consegue evitar postar uma reclamação incendiária e exagerada no Facebook, apesar de saber que ela receberá imensa aprovação dos seus amigos. Para muitos de nós, porém, a tentação será forte demais. De maneira geral, é melhor evitar completamente essas situações de tentação. Eis aqui algumas sugestões:

- Limite o tempo que você passa nas redes sociais. Um dos nossos amigos acadêmicos mais bem-comportados se permite 30 minutos por dia navegando nas redes. Você pode instalar no celular um aplicativo como o App Detox, Off the Grid ou Antisocial, que podem bloquear ou limitar seu acesso às mídias sociais.
- Quando acessar redes sociais, tente silenciar ou deixar de seguir aqueles que se afobam e se descontrolam quando discutem política. Esse tipo de comportamento – principalmente de quem está do "lado oposto" – aumenta a tentação de fazer *grandstanding*. Experimente a regra das três chances: se alguém enraivecer ou irritar você três vezes, pare de seguir essa pessoa.
- Considere a possibilidade de evitar fontes de notícias extremamente partidárias que fazem você se inflamar contra o lado oposto, ou tente limitar o tempo de consulta a essas fontes.

## 2. Planeje para ter sucesso

Faça mais exercícios. Consuma menos açúcar. Leia mais, e leia bons livros. Com poucas exceções, nós falhamos no cumprimento dessas metas. Por quê? Nos anos 1990, o psicólogo Peter Gollwitzer expôs o problema: nós não temos um plano.

Gollwitzer introduziu a expressão "intenção de implementação" para se referir aos nossos planos para realizar metas. Quando estabelecemos intenções de implementação, nós decidimos quando, onde e como pretendemos perseguir nossas metas. Suponha que sua meta seja parar de fumar. Você pode estabelecer uma intenção de implementação decidindo ir ao mercado nas noites de quarta-feira para comprar chiclete de nicotina. Ou você pode decidir que sairá para uma caminhada sempre que sentir grande vontade de fumar.

As intenções de implementação podem ajudar a alcançar metas difíceis. Considere o seguinte estudo envolvendo dependentes químicos que passavam por abstinência. Dois grupos de dependentes foram encarregados de redigir um breve currículo antes das 5 horas da tarde. Esse era o objetivo deles. Um dos grupos também foi orientado a escrever detalhadamente quando e como eles completariam sua tarefa. O segundo grupo não preparou nenhuma intenção de implementação. No final, ninguém do segundo grupo escreveu um currículo, mas 80% dos integrantes do grupo da implementação escreveram. Resultados semelhantes foram obtidos para muitos outros tipos de finalidades, tais como fazer uma mamografia, perder peso e comer mais vegetais.[15] Também há evidência de que as intenções de implementação podem ajudar a regular nossas emoções.[16]

As intenções de implementação podem ajudar aqueles que desejem aprimorar o discurso moral. Essas intenções são particularmente úteis quando nos deparamos com grandes tentações no calor da discussão. Quando você se frustra ou se indigna com algo que as pessoas estão dizendo ou fazendo on-line, intenções de implementação previamente elaboradas podem ajudar a guiar seu comportamento, dando-lhe um plano de apoio. Desse modo, refrear-se será mais fácil para você. Seguem-se algumas sugestões quanto ao tipo de intenções que você pode elaborar. Nós as expressaremos como declarações condicionais, porque assim elas são mais eficazes.[17]

- Se eu me deparar com uma postagem de teor político que me enfureça, abrirei uma nova guia do navegador e lerei notícias sobre esportes/verei a Netflix/responderei a um e-mail/farei qualquer coisa que não tenha relação com política.
- Se alguém disser algo estúpido ou sem fundamento, não o corrigirei no mesmo instante.
- Se eu disser algo maldoso ou narcisista a alguém on-line a respeito de moralidade ou política, eu pedirei desculpa a essa pessoa publicamente.

### 3. Redirecione seu desejo de reconhecimento

Muitos de nós temos um desejo forte e natural de querer que os outros se impressionem com nossas qualidades morais. Nós sugerimos algumas maneiras de controlar esse desejo e evitar o *grandstanding*. Também pode ser útil encontrar outras saídas produtivas para satisfazer o Desejo de Reconhecimento.

O discurso moral público não é o caminho adequado para buscar prestígio. Há maneiras melhores de conseguir que as pessoas percebam que você é moralmente especial – maneiras que trazem consequências melhores, não desrespeitam os outros e o ajudam a ser uma pessoa mais virtuosa. Essas opções são obviamente preferíveis do ponto de vista moral e, felizmente, também não é difícil encontrá-las. Nós não queremos ensinar a você o que fazer com o seu tempo, mas com um pouco de procura você descobrirá organizações em sua comunidade que poderiam aproveitar voluntários para ajudá-las a fazer boas coisas. As pessoas nessas organizações deverão ficar gratas por qualquer contribuição que você possa dar. Ou quem sabe você possa simplesmente procurar de maneira informal alguém próximo a você que talvez precise de um pouco de simpatia e bondade. Diferentemente do que ocorre com o *grandstanding* moral, mesmo que você esteja fazendo o bem com a intenção de impressionar os outros, ainda assim você provavelmente fará algo de positivo, considerando tudo.

Mudar seu próprio comportamento é a providência mais segura para combater o *grandstanding*; contudo limitá-lo em você mesmo não será de muita ajuda para reduzir o *grandstanding* de maneira geral. Também são necessários meios para desencorajar os outros. Sendo assim, vamos passar a algumas sugestões para estimular uma mudança social mais abrangente.

## MUDANÇA SOCIAL

Imagine que os membros da sua comunidade tenham o hábito de defecar a céu aberto. As pessoas simplesmente despejam suas fezes num rio em cujas margens suas casas se localizam. Como consequência disso, a água se torna nociva e não pode ser bebida, há uma alta taxa de mortalidade infantil e doenças que causam retardo no crescimento das crianças. É mais fácil jogar seus dejetos no rio do que descartá-los adequadamente. Quando você, porém, toma consciência de quão insalubre é a defecação a céu aberto e do mal que isso causa, você decide parar de defecar no rio. Entretanto, o resto da sua comunidade não segue seu exemplo e continua usando o rio como uma latrina comunitária.

Se você for o único a parar de despejar fezes no rio, ainda será afetado pelos dejetos dos outros. Então o que você precisa é fazer com que parem de lançar fezes no rio também.

Muitas pessoas tratam o discurso público do mesmo modo como esse rio foi tratado, despejando indiscriminadamente sua própria versão de lixo. Você pode evitar recorrer ao *grandstanding*, mas, enquanto outras pessoas continuarem a poluir o discurso público com o *grandstanding* delas, você terá de lidar com as consequências. É preciso também encontrar uma maneira de ajudar os outros a cessar o *grandstanding*.

As culturas mais modernas têm uma regra social contra defecar em locais abertos. Cada membro dessas culturas acredita que os outros membros não praticam esse hábito. Eles também sabem que existe uma crença geral de que os membros *não devem* manter essa prática. Contudo, algumas regiões, particularmente nas áreas rurais da Índia, ainda têm altos índices de defecação a céu aberto. O problema não é a pobreza: a Índia tem um índice de defecação a céu aberto maior do que muitos países mais pobres. O problema também não é falta de infraestrutura: durante décadas, a Índia construiu latrinas nas áreas rurais para combater esse hábito nocivo. Na verdade, o problema está nas regras sociais apoiadas pelo sistema de castas. Esvaziar latrinas – a única tecnologia disponível para o descarte de dejetos humanos – é considerado trabalho dos *dalit* ("os intocáveis"). Não *dalits* não se prestam a isso, e os próprios membros dessa casta também costumam evitar a atividade, temendo o ostracismo. Assim sendo, na ausência de solução melhor, as pessoas apelam para a defecação a céu aberto, e essa prática é considerada normal.[18]

O problema da defecação a céu aberto na Índia chama atenção de cientistas sociais por apresentar um difícil enigma: como conseguir que uma cultura mude uma regra social? A filósofa Cristina Bicchieri abordou essa questão com precisão, definindo uma estratégia detalhada para substituir regras sociais ruins por outras melhores.[19] Aproveitando as sugestões contidas nessa abordagem de Bicchieri para modificar regras, nós ofereceremos uma estratégia para "virar o jogo" contra o *grandstanding* e almejar um discurso público mais eficaz e respeitoso. Basicamente, queremos passar de algo como:

> *Regra Atual:* muitas pessoas fazem *grandstanding*, acreditam que não há problema em fazê-lo e são recompensadas por isso.

Para algo como:

> *Nova Regra:* poucas pessoas fazem *grandstanding* ou não veem problemas em fazê-lo. Quando o fazem, elas não são recompensadas por isso.

Tomando de empréstimo a ideia de Bicchieri, nós propomos um processo de três etapas para nos ajudar a pensar em uma maneira de mudar a cultura em torno do *grandstanding*.

### Passo 1: Corrigindo crenças

Para que as pessoas deixem de defecar em público, a primeira coisa a fazer é ensinar a elas que seus dejetos são muito nocivos e como livrar-se deles de maneira eficaz.[20] Isso não é algo óbvio e deve ser explicado.

O primeiro passo para modificar uma regra social é corrigir as crenças das pessoas. Falando mais especificamente, nós queremos mudar tanto as crenças fatuais quanto as crenças normativas pessoais.

Crenças fatuais são as crenças que temos sobre o modo como as coisas são. Para mudar a cultura do *grandstanding*, nós precisamos ajudar as pessoas a mudar algumas das suas crenças. Em primeiro lugar, precisamos modificar algumas crenças com relação a nós mesmos. Muitas pessoas creem equivocadamente que são iluminadas ao extremo. Elas exageram suas qualidades morais. Em segundo lugar, também temos crenças fatuais equivocadas sobre os outros. Nós superestimamos a necessidade ou a vontade que os outros têm de ouvir a respeito da nossa moralidade exemplar. E o nosso *grandstanding* não impressiona tanto assim os outros, não tanto quanto achamos que impressiona. Em terceiro, temos crenças equivocadas a respeito dos efeitos das nossas contribuições ao discurso público. Exibicionistas morais (ou *grandstanders*) têm uma opinião otimista demais acerca das consequências do seu comportamento.

Além das falsas crenças fatuais, os exibicionistas morais também tendem a ter falsas crenças normativas pessoais. São crenças a respeito do que você deve ou não deve fazer. Por exemplo, os exibicionistas morais acreditam que devem usar o discurso moral para exibir suas qualidades morais (ou pelo menos que podem fazer isso sem nenhum problema). Eles acham que devem usar a indignação ou a vergonha para silenciar pessoas que não são moralmente tão boas quanto ele, mas estão enganados a respeito disso.

Você pode considerar este livro uma experiência envolvendo esse primeiro passo. É uma longa argumentação a respeito da necessidade de pensarmos o discurso moral de maneira diferente. Se chegou até esse ponto do livro, então você agora sabe mais do que a maioria das pessoas sobre a natureza e as armadilhas do *grandstanding* moral, e você tem as ferramentas necessárias para explicar aos amigos interessados o que há de errado com o discurso público. Mas você é apenas uma pessoa, por isso cuidado para não exagerar. Para ajudá-lo nessa ação, conte conosco – este livro seria um presente maravilhoso para seus amigos e sua família nessa temporada política.

**Passo 2: Dê um bom exemplo**

Muitas pessoas que tratam o discurso público como seu aterro particular provavelmente não conhecem um caminho melhor. Mesmo que saibam que existe um modo melhor, talvez não tenham tido muitas experiências com um discurso público salutar. Aqueles que cresceram nas redes sociais pensam que discurso moral é o que eles costumam ver. Anos de influência da mídia partidária podem afetar seu ponto de vista a respeito do que torna bom um discurso moral. Para alguns, trocar ofensas no Twitter é *apenas* falar de política e nada mais. Muitas pessoas só precisam que lhes mostrem um caminho melhor.

Em seu livro *Why We Argue (and How We Should)* [Por que Argumentamos e Como Devemos Fazê-lo], os filósofos Scott Aiken e Robert Talisse tratam das várias maneiras pelas quais o desentendimento político pode acabar mal, e oferecem várias sugestões para melhorarmos nossas contribuições para o discurso público.[21] Algumas das estratégias podem ajudar você a evitar o *grandstanding*. Para os iniciantes, Aiken e Talisse sugerem que se evite tratar todas as questões como se fossem um problema simples com uma solução simples. Quando discutimos moralidade e política, não faz mal admitir que muitos problemas são complicados e que as soluções não são óbvias para ninguém que não seja moralmente corrompido. Além disso, eles sugerem que ao argumentar você deve deixar claras suas premissas. Como já comentamos neste livro, grande parte do *grandstanding* moral envolve derrotar alguém mostrando indignação ou expressando choque e desprezo. Indignação e choque, porém, não são argumentos nem motivos. Como Aiken e Talisse frisam, é falacioso pular de "estou indignado com as coisas que Sam disse" para "portanto, Sam está errado". Se você acha que um indivíduo está errado, tente articular os motivos que o levam a rejeitar o que esse indivíduo diz.

Por fim, Aiken e Talisse nos encorajam a admitir quando percebemos que estamos errados, ou que outra pessoa disse alguma coisa interessante em uma conversa. Quais são as chances de que você esteja certo em tudo o que pensa e diz? Conversas produtivas têm mais chance de acontecer quando nós admitimos nossos erros. Ser inflexível pode ajudar você a salvar as aparências, mas não é receita para discordarmos de maneira produtiva a respeito das nossas diferenças.

Temos uma última sugestão da nossa própria autoria. Quando você se envolver com discurso moral, seja mais duro com você do que é com terceiros. Muitos de nós temos a tendência de criticar os outros mais do que a nós mesmos, e isso não surpreende. Nós classificamos as pessoas segundo o conjunto de critérios morais idiossincráticos ao qual nos prendemos. Outros farão pior, naturalmente, de acordo com padrões morais dos quais eles nem mesmo têm consciência. Além do mais, tendemos a atribuir nossas próprias falhas ao azar ou a circunstâncias fora do nosso controle ("Eu não vi o sinal vermelho porque o sol me ofuscou"), mas, quando são os outros que falham, nós tendemos a atribuir isso à má índole deles ("Ela ultrapassou o sinal vermelho porque é uma motorista negligente").[22] Mas isso é injusto. Para contrabalançar nossos preconceitos, devemos estar preparados para dar aos outros o benefício da dúvida. Nas palavras do filósofo Robert Fullinwider, "a moralidade impõe uma divisão básica de trabalho: exige-nos benevolência para com os outros e rigor para com nós mesmos".[23]

O objetivo de dar o exemplo não é, evidentemente, mostrar que você é melhor que os outros. Como Bicchieri explica, "informar as pessoas a respeito da eficácia de um comportamento está longe de ser tão convincente quanto mostrar a essas pessoas exemplos de indivíduos que o praticaram".[24] Isso pode significar oferecer o próprio bom exemplo. Quando outras pessoas veem que existe um meio melhor de falar sobre questões morais, elas podem simplesmente reconhecê-lo e reagir à altura.

### Passo 3: Punir quem faz *grandstanding*

Se quisermos que as pessoas parem de fazer alguma coisa – como defecar em público ou fazer *grandstanding* –, nós devemos também introduzir punições por violação. A meta é que as pessoas saibam que a resposta ao *grandstanding* delas será desagradável. Em nossa opinião, repreender quem faz *grandstanding* é provavelmente má ideia. Mas existem outras formas de punir que podem funcionar melhor, tornando desagradável apelar para o *grandstanding*. Eis aqui algumas sugestões a respeito disso.

Uma maneira de fazer do *grandstanding* uma experiência ruim é torná-lo embaraçoso. Você pode fazer a sua parte para alcançar essa meta agindo de modo contido. Nas redes sociais, você pode evitar seus elogios, suas curtidas no Facebook, seus retuítes no Twitter. Chega de comentários do tipo "isso é incrivelmente corajoso" para pessoas que assumem uma posição levianamente, defendendo suas convicções morais que são música para os ouvidos dos amigos que pensam de maneira semelhante. Não dê apoio a políticos apenas porque eles aparecem como caras legais em manobras publicitárias. Quando as pessoas se envolverem em exibições de superioridade moral, ignore-as. A ideia básica é não dar crédito às pessoas que buscam atenção.

Imagine, por exemplo, alguém que elabora uma postagem no Facebook cuidadosamente redigida detalhando todas as nuances da sua absoluta indignação para com a universidade local por servir comida chinesa culturalmente apropriada no refeitório... apenas para se dar conta de que a sua postagem não recebeu uma curtida sequer. O que os autores desse tipo de postagem querem é justamente aquilo que eles não tiveram: o seu elogio. Se mais de nós evitássemos elogiar o *grandstanding*, talvez ficasse mais claro que tal ato não compensa.

Nós já declaramos antes que é má ideia repreender ou envergonhar exibicionistas morais (ou *grandstanders*) porque geralmente é difícil saber se alguém está fazendo *grandstanding*. Talvez você sinta que nossa sugestão de que as pessoas se contenham esteja em conflito com essa declaração. Se não sabemos o suficiente para repreender e envergonhar supostos exibicionistas morais, como podemos saber o suficiente para evitar o elogio?

Contudo existe uma diferença crucial entre repreender pessoas e evitar elogiá-las. Quando você chama atenção de alguém por praticar *grandstanding*, você o critica publicamente. Se estiver errado, você pode prejudicar a reputação desse indivíduo de forma injusta. E, mesmo que você esteja certo e ele mereça a crítica, repreendê-lo deve apenas levar a uma discussão inútil sobre se houve ou não *grandstanding*. Você também provavelmente será acusado de tentar silenciar ou policiar os outros. As apostas são altas quando você considera a possibilidade de repreender alguém.

As apostas, porém, são bem menores quando você evita elogiar ou enaltecer. Se tiver certeza de que alguém está fazendo *grandstanding*, então foi feliz na escolha de evitar recompensar quem não merece ser recompensado. Mas se você estiver errado, o que perderá por não ter elogiado? Não muito mais do que perderia se não estivesse em nenhuma mídia social (na verdade, fazendo isso você pode se dar conta de que tem tempo livre o bastante para realizar algo muito mais significativo e recompensador, como trabalho voluntário ou qualquer um dos compromissos que sugerimos como alternativos para que os exibicionistas morais canalizassem a sua energia). Nem mesmo as postagens verdadeiramente corajosas, inteligentes e sem indício de *grandstanding* nas redes sociais requerem nossa atenção e apoio. Como muito menos está em jogo, não faz mal evitar elogios quando suspeitar de *grandstanding*, mesmo que não venha ao caso repreender a pessoa em questão.

Nossa segunda sugestão para punir exibicionistas sociais é mais agressiva, e a oferecemos com algumas reservas. Eis a sugestão: quando você vir uma pessoa apelando para o *grandstanding* a fim de se disfarçar – isto é, para que os outros não suspeitem de que ela é capaz de fazer as coisas ruins que ela critica, como discutimos anteriormente – considere repreendê-la publicamente pelo desvio de comportamento que ela está tentando encobrir. É certo que isso não deve ser feito de modo leviano. Você não deve acusar ninguém de transgressão se não tiver evidências convincentes para tal acusação. E pode não ser recomendável lançar uma acusação, dado que as vítimas do exibicionista moral podem ter bons motivos para não querer detalhes da sua vida expostos ao público. Contudo, o *grandstanding* para camuflagem é um fenômeno perigoso. Muitos acabam enganados pelos atos desses exibicionistas morais, que em consequência disso se veem livres para continuar prejudicando outras pessoas.

Poucas coisas a respeito do *grandstanding* nos revoltam mais. Mas nós ainda sentimos frustração quando ouvimos as pessoas dizer que não podem acreditar que determinada celebridade ou figura pública seja capaz de ferir uma mulher, abusar de uma criança ou coisa que o valha porque costuma tagarelar sobre seus diletos valores. Tente dizer às vítimas de Harvey Weinstein, Roy Moore e outros exibicionistas morais talentosos que um pouco de *grandstanding* nunca fez mal a ninguém. Se você se deparar com um ato lamentável como o deles, não acuse o infrator de *grandstanding*. Acuse-o da transgressão que ele quer encobrir com seu *grandstanding*.

Quando muitas pessoas começarem a tratar o discurso de maneira diferente, as normas podem mudar. Aqueles que percebem por que é ruim abusar do discurso moral acabarão parando com tal prática e se darão conta de que estão maltratando outras pessoas e arruinando um recurso público. Elas perceberão que com o passar do tempo o *grandstanding* se volta contra seu praticante – a tentação do *grandstanding* promete muito, mas entrega pouco. Elas reconhecerão as possibilidades de um discurso melhor e darão um bom exemplo. E elas se encarregarão de negar aos que continuam recorrendo ao *grandstanding* a coisa que eles tanto desejam: o aplauso dos outros. Quando um bom número de pessoas tomar conhecimento do perigo que o *grandstanding* representa, e constatar que ele é frequentemente recebido com o silêncio, então se tornará embaraçoso aplacar nosso desejo de receber elogios em público.

## UMA RAZÃO PARA O OTIMISMO

Se você leu nossas observações sobre a mudança das regras relacionadas ao *grandstanding* e balançou a cabeça com ceticismo, não se culpe. Nossos conselhos podem mesmo parecer estranhos, já que estamos tão distantes de um mundo no qual o *grandstanding* seja considerado uma séria violação das normas.

Mudar regras não é fácil e o processo também não é rápido. Talvez pareça impossível conseguir que tantas pessoas parem de tratar o discurso público como seu projeto de vaidade, mas, quando o número suficiente de pessoas começar a tratar o discurso de forma diferente, as regras podem mudar. Regras mudam o tempo todo, para melhor e para pior, mesmo quando o comportamento que elas regulam parece profundamente arraigado na natureza humana.

Considere, por exemplo, outro tipo de regra: as maneiras à mesa. Observe alguns conselhos comuns para o comportamento apropriado à mesa na companhia de pessoas educadas, extraídos dos manuais de etiqueta da Idade Média e da Renascença:

- "Não é adequado assoar o nariz na toalha de mesa."[25]
- Não "ataque os pratos como um porco enquanto come, bufando de maneira repugnante e estalando os lábios."[26]
- É uma "falta grave" roer um osso e depois colocá-lo de volta na travessa."[27]
- E Erasmo, em uma passagem pitoresca, observa em tom desaprovador que algumas pessoas "devoram em vez de comer, como se estivessem prestes a ser arrastadas para a prisão", ou "empurram tanta comida para dentro da boca que suas bochechas incham como um fole". E outros "comem com a boca aberta, fazendo o mesmo barulho que fazem os porcos."[28]

Talvez seja difícil para os leitores imaginarem que essas coisas foram escritas para adultos que viviam em uma sociedade civilizada. Mas isso é, na verdade, encorajador. Pense da seguinte maneira: esse comportamento tosco devia ser generalizado o suficiente para justificar o uso de papel e tinta para a elaboração de uma advertência contra ele. Além disso, muitos deviam considerar tal comportamento como uma forma natural e eficiente de satisfazer desejos humanos básicos. E, no entanto, tornou-se quase impensável para nós encontrar alguém que faça coisas desse tipo em público. Em vez de todos assoarem o nariz na toalha de mesa, de algum modo chegamos a um momento da história em que esse comportamento é constrangedor. E como conseguimos chegar a esse momento? Por meio da promoção de regras sociais diferentes, as pessoas passaram a considerar embaraçosas essas e outras violações da etiqueta.

O sucesso dessas mudanças nas regras deveria ser encorajador para aqueles entre nós que, nos dias de hoje, se preocupam com o *grandstanding*. Esse fenômeno também é generalizado, e muitas pessoas o aceitam como um modo natural e eficiente de satisfazer o desejo humano básico de reconhecimento. Embora isso possa parecer pouco realista nesse momento, nós podemos (e devemos) mudar o nosso comportamento ao lidarmos com o discurso moral público.

# NOTAS

## PREFÁCIO

1. https://quillette.com/2018/07/14/i-was-the-mob-until-the-mob-came-for-me/ [Acessado em 15/09/18].

## CAPÍTULO 1

1. Cada um desses comportamentos é um sinal de alerta para distúrbio de personalidade narcisista em crianças. https://www.psychologytoday.com/blog/warning-signs-parents/201701/childhood-roots-narcissistic-personality-disorder [Acessado em 08/07/18].

2. http://www.oxygen.com/very-real/woman-was-destroyed-on-twitter-for-blaming-white-mens-entitlement-for-alligator-death [Acessado em 08/07/18].

3. https://twitter.com/TheBrandonMorse/status/914885815901319168 [Acessado em 08/07/18].

4. Sarkeesian arquivou os tuítes abusivos aqui: https://femfreq.tumblr.com/post/109319269825/one-week-of-harassment-on-twitter [Acessado 08/07/18].

5. https://www.bbc.com/news/av/world-us-canada-24308586/obama-attacks-republican-grandstanding [Acessado em 07/07/18].

6. http://www.latimes.com/opinion/editorials/la-ed-planned-parenthood-senate-vote-20150804-story.html [Acessado em 07/07/18].

7. https://www.brookings.edu/blog/up-front/2012/10/09/mitt-romneys-foreign-policy-agenda/ [Acessado em 07/07/18].

8. https://www.nytimes.com/2017/10/18/opinion/whats-the-matter-with-republicans.html [Acessado em 07/07/18].

9. http://www.donaldjtrump.com/positions/second-amendment-rights [Acessado em 01/06/16].

10. https://www.nbcnews.com/news/us-news/trump-reveals-he-asked-comey-whether-he-was-under-investigation-n757821 [Acessado em 07/07/18].

11. https://www.washingtonpost.com/news/the-fix/wp/2018/06/26/trump-cant-stop-dissing-john-mccain/ [Acessado em 07/07/18].

12. http://money.cnn.com/2017/10/05/media/harvey-weinsteins-full-statement/ [Acessado em 07/08/18].

13. https://www.theatlantic.com/politics/archive/2017/09/the-lawlessness-of-roy-moore/541467/ [Acessado em 28/04/19].

14. https:// www.washingtonpost.com/news/powerpost/wp/2017/11/14/in-new-tv-ad-alabama-democrat-hits-roy-moore-over-awful-allegations/ [Acessado em 08/07/18].

15. http://www.nationalreview.com/corner/454230/philosophy-professor-makes-terrible-argument-roy-moore [Acessado em 08/07/18].

16. http://edition.cnn.com/TRANSCRIPTS/0308/14/se.03.html [Acessado em 26/06/18].

## CAPÍTULO 2

1. Kelly, 1888.

2. http://www.thecrimson.com/article/1970/10/17/books-at-war-with-asia-313/ [Acessado em 08/07/18].

3. https://newrepublic.com/article/91139/indira-gandhi-corruption-india-supreme-court [Acessado em 08/07/18].

4. https://www.rogerebert.com/reviews/just-before-nightfall-1976 [Acessado em 08/07/18].

5. No sentido de exibicionismo sentimentalista, de "fazer drama" (N. do T.).

6. Filósofos e outros leitores acadêmicos podem se interessar por nosso relato mais complexo e mais técnico sobre *grandstanding* moral como um conceito prototípico em Tosi e Warmke, 2016.

7. Cheng, Tracy e Henrich, 2010; Henrich, 2015.

8. Buss e Dedden, 1990; Schmitt e Buss, 2001.

9. Nossos resultados iniciais foram condensados e discutidos em um artigo com os psicólogos Joshua B. Grubbs, A. Shanti James e W. Keith Campbell, "Moral Grandstanding in Public Discourse: Status-seeking Motives as a Potential Explanatory Mechanism in Predicting Conflict" (2019), disponível aqui: https://psyarxiv.com/gnaj5/. Todos os dados estão disponíveis em Open Science Framework aqui: https://osf.io/r3j45/.

10. Grubbs et al. (2019).
11. Leary e Kowalski, 1990, p. 35.
12. Grice (1989).
13. Pinker, Nowak e Lee (2008).
14. Inspirado por Wittels 2012, p. 71.
15. Para uma breve discussão sobre os tipos de características contextuais que podem ajudar ou atrapalhar o gerenciamento de impressões, ver Steinmetz, Sezer e Sedikides, 2017, 2-3. Ver também Grice, 1989.
16. Sobre competência, ver Brown, 2012; Möller e Savyon, 2003. Sobre ambição, ver Alicke et al., 2001. Sobre inteligência, ver Van Lange e Sedikides, 1998. Sobre sabedoria, ver Zell e Alicke, 2011.
17. M. Ross e Sicoly, 1979; Fields e Schuman, 1976; T. W. Smith, Rasinski e Toce, 2001; White e Plous, 1995.
18. Cross (1977).
19. Goethals, Messick e Allison, 1991.
20. Tappin e McKay (2017).
21. Epley e Dunning, 2000; Fetchenhauer e Dunning, 2006; Klein e Epley, 2016, 2017.
22. Van Lange e Sedikides (1998).
23. Tappin e McKay, 2017; Dunning, 2016.
24. Dunning, 2016, p. 172.
25. Klein e Epley 2016, p. 660. Ver também Allison, Messick, e Goethals, 1989; Van Lange e Sedikides, 1998; Epley e Dunning, 2000; Sedikides e Alicke, 2012.
26. Goethals (1986).
27. Epley e Dunning (2000).
28. Klein e Epley (2017).
29. Sedikides et al., 2014.
30. Para uma deliberação a respeito da sondagem de centenas de milhares de pessoas ao redor do mundo, ver McGrath, 2015, que constatou "substancial convergência transcultural na autoavaliação das virtudes" (McGrath, 2015, p. 43).
31. Liu, 2013. A evidência sugere que em culturas coletivistas (como a China) as pessoas tendem a se valorizar moralmente menos do que as pessoas em culturas individualistas (Estados Unidos, Inglaterra) (Liu, 2013; Dunning, 2016). Contudo, até mesmo as pessoas em culturas coletivistas se valorizam por suas qualidades coletivistas superiores (Sedikides, Gaertner, e Toguchi, 2003; Sedikides, Gaertner, e Vevea, 2005). Em

outras palavras, o contexto cultural muda o modo de expressar a autovalorização, mas a tendência humana geral à autovalorização é, aparentemente, mais profunda do que a cultura.

32. Tappin e McKay (2017).
33. C. Miller 2017, 156.
34. Epley e Dunning (2000).
35. Epley e Dunning (2000).
36. Tappin e McKay (2017).
37. Leary e Kowalski, 1990.
38. Rom e Conway (2018).
39. Vonasch et al., 2018.
40. Leary e Kowalski (1990).
41. Os psicólogos chamam a isso de gerenciamento de impressão pré-atentivo (Leary e Kowalski, 1990).
42. Nisbett e Wilson (1977).
43. https://aeon.co/ideas/confabulation-why-telling-ourselves-stories-makes-us-feel-ok [Acessado em 07/07/18].
44. Simler e Hanson, 2018, 105.
45. Von Hippel e Trivers (2011).
46. Grice (1989).
47. Goffman, 1959, p. 13.
48. Laurent et al., 2014; Powell e Smith, 2013.
49. Heck e Krueger (2016).
50. https://www.vanityfair.com/hollywood/2017/01/meryl-streep-donald-trump-golden-globes-speech [Acessado em 10/02/19].
51. https://twitter.com/Lavernecox/status/818295093564059648 [Acessado em 07/07/18].
52. https://twitter.com/unfoRETTAble/status/818295017152258048 [Acessado em 07/07/18].
53. https://twitter.com/MarkRonson/status/818292916787429377 [Acessado em 07/07/18].
54. https://www.nationalreview.com/2017/01/meryl-streep-golden-globes-speech--political-donald-trump-moralizing-hypocrisy/ [Acessado em 07/07/18]. Mas nem

todos que compartilham as opiniões políticas de Streep ficaram impressionados. Ver https://variety.com/2017/tv/news/trevor-noah-meryl-streep-speech-tone-deaf-1201956927/ [Acessado em 07/07/18].

**55.** https://www.nytimes.com/2017/08/08/magazine/virtue-signaling-isnt-the-problem-not-believing-one-another-is.html [Acessado em 08/07/18].

**56.** Grubbs et al., 2019.

**57.** https://www.spectator.co.uk/2015/10/i-invented-virtue-signalling-now-its-taking-over-the-world/ [Acessado em 07/07/18].

**58.** Zahavi, 1975; Zahavi e Zahavi, 1999.

**59.** Jamie (2017).

**60.** Caplan (2018).

## CAPÍTULO 3

**1.** Nozick, 1990, p. 303.

**2.** Sem relação.

**3.** https://www.nytimes.com/2018/05/02/world/asia/chinese-prom-dress.html [Acessado em 17/07/18].

**4.** Asch (1956).

**5.** Rod Bond e Peter Smith analisaram o trabalho científico social sobre conformidade, abarcando 133 estudos em 17 países. Eles constataram que "a conformidade era significativamente maior quanto (a) mais expressiva era a maioria, (b) quanto maior era a proporção de entrevistadas do sexo feminino, (c) quando a maioria não consistia em membros de fora do grupo, e (d) quanto mais ambíguo era o estímulo" (Bond e Smith, 1996, p. 124). Mas eles também constataram que os níveis de conformidade diminuíram desde os estudos originais de Asch, e que membros de culturas individualistas são menos inclinados a se conformar do que membros de culturas coletivistas.

**6.** Curiosamente, um vídeo mostra participantes trocando o que se poderia corretamente chamar de olhares amorosos com os outros elementos discordantes. Ver https://www.youtube.com/watch?v=TYIh4MkcfJA [Acessado em 17/07/18].

**7.** CELIMENE: Ele está *tão satisfeito* consigo mesmo! — // Sim, é a melhor definição para ele — que orgulho *monstruoso*! // Seu principal, seu único pensamento, o pensamento que *toma conta* dele // É que ele não é "reconhecido" na Corte // O que ele condena o dia inteiro, *todos os dias* // Que os "poderes constituídos" o ignoram – como se atrevem? // É uma declamação biliosa perpétua — // Nenhum posto atribuído, nenhum compromisso firmado // Isso não é uma "grave injustiça" contra o homem. // (Molière, 2008, p. 44).

8. Willer, Kuwabara e Macy, 2009.
9. A respeito do fenômeno geral da "falsificação de preferência", ver Kuran (1995).
10. Willer, Kuwabara e Macy (2009) não realizaram teste para a falsa imposição de pontos de vista explicitamente morais. É possível que as pessoas se sintam mais inclinadas a falar contra o que elas acreditem ser opiniões gerais se essas opiniões tiverem cunho moral – se forem, digamos, opiniões sobre aborto ou casamento entre pessoas do mesmo sexo? Duvidamos, embora não saibamos de nenhum estudo que tenha investigado isso. Contudo há evidências de que as pessoas alteram estrategicamente seus julgamentos morais "a fim de apresentar impressões favoráveis de acordo com a situação" (Rom e Conway, 2018, p. 32).
11. C. S. Ryan e Bogart (1997).
12. Marques, Yzerbyt, e Leyens, 1988; Pinto et al., 2010.
13. Naturalmente, muitas vezes é difícil saber se uma demonstração de solidariedade é sincera ou se é exemplo de *grandstanding*. Pode ser tentador evitar essa questão alegando que todas as demonstrações de solidariedade são louváveis. A realidade, porém, é mais complicada que isso. Por exemplo, depois das eleições do Brexit algumas pessoas no Reino Unido começaram a usar alfinetes ostensivamente em sua roupa para sinalizar seu apoio a refugiados e imigrantes. O símbolo reapareceu brevemente nos Estados Unidos depois da eleição do presidente Trump, quando as pessoas usaram os alfinetes para se declararem aliadas de grupos minoritários. Alguns portadores de alfinetes provavelmente não fizeram isso com a intenção de impressionar ninguém, mas sim movidos por genuína preocupação com esses grupos minoritários, acreditando que seria um estímulo para os membros desses grupos ver os alfinetes. Já outros portadores de alfinetes provavelmente sentiram orgulho de si e dos seus amigos por exibirem sinais gratuitos e isolados de desaprovação ao resultado da eleição recente, enquanto cuidavam da sua vida, completamente alheios à gente marginalizada que eles alegavam apoiar. Com efeito, alguns desses indivíduos mal puderam esperar para postar uma foto de um alfinete nas redes sociais adornada com as devidas *hashtags*, apenas para entrar no jogo. Somos gratos a Tamler Sommers e a David Pizarro por esse exemplo.
14. Norris e Kristensen (2006).
15. A retórica da Guerra Fria foi dominada por uma especulação infundada sobre diversas "defasagens", o que foi eficazmente ridicularizado em *Dr. Fantástico*, filme de Stanley Kubrick de 1964. Sobre a "defasagem de mísseis", ver Preble (2003).
16. Festinger (1954).
17. Rom e Conway (2018).
18. A história também ficou conhecida com o título de *The Real Princess* [A Princesa de Verdade] (Andersen, 1993, p. 69). Existe ainda uma história italiana com uma trama semelhante, geralmente traduzida como *The Most Sensitive Woman* [A Mais Sensível das Mulheres], incluída em Schneller (1867, pp. 128-29). Nessa história, o príncipe

decide se casar com uma mulher que teve o pé enfaixado e imobilizado depois que uma brisa soprou sobre ele a pétala de uma flor de jasmim.

19. http://insider.foxnews.com/2014/09/23/%E2%80%98how-disrespectful-was-that%E2%80%99-karl-rove-blasts-obama%E2%80%99s-%E2%80%98latte-salute%E2%80%99 [Acessado em 20/09/18].

20. https://www.breitbart.com/blog/2014/09/23/Obama-s-Disrespectful-Latte-Salute-Shocks-and-Offends/ [Acessado em 20/09/18].

21. Driver 2005, p. 137).

22. Repare que moralizar não é a mesma coisa que fazer *grandstanding*. Em vez disso, o *grandstanding* pode ser uma forma que a moralização assume. O proprietário mais antigo não precisaria tentar impressionar ninguém com suas credenciais morais. No entanto, algumas formas de *grandstanding*, como a performance, podem envolver moralização.

23. Mill (1989, p. 85).

24. J. Jordan et al. (2017); Kennedy e Schweitzer (2015); Tetlock (2002).

25. A história sobre confiança contém um artifício interessante. Enquanto, por um lado, os observadores passam a ter mais confiança *cognitiva* nos acusadores (isto é, pensam nestes últimos como pessoas mais confiáveis como portadoras da verdade), por outro lado, eles avaliam negativamente os acusadores a respeito da confiança *afetiva* (isto é, passam a vê-los menos como pessoas com as quais teriam alguma ligação emocional). A verdade afetiva é minimizada nos acusadores, porque suas acusações parecem falta de benevolência. As pessoas consideram a possibilidade de serem elas próprias alvo de acusação por parte do acusador, e por isso confiam menos nele em termos afetivos (Kennedy e Schweitzer, 2015).

26. https://newsroom.fb.com/company-info/ [Acessado em 17/07/18].

27. http://www.adweek.com/digital/data-never-sleeps/ [Acessado em 18/11/17].

28. http://files.shareholder.com/downloads/AMDA-2F526X/5458918398x0x961121/3D6E4631-9478-453F-A813-8DAB496307A1/Q3_17_Shareholder_Letter.pdf [Acessado em 18/11/17].

29. https://www.omnicoreagency.com/twitter-statistics/ [Acessado em 18/11/17].

30. Os autores constataram que "a direita definitivamente usa mais o discurso de indignação do que a esquerda", embora os "piores indivíduos abusivos estejam tanto na esquerda quanto na direita" (2014, p. 42). Isso era evidente em 2009, no primeiro ano da presidência de Barack Obama. Ficaríamos surpresos, contudo, se a esquerda não tivesse superado a direita em raiva e indignação retórica enquanto escrevemos isso em 2019, o terceiro ano da presidência de Donald Trump. Um estudo do Pew Research Center sobre o Facebook, de 2017, constatou que "em resposta às postagens dos Democratas, a proporção de reações do público do Facebook que usou o

botão de "zangado" mais que triplicou depois da eleição [presidencial de 2016]". Por outro lado, reações "zangadas" aos novos links compartilhados por Republicanos permaneceram "relativamente estáveis". http://www.people-press.org/2017/12/18/sharing-the-news-in-a-polarized-congress/ [Acessado em 19/12/17].

31. Berry e Sobieraj (2014, p. 36).
32. Ver, por exemplo, Skitka, Bauman e Sargis (2005) e Skitka (2010).
33. Skitka (2010, p. 267).
34. Também é assim quando dirigido para variáveis como religiosidade, atitude extremista e envolvimento político. Ver Skitka (2010); Mullen e Skitka (2006); e Skitka e Wisneski (2011).
35. As pessoas também usam seus sentimentos de indignação para manter sentimentos de superioridade moral (Green et al., 2019).
36. Skitka e Wisneski (2011, p. 329).
37. Há evidência de que a esquerda e a direita enfatizam diferentes valores morais (Haidt, 2012), mas Skitka e colegas descobriram pouca diferença nos programas ideológicos quando se trata de convicção moral: "Em resumo, liberais e conservadores algumas vezes diferem no grau de convicção moral que eles associam a questões específicas: conservadores, por exemplo, são mais moralmente convictos do que os liberais a respeito de imigração, aborto, do orçamento e do déficit federal; enquanto os liberais têm mais convicção do que os conservadores a respeito de desigualdade, educação e meio ambiente. Todavia, liberais e conservadores não diferem em: (1) níveis gerais de convicção moral desabando entre questões, (2) níveis de convicção moral para questões que são da maior importância para eles, ou (3) tendência a moralizar mais em vez de [menos] questões. As pessoas no âmbito da política são semelhantes em sua propensão a basear posições em convicção moral (Skitka, Morgan e Wisneski, 2015, p. 67).
38. Rothschild e Keefer (2017).
39. Rothschild e Keefer (2017).
40. Green et al. (2019, p. 209).
41. Do seu especial de 2012 no Comedy Central, *Standup Comedian* [Comediante de stand-up].
42. A questão principal, de acordo com uma revisão das evidências, é que polígrafos são destinados a detectar ansiedade, que pode ser causada por qualquer coisa não relacionada a mentira – como submeter-se a perguntas perturbadoras num ambiente estranho (Saxe, Dougherty e Cross, 1985). A propósito, os testes podem ser anulados por indivíduos que tomem medidas defensivas, tais como pressionar os dedos dos pés contra o chão ou fazer contagem regressiva durante o interrogatório (Honts e Kircher, 1994).
43. Adelson (2004).
44. Para mais detalhes a respeito, ver Grubbs et al. (2019).

## CAPÍTULO 4

1. https://www.youtube.com/watch?v=aFQFB5YpDZE [Acessado em 04/06/19]. Para sermos justos, devemos salientar que, passados quinze anos, a comédia de fim de noite que Stewart ajudou a moldar perdeu indiscutivelmente o rumo, também, oferecendo "agrados" ao público, com uma "comédia baseada em mensagens que inadvertidamente priorizam concessões à política e não à comédia em si", em vez de humor genuíno. https://www.vulture.com/2018/01/the-rise-of-clapter-comedy.html [Acessado em 04/06/19].

2. Como pelo menos um dos apresentadores agora admite. https://www.cnn.com/2015/02/12/opinion/begala-stewart-blew-up-crossfire/ [Acessado em 04/06/19].

3. J. E. Campbell (2016, pp. 61-90).

4. J. E. Campbell (2016, pp. 173-95; Theriault, 2008).

5. Groenendyk (2018); Mason (2018).

6. Kalmoe e Mason (2019).

7. Livros recentes sobre polarização incluem J. E. Campbell (2016); Fiorina (2017); Rosenfeld (2017); Hopkins (2017); Mason (2018).

8. Fiorina e Abrams (2010); Fiorina (2017).

9. Para a discussão dessa literatura, ver Sunstein (2002, 2009).

10. Nós tomamos esse exemplo emprestado de Sunstein (2002, pp. 175–76).

11. Luskin et al. (inédito).

12. Sunstein (2002, p. 176).

13. De fato, uma pesquisa recente de cientistas políticos o classificou como o pior presidente de todos, após apenas um ano do seu primeiro mandato: https://www.nytimes.com/interactive/2018/02/19/opinion/how-does-trump-stack-up-against-the-best-and-worst-presidents.html [Acessado em 15/09/18].

14. Rush Limbaugh: https://www.facebook.com/RushLimbaughAndTheEIB Network/posts/10153549717677906 [Acessado em 15/09/18].

15. Uma pesquisa de opinião do Instituto Rasmussen: http://www.rasmussenreports.com/public_content/politics/current_events/bush_administration/41_say_bush_worst_president_ever_50_disagree [Acessado em 15/09/18].

16. Will (2002, p. 238).

17. http://thehill.com/blogs/floor-action/house/363240-pelosi-gop-tax-proposal-the--worst-bill-in-the-history-of-the-united [Acessado em 05/03/18].

18. http://thehill.com/blogs/floor-action/house/363240-pelosi-gop-tax-proposal-the--worst-bill-in-the-history-of-the-united [Acessado em 05/03/18].

19. Le Bon (1897, p. 34-35).

20. Para discussões acerca dos efeitos negativos da ampla ignorância política, ver J. Brennan (2016); Achen e Bartels (2016); Caplan (2007); Somin (2013); Pincione e Tesón (2011).

21. Oliver e Wood (2014).

22. http://www.newsweek.com/trump-birther-obama-poll-republicans-kenya-744195 [Acessado em 15/09/18].

23. Ahler e Sood (2018); Graham, Nosek e Haidt (2012).

24. As estatísticas anteriores são de Ahler e Sood (2018).

25. Somin, 2013, p. 192.

26. Walter e Murphy (2018).

27. O cientista cognitivo Philip Fernbach e colegas argumentam que as pessoas têm uma confiança injustificada em sua compreensão de políticas sociais e estratégicas, tais como a imposição de sanções unilaterais sobre o Irã ou a transição para um sistema de saúde com pagamento único. Quando os pesquisadores pediram a essas pessoas confiantes que *explicassem* como uma das suas políticas preferidas funcionaria, observaram que elas reportaram menor confiança em sua compreensão a respeito da política, e também moderaram suas atitudes quanto a ela. Os pesquisadores deduziram que pedir a esses entrevistados uma explicação sobre o funcionamento das coisas os forçaria a confrontar a sua ignorância e a moderar tanto a sua confiança como o extremismo da sua posição (Fernbach et al., 2013).

28. Yamamoto e Kushin, 2014, p. 441. Essa pesquisa estudou a relação entre mídia *on-line* e divergência política durante a campanha eleitoral presidencial nos EUA em 2008. Devemos observar que a definição dos autores para cinismo é diferente da nossa; eles usam "cinismo político" para significar "cautela com relação ao sistema político, e falta de confiança nesse sistema" (Yamamoto e Kushin [2014, p. 431], citando Austin e Pinkleton [1995, p. 1999]). Yamamoto e Kushin definem "apatia" como "indiferença, falta de interesse ou falta de atenção para com a política" ([2014, p. 432], citando Bennett, 1986).

29. Citando Jamieson (1992), Claes H. de Vreese define notícias estratégicas como "notícias que se concentram em ganhar e perder, norteada pela linguagem de 'guerra e jogos', enfatizam 'atores, críticos e públicos', focam no estilo e nos sentimentos dos candidatos e atribuem importância às pesquisas de opinião" (de Vreese, 2005, p. 284). Por diversos motivos, as conclusões de Cappella e Jamieson, que se concentraram em entrevistados americanos, foram revisadas e contestadas em pesquisas posteriores. Para a discussão dessas reações e estudos relacionados a entrevistados holandeses e dinamarqueses, ver De Vreese, 2005. O ponto mais relevante é que ele afirma que quando os consumidores de mídia são mais sofisticados, a eficiência da mídia estratégica em causar cinismo é drasticamente reduzida.

30. Para uma discussão mais refinada sobre o significado de se moldar as notícias como uma "estratégia" ou como um "jogo", ver: Aalberg, Strömbäck e De Vreese, 2012. Em estruturas de "jogos", o "jornalismo turfe" se concentra em pesquisas de opinião, resultados de eleições e ganhadores e perdedores, e usa a linguagem dos esportes e da guerra. Em estruturas de "estratégia", os jornalistas focam em estratégias e táticas de campanha, motivos e ações instrumentais e personalidade e estilo, utilizando-se da metacobertura – cobertura da própria mídia (2012, p. 167). "O elemento [mais] citado da estrutura de estratégia", eles escrevem, "envolve o foco jornalístico nos motivos de um candidato ou de um partido para assumir determinada posição política. Histórias contendo esse elemento indicam de maneira clara que os atores políticos estão interessados principalmente em acumular votos, mais do que em buscar soluções para problemas sociais importantes" (2012, p. 168).

31. Kruger e Gilovich (1999).

32. Williams, 2007, p. 601.

33. Apesar de concluirmos mais prontamente que as pessoas que não fazem parte do nosso grupo estão apelando para o *grandstanding*, isso evidentemente não mostra que o *grandstanding* está apenas nos olhos do observador. É fato que as pessoas fazem *grandstanding*, quer sejamos capazes de apontá-lo, quer não.

34. Mill, 2017, p. 47.

35. A título de ilustração, Frankfurt oferece o seguinte exemplo: "Polimento e burocracia não contribuem genuinamente, supõe-se, para os 'reais' propósitos dos militares ou das autoridades do governo, ainda que sejam impostos por agências ou agentes que se consideram conscientemente dedicados à busca desses propósitos. Desse modo, as 'tarefas de rotina ou cerimoniais desnecessários', que são besteiras, estão desvinculados dos motivos legítimos da atividade na qual se introduziram, assim como as coisas que as pessoas dizem em conversas estão desvinculadas das suas crenças reais, e como as besteiras estão desvinculadas da preocupação com a verdade" (Frankfurt, 1988, p. 126-27).

36. Em *Straight Man*, romance de Richard Russo, o protagonista – o professor de inglês Hank Devereaux Jr. – é de opinião que "o jornal estudantil contém muito humor, embora involuntário na maioria das vezes. Exceto pela primeira página (notícias do campus) e pela última (esportes), o tabloide do campus é composto de pouca coisa além das cartas ao editor, que eu leio primeiro à procura de alusões a mim mesmo, para depois buscar algo diferente, que, nas atuais circunstâncias, é qualquer assunto que não seja a trindade profana de insensibilidade, sexismo e intolerância, contra a qual os hipócritas escritores de cartas (nem sempre letrados) querem que seus leitores saibam que condenam. Como grupo, eles parecem acreditar que uma grande indignação moral justifica e é até mais importante que todas as deficiências de pontuação, ortografia, gramática, lógica e estilo. Apoiando essa noção, há apenas toda uma cultura" (Russo, 1997, p. 73-74).

37. http://www.washingtonpost.com/wp-dyn/content/article/2006/06/23/AR2006062301378.html [Acessado em 22/07/18].

38. http://www.washingtonpost.com/wp-dyn/content/article/2006/06/23/AR2006062301378.html [Acessado em 22/07/18].

39. Em sua tradução de 1793, Samuel Croxall deu à fábula uma interpretação de cunho sociopolítico: "Se nos alarmamos com um perigo imaginário vezes sem conta, até deixarmos, enfim, de temê-lo, como saberemos nos proteger de perigos reais?". (Esopo e Croxall, 1843, p. 224).

40. Frijda, 2006, pp. 178-91.

41. Frijda, 2006, pp. 10-11; Epstein, 1973; McSweeney e Swindell, 1999. Adaptabilidade é o motivo pelo qual a terapia de exposição funciona como tratamento para transtorno de estresse pós-traumático, ansiedade e outras condições (Marks, 1973; Foa, 2011; Rothbaum et al., 2000; Feeny, Hembree, e Zoellner, 2003).

42. Goethe, 1884, p. 75.

43. Rothschild e Keefer (2017).

44. Collins, 1993, p. 210.

45. Kaufman, 1999, p. 140; Simon, 1987.

46. Fehr e Gächter (2002); Fehr e Fischbacher (2004).

47. Dickinson e Masclet (2015).

48. Para mais evidências de que as pessoas consideram punição como substituível por outras reações à transgressão, com a finalidade de buscar satisfação, ver: J. J. Jordan et al., 2016. Há também evidência experimental mostrando que as pessoas punem de modo indiscriminado para estimular a cooperação, e o farão até mesmo para apoiar regras das quais ninguém se beneficia (Abbink et al., 2017).

49. Baier, 1965, p. 3.

50. http://www.pewinternet.org/2016/10/25/the-political-environment-on-social-media/ [Acessado em 23/07/18].

51. Loury, 1994, pp. 435-438.

52. Preoţiuc-Pietro et al. (2017).

53. Noelle-Neumann, 1993, pp. 37-57.

54. Jang, Lee e Park (2014).

55. Os argumentos desse parágrafo se baseiam na clássica defesa da liberdade de expressão por John Stuart Mill em *Sobre a Liberdade* (1989, pp. 19-55).

56. Mutz, 2006, pp. 29-33.

57. Frimer, Skitka e Motyl (2017).

58. https://www.politico.com/magazine/story/2017/12/06/the-weird-campaign-to-get-taylor-swift-to-denounce-donald-trump-215994 [Acessado em 18/03/18].

59. https://www.politico.com/magazine/story/2017/12/06/the-weird-campaign-to-get-taylor-swift-to-denounce-donald-trump-215994 [Acessado em 08/03/18].

60. Kogelmann e Wallace (2018).

61. https://www.usatoday.com/story/tech/2018/06/20/rage-giving-fuels-record-fundraising-immigrant-children/718272002/ [Acessado em 19/07/18].

62. https://www.usatoday.com/story/tech/2018/06/20/rage-giving-fuels-record-fundraising-immigrant-children/718272002/ [Acessado em 19/07/18].

## CAPÍTULO 5

1. Para uma excelente descrição psicológica de humilhação online, ver Crockett, 2017.

2. https://twitter.com/nickwiger/status/623968683807801344 [Acessado em 06/08/18].

3. Ronson, 2015, pp. 231-238.

4. Norlock (2017).

5. Sawaoka e Monin (2018).

6. Wellman, 2012, pp. 380-384.

7. Audi (2015).

8. Isenberg, 1964, p. 466.

9. Alicke et al. (2001).

10. Merritt et al. (2012).

11. https://www.nytimes.com/2018/02/03/opinion/sunday/this-is-why-uma-thurman-is-angry.html [Acessado em 03/02/18].

12. A bem da verdade, Dawkins tende a se irritar rapidamente em suas conversas com religiosos. Ver, p. ex., https://www.theguardian.com/world/2006/jan/13/religion.comment [Acessado em 06/02/18].

13. https://web.archive.org/web/20110920212327/http://seattletimes.nwsource.com/html/nationworld/2003365311_jesuscamp08.html [Acessado em 07/02/18].

14. Green et al. (2019).

15. Hardin, 1968, p. 1244.

16. Schmidtz (1994).
17. Grice (1989).
18. Hart (1955); Tosi (2018).
19. Boyd e Richerson (1992).

## CAPÍTULO 6

1. MacIntyre, 2007, pp. 181-203; Hursthouse e Pettigrove (2018).

2. A virtude também requer, entre outras coisas, que se faça a coisa certa na situação certa (ela realiza atos generosos quando é necessário) e em diversas situações (ela não será generosa apenas em casa). Ela requer também um histórico, isto é, um longo tempo fazendo a coisa certa pelos motivos certos (ela não começou hoje a agir com generosidade).

3. Defensores da visão tradicional, que também atende pelo nome de ética da virtude Aristotélica, costumam acreditar que a virtude exige "agir pelas razões certas e com as emoções certas" (Van Zyl, 2018, p. 23), com esses dois elementos em harmonia. Nossa investigação simplifica a concepção aludindo simplesmente às motivações dos agentes virtuosos. Para discussão, ver: Van Zyl, 2018, pp. 20-24; Annas, 2011, pp. 9-10; Hursthouse, 2006, pp. 101-105.

4. C. Miller, 2017, p. 151.

5. Burtt, 1990, p. 24.

6. Nós devemos o aforisma a Schmidtz, 2008, p. 187.

7. Entre os defensores da virtude consequencialista estão Hume (1998); Moore (1993); Driver (2001).

8. Essa versão da virtude consequencialista é de Julia Driver (2001), talvez o registro mais completo. Mas as coisas aqui se complicam, e os próprios defensores da virtude consequencialista discordam a respeito do que a ideia expressa. Sobre essas questões, ver: Bradley (2005).

9. Novamente, como Bradley (2005) demonstra, as coisas são bem mais complicadas do que isso, mas essa simplificação serve aos nossos propósitos.

10. *Treatise of Human Nature*, 2.2.2.9. Para uma discussão proveitosa de Hume sobre a vaidade ver: Schliesser, 2003, pp. 334-335.

11. *Treatise of Human Nature*, 3.2.2.12.

12. Hume escreve: "Um homem impressionado com um conceito elevado da sua própria posição e importância no mundo naturalmente vai se esforçar para chamar atenção para isso. Ele se considerará acima de atos ordinários ou malignos, atos que diminuam a personalidade que ele moldou em sua própria imaginação" (Hume, 2006, p. 317).

13. Agradecemos a Eric Schliesser por levantar essa questão.
14. Adam Smith, por exemplo, supõe que nós devemos aprovar a vaidade apenas quando uma pessoa se mostra vaidosa sobre alguma característica que valha a pena ser vaidoso (A. Smith, 1985, p. 255). Hume também parece restringir seu elogio à vaidade àqueles que são vaidosos quanto a ações virtuosas (Hume, 2006, p. 321).
15. Em nossos estudos, descobrimos que o *grandstanding* não está relacionado a níveis elevados de engajamento cívico. Ver Grubbs et al. (2019).
16. Para um excelente estudo sobre Nietzsche e moralidade, ver Leiter (2015).
17. Nietzsche, 1989, p. 107.
18. Hurka (2007).
19. Na visão de Nietzsche, a ascensão do cristianismo alcançou exatamente isso. Aqueles primeiros cristãos oprimidos transformaram suas características banais e impotentes em virtudes morais, tais como modéstia, humildade, pobreza, docilidade e paciência. Os opressores podiam ser nobres e poderosos, mas, depois da revolta, tornaram-se moralmente malignos. Isso porque faltavam a eles modéstia, humildade, pobreza, docilidade e paciência – justamente as qualidades que os primeiros cristãos, por uma mera coincidência, tinham. Após a reavaliação de valores, contudo, os mansos, os obedientes e os impotentes se tornaram virtuosos. A "moralidade", como a compreendemos desde a ascensão do cristianismo, frustrou, de acordo com Nietzsche, os esforços dos mais magistrais, aqueles que tentam orientar sua vida pela genialidade e criatividade. O cristianismo (assim como muitos outros modelos morais e religiosos) virou pelo avesso a verdadeira excelência e nos fez sentir culpa até mesmo por desejá-la. Os exemplos de pessoas magistrais que Nietzsche tinha em mente eram Goethe, Beethoven e o próprio Nietzsche.
20. Eric Campbell argumenta que a falta de autenticidade é um flagelo para o discurso moral, e que nós geralmente nos enganamos a respeito do que motiva nossa expressão moral (E. Campbell, 2014).
21. Hurka (2010).

## CAPÍTULO 7

1. https://www.thetimes.co.uk/article/politicians-must-stop-the-grandstanding-and-start-addressing-the-realities-dnr0w93fx [Acessado em 12/08/18].
2. https://www.washingtonpost.com/news/the-watch/wp/2018/05/11/the-protect-and-serve-act-is-political-grandstanding-over-a-nonexistent-problem-and-it-could-cause-real-harm/ [Acessado em 12/08/18].
3. https://www.bbc.com/news/av/world-us-canada-24308586/obama-attacks-republican-grandstanding [Acessado em 12/08/18].

4. https://www.nationalreview.com/bench-memos/president-obamas-grandstanding-signing-statements-ed-whelan/ [Acessado em 12/08/18].

5. Hatemi e Fazekas, 2018, p. 884.

6. Para uma discussão interessante sobre o conflito entre ativismo e busca da verdade, ver Van der Vossen (2015).

7. Os cientistas políticos demonstraram reiteradamente que o caráter é crucial na avaliação que o grande público faz dos políticos. Ver A. H. Miller, Wattenberg e Malanchuk (1986); Greene (2001); Hayes (2005); Bittner (2011); Clifford (2018).

8. http://archive.boston.com/news/nation/articles/2007/03/11/poll_character_trumps_policy_for_voters/ [Acessado em 12/08/18].

9. https://news.gallup.com/poll/12544/values-seen-most-important-characteristic-presidential-candidates.aspx [Acessado em 12/08/18].

10. http://archive.boston.com/news/nation/articles/2007/03/11/poll_character_trumps_policy_for_voters/ [Acessado em 12/08/18].

11. Kahn e Kenney (1999); Druckman, Jacobs e Ostermeier (2004).

12. Kinder (1986).

13. Bishin, Stevens e Wilson (2005).

14. Para uma crítica ao ato de votar com base no caráter ou nos valores de um político, ver J. Brennan, 2011, pp. 84–85. Para uma defesa, ver Davis (2011).

15. Muitos livros recentes sustentam que a maioria dos eleitores é desinformada sobre política, e que, portanto, as democracias muitas vezes falham em produzir governos competentes e responsáveis (Caplan, 2007; Somin, 2013; J. Brennan, 2016; Achen e Bartels, 2016).

16. https://www.nytimes.com/2018/01/20/opinion/sunday/donald-trump-political-mythbuster.html [Acessado em 05/06/19].

17. Por exemplo, no número 9 dos Artigos Federalistas, Alexander Hamilton expressa a preocupação de que instituir a democracia em larga escala (mesmo em uma comunidade do tamanho de um estado americano) resultaria, mais cedo ou mais tarde, "na nossa divisão em uma infinidade de comunidades pequenas, ciumentas, discordantes e amotinadas, viveiros miseráveis de incessante discórdia, e objetos deploráveis da piedade ou do descaso universais" (Hamilton, Madison e Jay; 2003, p. 37). Hamilton julgava que esse não seria o destino dos Estados Unidos, devido à sua estrutura descentralizada. Ver também as considerações de James Madison acerca das facções no 10º Artigo Federalista (Hamilton, Madison e Jay, 2003, pp. 40-46).

18. Vallier (2018).

19. https://www.salon.com/2014/11/20/ted_cruz_trolls_america_why_his_new_lecture_on_responsible_governance_real_chutzpah/ [Acessado em 26/02/18].

20. Ibid.
21. T. J. Ryan (2017).
22. Dahl, 1967, p. 53.
23. Kreps, Laurin and Merritt (2017).
24. Como sugerem a psicóloga Jillian Jordan e seus coautores, tendemos a odiar hipócritas porque tomamos seus pronunciamentos morais como evidência de bom caráter, e mais tarde seu comportamento revela que sua fala moral era falsa (J. Jordan et al., 2017).
25. Ver, por exemplo, http://thehill.com/opinion/katie-pavlich/255971-katie-pavlich-yes-obama-does-want-to-take-your-guns [Acessado em 13/08/18].
26. https://townhall.com/columnists/kurtschlichter/2017/02/06/the-left-hates-you-act-accordingly-n2281602 [Acessado em 18/07/18].
27. https://www.nytimes.com/2017/06/30/us/handmaids-protests-abortion.html [Acessado em 18/04/18].
28. https://www.newyorker.com/books/page-turner/we-live-in-the-reproductive-dystopia-of-the-handmaids-tale [Acessado em 18/04/18].
29. Shanto Iyengar e Masha Krupenkin mostram que, para os americanos, a hostilidade para com o partido rival é, agora, um encorajamento maior à ação política do que a identificação positiva em relação a um partido (2018).
30. http://www.nybooks.com/daily/2009/12/17/obama-and-the-rotten-compromise/ [Acessado em 24/09/18].
31. Margalit (2009).
32. Fabian Wendt considera o seguinte cenário: "Imagine que um ditador corrupto e brutal queira apoio financeiro e reconhecimento internacional, e ofereça ajuda para estabilizar a região e proteger determinada minoria. Não fechar um acordo gera grandes riscos: o ditador pode se sentir à vontade para se comportar de modo imprevisível, o que poderá levar à instabilidade e até mesmo à guerra. Levando-se em conta todas as alternativas, parece melhor tentar chegar a um acordo com ele" (Wendt, 2019, p. 2871).
33. Esse é o "teorema do eleitor médio" (Downs, 1957), que em linhas gerais diz que "o sistema eleitoral majoritário selecionará o resultado mais desejado pelo eleitor médio" (Holcombe, 2006, p. 155). A extensão da aplicabilidade do teorema ainda é matéria de debate.
34. Os cientistas políticos James Adams e Samuel Merrill argumentam que "candidatos em busca de votos são recompensados por apresentarem políticas divergentes que refletem as crenças dos eleitores inclinados a votar neles por razões não políticas". Isso acontece porque os políticos sabem que muitos eleitores se absterão se não considerarem nenhum candidato atrativo o bastante, e então esses políticos levam para suas

bases considerações tais como raça, classe e partidarismo, que não são inteiramente vinculadas às posições dos candidatos na campanha que se desenrola" (2003, p. 182).

35. Loury, 1994, p. 441.
36. Pincione e Tesón, 2011, p. 124.
37. Pincione e Tesón, 2011, p. 124.
38. G. Brennan e Lomasky, 1997, p. 16.
39. Para contribuições recentes a essa literatura, ver Caplan (2007); Somin (2013).
40. Se a leitura desse parágrafo o deixa aflito a respeito dos níveis de conhecimento dos seus colegas, você pode estar interessado em um livro sobre o caso das reformas epistocráticas. Ver J. Brennan (2016).
41. Pincione e Tesón, 2011, p. 23 (ênfase no original).
42. Nisbett e Ross, 1980, p. 45. Ver também Tuan Pham, Meyvis e Zhou (2001).
43. Ver Sloman e Fernbach, 2017, p. 185.
44. O economista Paul Krugman, que não apoia um livre mercado sem nenhum tipo de controle, explica: "A análise do controle de aluguéis está entre as questões mais bem compreendidas no mundo da economia, e – pelo menos entre economistas – é uma das menos controversas. Em 1992, uma pesquisa de opinião da American Economic Association revelou que 93% dos seus membros concordavam que 'impor um teto aos aluguéis reduz a qualidade e a quantidade de moradias'. Quase todos os livros introdutórios de economia contêm estudos de caso sobre controle de aluguéis, e usam seus conhecidos efeitos adversos para ilustrar os princípios de oferta e demanda. Aluguéis nas alturas em apartamentos sem controle porque inquilinos desesperados não têm para onde ir – e a ausência da construção de novos imóveis, apesar desses altos aluguéis, pois os proprietários temem que os controles sejam ampliados? Previsível. Relações ruins entre inquilinos e proprietários, com uma queda de braço entre estratégias cada vez mais engenhosas para forçar inquilinos a sair... e regras multiplicando-se, destinadas a anular essas estratégias? Previsível". https://www.nytimes.com/2000/06/07/opinion/reckonings-a-rent-affair.html [Acessado em 05/05/19].
45. Em 2015, o vereador de São Francisco David Campos propôs interromper a cobrança de juros sobre moradias na região de Mission para lidar com a crise de moradia da cidade. Campos ofereceu esta eloquente justificativa: "o futuro dessa vizinhança depende disso. Se não fizermos isso, perderemos o bairro de Mission. E se perdermos Mission, perderemos São Francisco. É por isso que precisamos agir. E precisamos agir agora". https://archives.sfexaminer.com/sanfrancisco/campos-to-propose-moratorium-on-market-rate-housing-in-the-mission/Content?oid=2928953 [Acessado em 11/07/18].
46. Os motivos incluem várias anomalias fetais, estupro e salvar a vida da mãe. O partido contestou o valor do orçamento, mas aparentemente não tinha base para propor

uma alternativa ao valor que tentou reduzir. https://takingnote.blogs.nytimes.com/2012/06/20/anti-abortion-grandstanding/ [Acessado em 21/04/18].

47. Vlahov e Junge (1998); Wodak e Cooney (2004).
48. Pincione e Tesón, 2011, p. 151.
49. Pincione e Tesón, 2011, p. 151.
50. Ferguson, 2012, p. 162.
51. Guido Pincione cunhou a frase "o paradoxo de solucionar problemas sociais" em uma conversa.
52. "Barrett Wilson" é um pseudônimo. https://quillette.com/2018/07/14/i-was-the-mob-until-the-mob-came-for-me/ [Acessado em 15/09/18].
53. Bashir et al., 2013, p. 625.
54. Christiano, 2008, pp. 61-63.

## CAPÍTULO 8

1. Ver Bond Jr e DePaulo (2006) para uma meta-análise da pesquisa sobre a mentira abarcando o número total de 24 mil participantes. Como observam Von Hippel e Trivers (2011), contudo, é provável que as taxas de detecção subam em situações nas quais o enganado tem uma chance de interrogar o enganador, e quando eles se conhecem.
2. Vrij, 2008. A evidência sugere que as pessoas mentem, em média, uma vez por dia (DePaulo et al., 1996).
3. Grubbs et al. (2019).
4. https://medium.com/@EamonCaddigan/accusations-of-virtue-signaling-are-fallacious-and-hypocritical-d86e9916e634 [Acessado em 27/09/18].
5. https://www.theguardian.com/commentisfree/2016/jan/20/virtue-signalling-putdown-passed-sell-by-date [Acessado em 27/09/18].
6. https://www.nytimes.com/2017/08/08/magazine/virtue-signaling-isnt-the-problem-not-believing-one-another-is.html [Acessado em 27/09/18].
7. https://www.newstatesman.com/politics/uk/2017/02/people-who-accuse-others-virtue-signalling-are-trying-stigmatise-empathy [Acessado em 27/09/18].
8. O psicólogo Nick Haslam dá a isso o nome de "concept creep" [deformação de conceito] (2016). Ele argumenta que conceitos como abuso, *bullying*, trauma, vício em drogas e preconceito tiveram seus significados exagerados entre psicólogos. Ver também Levari et al. (2018).

9. Rebecca Solnit parece ter inspirado o termo depois de chamar atenção para o fenômeno, embora ela não o tenha cunhado (Solnit, 2015, pp. 13-14).

10. https://www.nbcnews.com/news/world/prime-minister-theresa-may-accuses-labour-leader-jeremy-corbyn-mansplaining-n854641 [Acessado em 27/09/18].

11. Wilde, 1903, p. 11.

12. Latané e Rodin (1969). Ver também Latané e Darley (1970).

13. Cann e Blackwelder, 1984, p. 224.

14. L. Ross e Nisbett, 1991. Matthew Lieberman escreve: "Se um psicólogo social fosse abandonado em uma ilha deserta e só pudesse ter consigo um princípio de psicologia social, esse princípio seria inevitavelmente 'o poder da situação'" (2005, p. 746).

15. Gollwitzer e Oettingen (1998); Luszczynska, Sobczyk e Abraham (2007); Chapman, Armitage e Norman (2009).

16. Gollwitzer et al. (2009).

17. Gollwitzer et al. (2009).

18. Para uma análise extraordinária do problema da defecação a céu aberto na Índia, ver Coffey e Spears (2017).

19. Bicchieri (2016).

20. O problema na Índia deve-se principalmente à última questão. Os indianos têm consciência da teoria microbiana das doenças, mas eles acolhem crenças equivocadas sobre a frequência com que as latrinas devem ser esvaziadas, e sobre os custos de instalação de uma latrina adequada. Ver Coffey e Spears 2017, pp. 67-73.

21. Aikin e Talisse, 2013. Essa discussão provém de https://news.vanderbilt.edu/vanderbiltmagazine/how-to-argue-advice-from-robert-talisse-and-scott-aikin/ [Acessado em 23/08/18].

22. Os psicólogos chamam a isso de "erro fundamental de atribuição" (L. Ross e Nisbett, 1991).

23. Fullinwider, 2005, p. 110). Ver também Radzik (2012).

24. Bicchieri, 2016, p. 124. Ver também Pascale, Sternin e Sternin (2010).

25. Elias, 2000, p. 122.

26. Elias, 2000, p. 73.

27. Elias, 2000, p. 73.

28. Elias, 2000, p. 67.

# BIBLIOGRAFIA

AALBERG, Toril; STRÖMBÄCK, Jesper; VREESE, Claes H. de. "The Framing of Politics as Strategy and Game: A Review of Concepts, Operationalizations and Key Findings". In: *Journalism*, v. 13, n. 2, pp. 162–178, 2012. https://doi.org/10.1177/1464884911427799.

ABBINK, Klaus; GANGADHARAN, Lata; HANDFIELD, Toby; THRASHER, John. "Peer Punishment Promotes Enforcement of Bad Social Norms". In: *Nature Communications*, v. 8, n. 1, pp. 609, 2017. https://doi.org/10.1038/s41467-017-00731-0.

ACHEN, Christopher; BARTELS, Larry. *Democracy for Realists: Why Elections Do Not Produce Responsive Government*. Princeton, NJ: Princeton University Press, 2016.

ADAMS, James; MERRILL, Samuel. "Voter Turnout and Candidate Strategies in American Elections". In: *The Journal of Politics*, v. 65, n. 1, pp. 161-189. 2003. https://doi.org/10.1111/1468-2508.t01-1-00008.

ADELSON, Rachel. "Detecting Deception". In: *APA Monitor on Psychology*, v. 35, n. 7, pp. 70-71, 2004.

AESOP; CROXALL, Samuel. In: *The Fables of Aesop, with Instructive Applications*. Halifax: William Milner, 1843.

AHLER, Douglas J.; SOOD, Gaurav. "The Parties in Our Heads: Misperceptions about Party Composition and Their Consequences". In: *The Journal of Politics*, v. 80, n. 3, pp. 964-981, 2018. https://doi.org/10.1086/697253.

AIKIN, Scott F.; TALISSE, Robert B. *Why We Argue (And How We Should, pp. A Guide to Political Disagreement)*. Nova York: Routledge. 2013.

ALICKE, Mark D.; VREDENBURG, Debbie S.; HIATT, Matthew; GOVORUN, Olesya. "The 'Better Than Myself Effect'". In: *Motivation and Emotion*, v. 25, n. 1, pp. 7-22, 2001. https://doi.org/10.1023/A:1010655705069.

ALLISON, Scott T.; MESSICK, David M.; GOETHALS, George R. "On Being Better but Not Smarter Than Others: The Muhammad Ali Effect". In: *Social Cognition*, v. 7, n. 3, pp. 275-295, 1989. https://doi.org/10.1521/soco.1989.7.3.275.

ANDERSEN, Hans Christian. *Andersen's Fairy Tales*. Ware, Hertfordshire: Wordsworth Editions, 1993.

ANNAS, Julia. *Intelligent Virtue*. Oxford: Oxford University Press, 2011.

ASCH, Solomon E. "Studies of Independence and Conformity: A Minority of One Against a Unanimous Majority". In: *Psychological Monographs: General and Applied*, v. 70, n. 9, pp. 1-70. 1956.

AUDI, Robert. *Means, Ends, and Persons: The Meaning and Psychological Dimensions of Kant's Humanity Formula*. Oxford: Oxford University Press, 2015.

AUSTIN, Erica Weintraub; PINKLETON, Bruce E. "Positive and Negative Effects of Political Disaffection on the Less Experienced Voter". In: *Journal of Broadcasting & Electronic Media*, v. 39, n. 2, pp. 215-235, 1995. https://doi.org/10.1080/08838159509364300.

AUSTIN, Erica Weintraub; PINKLETON, Bruce E. "The Relation Between Media Content Evaluations and Political Disaffection". In: *Mass Communication and Society*, v. 2, n. 3-4, pp. 105-122, 1999. https://doi.org/10.1080/15205436.1999.9677867.

BAIER, Kurt. *The Moral Point of View: A Rational Basis of Ethics*. Abridged. Nova York: Random House, 1965.

BASHIR, Nadia Y.; LOCKWOOD, Penelope; CHASTEEN, Alison L.; NADOLNY, Daniel; NOYES, Indra. "The Ironic Impact of Activists: Negative Stereotypes Reduce Social Change Influence". In: *European Journal of Social Psychology*, v. 43, n. 7, pp. 614-626. 2013. https://doi.org/10.1002/ejsp.1983.

BENNETT, Stephen Earl. *Apathy in America, 1960-1984: Causes and Consequences of Citizen Political Indifference*. Dobbs Ferry, NY: Transnational Publishers, 1986.

BERRY, Jeffrey M.; SOBIERAJ, Sarah. *The Outrage Industry: Political Opinion Media and the New Incivility*. Oxford: Oxford University Press, 2014.

BICCHIERI, Cristina. *Norms in the Wild: How to Diagnose, Measure, and Change Social Norms*. Nova York: Oxford University Press, 2016.

BISHIN, Benjamin G.; STEVENS, Daniel; WILSON, Christian. "Truth or Consequences?: Character and Swing Voters in the 2000 Election". In: *Public Integrity*, v. 7, n. 2, pp. 129-146. 2005. https://doi.org/10.1080/10999922.2005.11051273.

BITTNER, Amanda. *Platform or Personality?: The Role of Party Leaders in Elections*. Nova York: Oxford University Press, 2011.

BOND Jr, Charles F.; DEPAULO, Bella M. "Accuracy of Deception Judgments". In: *Personality and Social Psychology Review*, v. 10, n. 3, pp. 214-234, 2006.

BOND, Rod; SMITH, Peter B. "Culture and Conformity: A Meta-Analysis of Studies Using Asch's Line Judgment Task". In: *Psychological Bulletin*, v. 119, n. 1, pp. 111-137, 1996. https://doi.org/10.1037/0033-2909.119.1.111.

BOYD, Robert; RICHERSON, Peter J. "Punishment Allows the Evolution of Cooperation (or Anything Else) in Sizable Groups". In: *Ethology and Sociobiology*, v. 13 n. 3, pp. 171-195, 1992. https://doi.org/10.1016/0162-3095(92)90032-Y.

BRADLEY, Ben. "Virtue Consequentialism". In: *Utilitas*, v. 17, n. 3, pp. 282-298. 2005. https://doi.org/10.1017/S0953820805001652.

BRENNAN, Geoffrey; LOMASKY, Loren. *Democracy and Decision: The Pure Theory of Electoral Preference*. Cambridge, UK: Cambridge University Press, 1997.

BRENNAN, Jason. *The Ethics of Voting*. Princeton, NJ: Princeton University Press, 2011.

BRENNAN, Jason. *Against Democracy*. Princeton, NJ: Princeton University Press, 2016. https://press.princeton.edu/titles/10843.html.

BROWN, Jonathon D. "Understanding the Better Than Average Effect: Motives (Still) Matter". In: *Personality and Social Psychology Bulletin*, v. 38, n. 2, pp. 209-219, 2012. https://doi.org/10.1177/0146167211432763.

BURTT, Shelley. "The Good Citizen's Psyche: On the Psychology of Civic Virtue". In: *Polity*, v. 23, n. 1, pp. 23-38, 1990. https://doi.org/10.2307/3235141.

BUSS, David M.; DEDDEN, Lisa A. "Derogation of Competitors". In: *Journal of Social and Personal Relationships*, v. 7, n. 3, pp. 395-422, 1990.

CAMPBELL, Eric. "Breakdown of Moral Judgment". In: *Ethics*, v. 124, n. 3, pp. 447-480, 2014. https://doi.org/10.1086/674845.

CAMPBELL, James E. *Polarized: Making Sense of a Divided America*. Princeton, NJ: Princeton University Press, 2016. https://press.princeton.edu/titles/10846.html.

CANN, Arnie; BLACKWELDER, Jill Goodman. "Compliance and Mood: A Field Investigation of the Impact of Embarrassment". In: *The Journal of Psychology*, v. 117, n. 2, pp. 221-226, 1984. https://doi.org/10.1080/00223980.1984.9923681.

CAPLAN, Bryan. *The Myth of the Rational Voter: Why Democracies Choose Bad Policies*. Princeton, NJ: Princeton University Press, 2007.

CAPLAN, Bryan. *The Case Against Education: Why the Education System Is a Waste of Time and Money*. Princeton, NJ: Princeton University Press, 2018.

CAPPELLA, Joseph N.; JAMIESON, Kathleen Hall. *Spiral of Cynicism: The Press and the Public Good*. Nova York: Oxford University Press, 1997.

CHAPMAN, Janine; ARMITAGE, Christopher J.; NORMAN, Paul. "Comparing Implementation Intention Interventions in Relation to Young Adults' Intake of Fruit and Vegetables". In: *Psychology and Health*, v. 24, n. 3, pp. 317-332, 2009.

CHENG, Joey T.; HENRICH, Joseph; TRACY, Jessica L. "Pride, Personality, and the Evolutionary Foundations of Human Social Status". In: *Evolution and Human Behavior*, v. 31, n. 5, pp. 334-347, 2010. https://doi.org/10.1016/j.evolhumbehav.2010.02.004.

CHRISTIANO, Thomas. *The Constitution of Equality: Democratic Authority and Its Limits*. Oxford: Oxford University Press, 2008.

CLIFFORD, Scott. "Reassessing the Structure of Presidential Character". In: *Electoral Studies*,

v. 54, pp. 240-247, ago 2018. https://doi.org/10.1016/j.electstud.2018.04.006.

COFFEY, Diane; SPEARS, Dean. *Where India Goes: Abandoned Toilets, Stunted Development and the Costs of Caste*. Noida, Uttar Pradesh: HarperCollins India, 2017.

COLLINS, Randall. "Emotional Energy as the Common Denominator of Rational Action". In: *Rationality and Society*, v. 5, n. 2, pp. 203-230, 1993. https://doi.org/10.1177/1043463193005002005.

Crockett, M. J. "Moral Outrage in the Digital Age". In: *Nature Human Behaviour*, v. 1, n. 11, p. 769, 2017. https://doi.org/10.1038/s41562-017-0213-3.

CROSS, K. Patricia. "Not Can, but Will College Teaching Be Improved?". In: *New Directions for Higher Education*, v. 17, pp. 1-15, 1977. https://doi.org/10.1002/he.36919771703.

DAHL, Robert Alan. *Pluralist Democracy in the United States: Conflict and Consent*. Chicago: Rand McNally, 1967.

DAVIS, Ryan W. "A Moral Defense of the 'Moral Values' Voter". In: *Political Studies*, v. 59, n. 4, pp. 996-1016, 2011. https://doi.org/10.1111/j.1467-9248.2011.00888.x.2011.

DEPAULO, Bella M.; KASHY, Deborah A.; KIRKENDOL, Susan E.; WYER, Melissa M.; EPSTEIN, Jennifer A. "Lying in Everyday Life". In: *Journal of Personality and Social Psychology*, v. 70, n. 5, pp. 979-995, 1996. https://doi.org/10.1037/0022-3514.70.5.979.

DICKINSON, David L.; MASCLET, David. "Emotion Venting and Punishment in Public Good Experiments". In: *Journal of Public Economics*, v. 122, pp. 55-67, fev 2015. https://doi.org/10.1016/j.jpubeco.2014.10.008.

DOWNS, Anthony. *An Economic Theory of Democracy*. Nova York: Harper, 1957.

DRIVER, Julia. *Uneasy Virtue*. Cambridge, UK: Cambridge University Press, 2001.

DRIVER, Julia. "Moralism". In: *Journal of Applied Philosophy*, v. 22, n. 2, pp. 137-151, 2005. https://doi.org/10.1111/j.1468-5930.2005.00298.x.

DRUCKMAN, James N.; JACOBS, Lawrence R.; OSTERMEIER, Eric. "Candidate Strategies to Prime Issues and Image". In: *The Journal of Politics*, v. 66, n. 4, pp. 1180-1202, 2004.

DUNNING, David. "False Moral Superiority". In: MILLER, Arthur G. (Org.). *The Social Psychology of Good and Evil*, 2a ed., pp. 171-184. Nova York: The Guilford Press, 2016.

ELIAS, Norbert. *The Civilizing Process: Sociogenetic and Psychogenetic Investigations*. 2a ed. Malden, MA: Wiley, 2000.

EPLEY, Nicholas; DUNNING, David. "Feeling 'Holier Than Thou': Are Self-Serving Assessments Produced by Errors in Self-or Social Prediction?". In: *Journal of Personality and Social Psychology*, v. 79, n. 6, pp. 861-875, 2000.

EPSTEIN, Seymour. "Expectancy and Magnitude of Reaction to a Noxious UCS". In: *Psychophysiology*, v. 10, n. 1, pp. 100-107, 1973. https://doi.org/10.1111/j.1469-8986.1973.tb01091.x.

FEENY, Norah C.; HEMBREE, Elizabeth A.; ZOELLNER, Lori A. "Myths Regarding Exposure Therapy for PTSD". In: *Cognitive and Behavioral Practice*, v. 10, n. 1, pp. 85–90, 2003. https://doi.org/10.1016/S1077-7229(03)80011-1.

FEHR, Ernst; FISCHBACHER, Urs. "Third-Party Punishment and Social Norms". *Evolution and Human Behavior*, v. 25, n. 2, pp. 63-87, 2004. https://doi.org/10.1016/S1090-5138(04)00005-4.

FEHR, Ernst; GÄCHTER, Simon. "Altruistic Punishment in Humans". In: *Nature*, v. 415, pp. 137-40, jan 2002.

FERGUSON, Michaele L. *Sharing Democracy*. Nova York: Oxford University Press, 2012.

FERNBACH, Philip M.; ROGERS, Todd; FOX, Craig R.; SLOMAN, Steven A. "Political Extremism Is Supported by an Illusion of Understanding". In: *Psychological Science*, v. 24, n. 6, pp. 939-946, 2013. https://doi.org/10.1177/0956797612464058.

FESTINGER, Leon. "A Theory of Social Comparison Processes". In: *Human Relations*, v. 7, n. 2, pp. 117-140, 1954.

FETCHENHAUER, Detlev; DUNNING, David. "Perception of Prosociality in Self and Others". In: FETCHENHAUER, Detlev et al. (Orgs.). *Solidarity and Prosocial Behavior: An Integration of Psychological and Sociological Perspectives*, pp. 61–76. Nova York: Kluwer Academic /Plenum Publishers, 2006. https://www.rug.nl/research/portal/en/publications/perception-of-prosociality-in-self-and-others(5e1deb73-d787-41b-7-8b61-65472d68a940).html.

FIELDS, James M.; SCHUMAN, Howard. "Public Beliefs About the Beliefs of the Public". In: *Public Opinion Quarterly*, v. 40, n. 4, pp. 427-448, 1976. https://doi.org/10.1086/268330.

FIORINA, Morris P. *Unstable Majorities: Polarization, Party Sorting, and Political Stalemate*. Stanford, CA: Hoover Institution Press, 2017.

FIORINA, Morris P.; ABRAMS, Samuel. "Where's the Polarization?" In: NIEMI, Richard G. et al. (Orgs.). *Controversies in Voting Behavior*. 5a ed., pp. 309-318. Washington, DC: CQ Press, 2010.

FOA, Edna B. "Prolonged Exposure Therapy: Past, Present, and Future". In: *Depression and Anxiety*, v. 28, n. 12, pp. 1043-1047, 2011. https://doi.org/10.1002/da.20907.

FRANKFURT, Harry G. "On Bullshit". In: *The Importance of What We Care About: Philosophical Essays*, pp. 117-133. Cambridge, UK: Cambridge University Press, 1988.

FRIJDA, Nico H. *The Laws of Emotion*. Mahwah, NJ: Psychology Press, 2006.

FRIMER, Jeremy A.; SKITKA, Linda J.; MOTYL, Matt. "Liberals and Conservatives Are Similarly Motivated to Avoid Exposure to One Another's Opinions". In: *Journal of Experimental Social Psychology*, v. 72, pp. 1-12, 2017. https://doi.org/10.1016/j.jesp.2017.04.003.

FULLINWIDER, Robert K. "On Moralism". In: *Journal of Applied Philosophy*, v. 22, n. 2, pp. 105-120, 2005.

GOETHALS, George R. "Social Comparison Theory: Psychology from the Lost and Found". In: *Personality and Social Psychology Bulletin*, v. 12, n. 3, pp. 261-278, 1986. https://doi.org/10.1177/0146167286123001.

GOETHALS, George R.; MESSICK, David M.; ALLISON, Scott T. "The Uniqueness Bias: Studies of Constructive Social Comparison". In: SULS, Jerry; WILLS, Thomas Ashby (Orgs.). *Social Comparison: Contemporary Theory and Research*, pp. 149-176. Hillsdale, NJ: Erlbaum, 1991.

GOETHE, Johann Wolfgang von. *The Sorrows of Werther: Elective Affinities and a Nouvelette*. Tradução de R. Dillon Boylan. Boston: S. E. Cassino, 1884.

GOFFMAN, Erving. *The Presentation of Self in Everyday Life*. Nova York: Anchor, 1959.

GOLLWITZER, Peter M.; OETTINGEN, Gabriele. "The Emergence and Implementation of Health Goals". In: *Psychology and Health*, v. 13, n. 4, pp. 687-715, 1998.

GOLLWITZER, Peter M.; WIEBER, Frank; MYERS, Andrea L.; MCCREA, Sean M. "How to Maximize Implementation Intention Effects". In: AGNEW, Christopher R. et al. (Orgs.), *Then A Miracle Occurs: Focusing on Behavior in Social Psychological Theory and Research*, pp. 137-161. Oxford: Oxford University Press, 2009. http://www.oxfordscholarship.com/view/10.1093/acprof:oso/9780195377798.001.0001/acprof-9780195377798-chapter-8.

GRAHAM, Jesse; NOSEK, Brian A.; HAIDT, Jonathan. "The Moral Stereotypes of Liberals and Conservatives: Exaggeration of Differences across the Political Spectrum". In: *PLOS ONE*, v. 7, n. 12, e50092, 2012. https://doi.org/10.1371/journal.pone.0050092.

GREEN, Jeffrey D.; SEDIKIDES, Constantine; TONGEREN, Daryl R. Van; BEHLER Anna M. C.; BARBER, Jessica M. "Self-Enhancement, Righteous Anger, and Moral Grandiosity". In: *Self and Identity*, v. 18, n. 2, pp. 201–216, 2019. https://doi.org/10.1080/15298868.2017.1419504.

GREENE, Steven. "The Role of Character Assessments in Presidential Approval". In: *American Politics Research*, v. 29, n. 2, pp. 196-210, 2001.

GRICE, H. Paul. "Logic and Conversation". In: *Studies in the Way of Words*, pp. 22-40. Cambridge, MA: Harvard University Press, 1989.

GROENENDYK, Eric. "Competing Motives in a Polarized Electorate: Political Responsiveness, Identity Defensiveness, and the Rise of Partisan Antipathy". In: *Political Psychology*, v. 39, pp. 159-171, 2018. https://doi.org/10.1111/pops.12481.

GRUBBS, Joshua B.; WARMKE, Brandon; TOSI, Justin; JAMES, A. Shanti; CAMPBELL, W. Keith. "Moral Grandstanding in Public Discourse: Status-Seeking Motives as a Potential Explanatory Mechanism in Predicting Conflict". Preprint, PsyArXiv, 2019. https://doi.org/10.31234/osf.io/gnaj5.

HAIDT, Jonathan. *The Righteous Mind: Why Good People Are Divided by Politics and Religion*. Nova York: Vintage, 2012.

HAMILTON, Alexander; MADISON, James; JAY, John; BALL, Terence (Org.). *The Federalist: With Letters of Brutus*. Cambridge, UK: Cambridge University Press, 2003.

HARDIN, Garrett. "The Tragedy of the Commons". In: *Science*, v. 162, n. 3859, pp. 1243-1248, 1968. https://doi.org/10.1126/science.162.3859.1243.

HART, H. L. A. "Are There Any Natural Rights?". In: *Philosophical Review*, v. 64, pp. 175-191, 1955.

HASLAM, Nick. "Concept Creep: Psychology's Expanding Concepts of Harm and Pathology". In: *Psychological Inquiry*, v. 27, n. 1, pp. 1-17, 2016. https://doi.org/10.1080/1047840X.2016.1082418.

HATEMI, Peter K.; FAZEKAS, Zoltán. "Narcissism and Political Orientations". In: *American Journal of Political Science*, v. 62, n. 4, pp. 873-888, 2018. https://doi.org/10.1111/ajps.12380.

HAYES, Danny. "Candidate Qualities through a Partisan Lens: A Theory of Trait Ownership". In: *American Journal of Political Science*, v. 49, n. 4, pp. 908-923, 2005.

HECK, Patrick R.; e KRUEGER, Joachim I. "Social Perception of Self-Enhancement Bias and Error". *Social Psychology*, v. 47, n. 6, pp. 327-339, 2016. https://doi.org/10.1027/1864-9335/a000287.

HENRICH, Joseph. *The Secret of Our Success*. Princeton, NJ: Princeton University Press, 2015. https://press.princeton.edu/titles/10543.html.

HIPPEL, William von; TRIVERS, Robert. "The Evolution and Psychology of Self-Deception". In: *Behavioral and Brain Sciences*, v. 34, n. 1, pp. 1-16, 2011. https://doi.org/10.1017/S0140525X10001354.

HOLCOMBE, Randall G. *Public Sector Economics: The Role of Government in the American Economy*. Upper Saddle River, NJ: Pearson, 2006.

HONTS, Charles R.; KIRCHER, John C. "Mental and Physical Countermeasures Reduce the Accuracy of Polygraph Tests". In: *Journal of Applied Psychology*, v. 79, n. 2, pp. 252-259, 1994. https://doi.org/10.1037/0021-9010.79.2.252.

HOPKINS, David A. *Red Fighting Blue: How Geography and Electoral Rules Polarize American Politics*. Cambridge, UK: Cambridge University Press, 2017.

HUME, David. *An Enquiry Concerning the Principles of Morals*. Nova York: Oxford University Press, 1998.

HUME, David. *Moral Philosophy*. Indianapolis: Hackett, 2006.

HURKA, Thomas. "Nietzsche: Perfectionist". In: LEITER, Brian; SINHABABU, Neil (Orgs.). *Nietzsche and Morality*, pp. 9-31. Nova York: Oxford University Press, 2007.

HURKA, Thomas. *The Best Things in Life: A Guide to What Really Matters*. Nova York: Oxford University Press, 2010.

HURSTHOUSE, Rosalind. "Are Virtues the Proper Starting Point for Morality?" In: DREIER, James (Org.). *Contemporary Debates in Moral Theory*, pp. 99-112. Malden, MA: Blackwell, 2006.

HURSTHOUSE, Rosalind; PETTIGROVE, Glen. "Virtue Ethics". In: ZALTA, Edward N. *The Stanford Encyclopedia of Philosophy*. Metaphysics Research Lab, Stanford University, 2018. https://plato.stanford.edu/archives/win2018/entries/ethics-virtue/.

ISENBERG, Arnold. "Deontology and the Ethics of Lying". In: *Philosophy and Phenomenological Research*, v. 24, n. 4, pp. 463-480, 1964.

IYENGAR, Shanto; KRUPENKIN, Masha. "The Strengthening of Partisan Affect". In: *Political Psychology*, v. 39, n. S1, pp. 201-218, 2018. https://doi.org/10.1111/pops.12487.

JAMIE, Gabriel A. "Signals, Cues and the Nature of Mimicry". In: *Proceedings of the Royal Society B: Biological Sciences*, v. 284, n. 1849, 2017. https://doi.org/10.1098/rspb.2016.2080.

JAMIESON, Kathleen Hall. *Dirty Politics: Deception, Distraction, and Democracy*. Nova York: Oxford University Press, 1992.

JANG, S. Mo; LEE, Hoon; PARK, Yong Jin. "The More Friends, the Less Political Talk? Predictors of Facebook Discussions Among College Students". In: *Cyberpsychology, Behavior, and Social Networking*, v. 17, n. 5, pp. 271-275, 2014. https://doi.org/10.1089/cyber.2013.0477.

JORDAN, Jillian J.; HOFFMAN, Moshe; BLOOM, Paul; RAND, David G. "Third-Party Punishment as a Costly Signal of Trustworthiness". *Nature*, v. 530, n. 7591, p. 473, 2016. https://doi.org/10.1038/nature16981.

JORDAN, Jillian; SOMMERS, Roseanna; BLOOM, Paul; RAND, David. "Why Do We Hate Hypocrites? Evidence for a Theory of False Signaling". Rochester, NY: Social Science Research Network, 2017. https://papers.ssrn.com/abstract=2897313.

KAHN, Kim Fridkin; KENNEY, Patrick J. *The Spectacle of US Senate Campaigns*. Princeton, NJ: Princeton University Press, 1999.

KALMOE, Nathan P.; MASON, Lilliana. "Lethal Mass Partisanship: Prevalence, Correlates, & Electoral Contingencies". In: Encontro Anual da Associação de Ciência Política Americana de 2018, Boston, 2018.

KAUFMAN, Bruce E. "Emotional Arousal as a Source of Bounded Rationality". In: *Journal of Economic Behavior & Organization*, v. 38, n. 2, pp. 135-44, 1999. https://doi.org/10.1016/S0167-2681(99)00002-5.

KELLY, Michael J. *Play Ball: Stories of the Ball Field*. Boston: Emery and Hughes, 1888.

KENNEDY, Jessica; SCHWEITZER, Maurice E. "Holding People Responsible for

Ethical Violations: The Surprising Benefits of Accusing Others". In: *Academy of Management Proceedings*, v. 1, pp. 112-158, 2015. https://doi.org/10.5465/ambpp.2015.11258abstract.

KINDER, Donald. "Presidential Character Revisited". In: LAU, Richard; SEARS, David. *Political Cognition*, pp. 233-256. Hillsdale, NJ: Erlbaum, 1986.

KLEIN, Nadav; EPLEY, Nicholas. "Maybe Holier, but Definitely Less Evil, than You: Bounded Self-Righteousness in Social Judgment". In: *Journal of Personality and Social Psychology* 110, n. 5, p. 660, 2016.

KLEIN, Nadav; EPLEY, Nicholas. "Less Evil Than You: Bounded Self-Righteousness in Character Inferences, Emotional Reactions, and Behavioral Extremes". In: *Personality and Social Psychology Bulletin*, v. 43, n. 8, pp. 1202-1212, 2017. https://doi.org/10.1177/0146167217711918.

KOGELMANN, Brian; WALLACE, Robert H. "Moral Diversity and Moral Responsibility". In: *Journal of the American Philosophical Association*, v. 4, n. 3, pp. 371-389, 2018.

KREPS, Tamar A.; LAURIN, Kristin; MERRITT, Anna C. "Hypocritical Flip-Flop, or Courageous Evolution? When Leaders Change Their Moral Minds". In: *Journal of Personality and Social Psychology*, v. 113, n. 5, pp. 730-752, 2017. https://doi.org/10.1037/pspi0000103.

KRUGER, Justin; GILOVICH, Thomas. "'Naive Cynicism' in Everyday Theories of Responsibility Assessment: On Biased Assumptions of Bias". In: *Journal of Personality and Social Psychology*, v. 76, n. 5, pp. 743-753, 1999. https://doi.org/10.1037/0022-3514.76.5.743.

KURAN, Timur. *Private Truths, Public Lies: The Social Consequences of Preference Falsification*. Cambridge, MA: Harvard University Press, 1995.

LANGE, Paul A. M. van; SEDIKIDES, Constantine. "Being More Honest but Not Necessarily More Intelligent than Others: Generality and Explanations for the Muhammad Ali Effect". In: *European Journal of Social Psychology*, v. 28, n. 4, pp. 675-680, 1998. https://doi.org/10.1002/(SICI)1099-0992(199807/08)28:4<675::AID-EJSP883>3.0.CO;2-5.

LATANÉ, Bibb; DARLEY, John M. *The Unresponsive Bystander: Why Doesn't He Help?* Nova York: Appleton-Century Crofts, 1970.

LATANÉ, Bibb; RODIN, Judith. "A Lady in Distress: Inhibiting Effects of Friends and Strangers on Bystander Intervention". In: *Journal of Experimental Social Psychology*, v. 5, n. 2, pp. 189-202, 1969. https://doi.org/10.1016/0022-1031(69)90046-8.

LAURENT, Sean M.; CLARK, Brian A. M.; WALKER, Stephannie; WISEMAN, Kimberly D. "Punishing Hypocrisy: The Roles of Hypocrisy and Moral Emotions in Deciding Culpability and Punishment of Criminal and Civil Moral Transgressors". *Cognition & Emotion*, v. 28, n. 1, pp. 59-83, 2014. https://doi.org/10.1080/02699931.2013.801339.

LEARY, Mark R.; KOWALSKI, Robin M. "Impression Management: A Literature Review and Two-Component Model". In: *Psychological Bulletin*, v. 107, n. 1, pp. 34-47, 1990.

https://doi.org/10.1037/0033-2909.107.1.34.

LEITER, Brian. *Nietzsche on Morality*. 2a ed. Londres: Routledge, 2015.

LEVARI, David E.; GILBERT, Daniel T.; WILSON, Timothy D.; SIEVERS, Beau; AMODIO, David M.; WHEATLEY, Thalia. "Prevalence-Induced Concept Change in Human Judgment". In: *Science*, v. 360, n. 6396, pp. 1465-1467, 2018. https://doi.org/10.1126/science.aap8731.

LIEBERMAN, Matthew D. "Principles, Processes, and Puzzles of Social Cognition: An Introduction for the Special Issue on Social Cognitive Neuroscience". In: *NeuroImage*, v. 28, n. 4, pp. 745-756, 2005. https://doi.org/10.1016/j.neuroimage.2005.07.028.

LIU, Ying. "Investigating the Relation between Moral Self-Enhancement and Self-Deception: A Cross-Cultural Study of U.S. and Chinese College Students". In: *Dissertations*, v. 279, dez 2013. https://irl.umsl.edu/dissertation/279.

LOURY, Glenn C. "Self-Censorship in Public Discourse: A Theory of 'Political Correctness' and Related Phenomena". In: *Rationality and Society* 6, n. 4, pp. 428-461, 1994.

LUSKIN, Robert C.; SOOD, Gaurav; FISHKIN, James S.; HAHN, Kyu S. "Deliberative Distortions? Homogenization, Polarization, and Domination in Small Group Deliberations". Inédito.

LUSZCZYNSKA, Aleksandra; SOBCZYK, Anna; ABRAHAM, Charles. "Planning to Lose Weight: Randomized Controlled Trial of an Implementation Intention Prompt to Enhance Weight Reduction among Overweight and Obese Women". In: *Health Psychology*, v. 26, n. 4, pp. 507-512, 2007.

MACINTYRE, Alasdair. *After Virtue: A Study in Moral Theory, Third Edition*. 3a ed. Notre Dame, IN: University of Notre Dame Press, 2007.

MARGALIT, Avishai. *On Compromise and Rotten Compromises*. Princeton, NJ: Princeton University Press, 2009.

MARKS, Isaac M. "Reduction of Fear: Towards a Unifying Theory". In: *Canadian Psychiatric Association Journal*, v. 18, n. 1, pp. 9-12, 1973. https://doi.org/10.1177/070674377301800103.

MARQUES, José M.; YZERBYT, Vincent Y.; LEYENS, Jacques-Philippe. "The 'Black Sheep Effect': Extremity of Judgments towards Ingroup Members as a Function of Group Identification". In: *European Journal of Social Psychology*, v. 18, n. 1, pp. 1-16, 1988. https://doi.org/10.1002/ejsp.2420180102.

MASON, Lilliana. *Uncivil Agreement*. Chicago: Chicago University Press, 2018. https://www.press.uchicago.edu/ucp/books/book/chicago/U/bo27527354.html.

MCGRATH, Robert. "Character Strengths in 75 Nations: An Update". In: *The Journal of Positive Psychology*, v. 10, pp. 41-52, 2015. https://doi.org/10.1080/17439760.2014.888580.

MCSWEENEY, Frances K.; SWINDELL, Samantha. "General-Process Theories of Motivation Revisited: The Role of Habituation". In: *Psychological Bulletin*, v. 125, n. 4, p. 437, 1999.

MERRITT, Anna C.; EFFRON, Daniel A.; FEIN, Steven; SAVITSKY, Kenneth K.; TULLER, Daniel M.; MONIN, Benoît. "The Strategic Pursuit of Moral Credentials". In: *Journal of Experimental Social Psychology*, v. 48, n. 3, pp. 774-777, 2012. https://doi.org/10.1016/j.jesp.2011.12.017.

MILL, John Stuart. *On Liberty and Other Writings*. Cambridge, UK: Cambridge University Press, 1989.

MILL, John Stuart. *Utilitarianism: With Related Remarks from Mill's Other Writings*. Indianapolis: Hackett, 2017.

MILLER, Arthur H.; WATTENBERG, Martin P.; MALANCHUK, Oksana. "Schematic Assessments of Presidential Candidates". *American Political Science Review*, v. 80, n. 2, pp. 521-540, 1986.

MILLER, Christian. *The Character Gap: How Good Are We?* Oxford: Oxford University Press, 2017.

MOLIERE, Jean-Baptiste Poquelin. *The Misanthrope*. Tradução de Ranjit Bolt. Londres: Oberon Books, 2008. https://books.google.com/books?id=eTd4nzL7Sj0C.

MÖLLER, Jens; SAVYON, Karel. "Not Very Smart, Thus Moral: Dimensional Comparisons Between Academic Self-Concept and Honesty". In: *Social Psychology of Education*, v. 6, n. 2, pp. 95-106, 2003. https://doi.org/10.1023/A:1023247910033.

MOORE, G. E. *Principia Ethica*. Cambridge, UK: Cambridge University Press, 1993.

MULLEN, Elizabeth; SKITKA, Linda J. "When Outcomes Prompt Criticism of Procedures: An Analysis of the Rodney King Case". In: *Analyses of Social Issues and Public Policy*, v. 6, n. 1, pp. 1-14, 2006. https://doi.org/10.1111/j.1530-2415.2006.00100.x.

MUTZ, Diana C. *Hearing the Other Side: Deliberative versus Participatory Democracy*. Cambridge, UK: Cambridge University Press, 2006.

NIETZSCHE, Friedrich. *On the Genealogy of Morals and Ecce Homo*. Editado por Walter Kaufmann. Reeditado. Nova York: Vintage, 1989.

NISBETT, Richard E.; ROSS, Lee. *Human Inference: Strategies and Shortcomings of Social Judgment*. Englewood Cliffs, NJ: Prentice-Hall, 1980.

NISBETT, Richard E.; WILSON, Timothy D. "Telling More Than We Can Know: Verbal Reports on Mental Processes". *Psychological Review*, v. 84, n. 3, pp. 231-259, 1977. https://doi.org/10.1037/0033-295X.84.3.231.

NOELLE-NEUMANN, Elisabeth. *The Spiral of Silence: Public Opinion— Our Social Skin*. 2a ed. Chicago: University of Chicago Press, 1993.

NORLOCK, Kathryn J. "Online Shaming". In: *Social Philosophy Today*, v. 33, pp. 187-197, jun 2017. https://doi.org/10.5840/socphiltoday201762343.

NORRIS, Robert S.; KRISTENSEN, Hans M. "Global Nuclear Stockpiles, 1945-2006". In: *Bulletin of the Atomic Scientists* v. 62, n. 4, pp. 64-66, 2006. https://doi.org/10.2968/062004017.

NOZICK, Robert. *The Examined Life: Philosophical Meditations.* Nova York: Simon & Schuster, 1990.

OLIVER, J. Eric; WOOD, Thomas J. "Conspiracy Theories and the Paranoid Style(s) of Mass Opinion". In: *American Journal of Political Science*, v. 58, n. 4, pp. 952-966, 2014.

PASCALE, Richard; STERNIN, Jerry; STERNIN, Monique. *The Power of Positive Deviance: How Unlikely Innovators Solve the World's Toughest Problems.* 1a ed. Boston: Harvard Business Review Press, 2010.

PINCIONE, Guido; TESÓN, Fernando R. *Rational Choice and Democratic Deliberation: A Theory of Discourse Failure.* Nova York: Cambridge University Press, 2011.

PINKER, Steven; NOWAK, Martin A.; LEE, James J. "The Logic of Indirect Speech". *Proceedings of the National Academy of Sciences* v. 105, n. 3, pp. 833-838, 2008. https://doi.org/10.1073/pnas.0707192105.

PINTO, Isabel R.; MARQUES, José M.; LEVINE, John M.; ABRAMS, Dominic. "Membership Status and Subjective Group Dynamics: Who Triggers the Black Sheep Effect?" In: *Journal of Personality and Social Psychology*, v. 99, n. 1, pp. 107-119, 2010.

POWELL, Caitlin A. J.; SMITH, Richard H. "Schadenfreude Caused by the Exposure of Hypocrisy in Others". In: *Self and Identity*, v. 12, n. 4, pp. 413-431, 2013.

PREBLE, Christopher A. "'Who Ever Believed in the "Missile Gap"?': John F. Kennedy and the Politics of National Security". In: *Presidential Studies Quarterly*, v. 33, n. 4, pp. 801-826, 2003. https://doi.org/10.1046/j.0360-4918.2003.00085.x.

PREOȚIUC-PIETRO, Daniel; LIU, Ye; HOPKINS, Daniel; UNGAR, Lyle. "Beyond Binary Labels: Political Ideology Prediction of Twitter Users". In: *Proceedings of the 55th Annual Meeting of the Association for Computational Linguistics*, pp. 729-740. Vancouver: Association for Computational Linguistics, 2017. https://doi.org/10.18653/v1/P17-1068.

RADZIK, Linda. "On the Virtue of Minding Our Own Business". In: *The Journal of Value Inquiry*, v. 46, n. 2, pp. 173-182, 2012. https://doi.org/10.1007/s10790-012-9317-1.

ROM, Sarah C.; CONWAY, Paul. "The Strategic Moral Self: Self-Presentation Shapes Moral Dilemma Judgments". In: *Journal of Experimental Social Psychology*, v. 74, pp. 24-37, jan 2018. https://doi.org/10.1016/j.jesp.2017.08.003.

RONSON, Jon. *So You've Been Publicly Shamed.* Nova York: Riverhead Books, 2015.

ROSENFELD, Sam. *The Polarizers: Postwar Architects of Our Partisan Era.* Chicago: University of Chicago Press, 2017.

ROSS, Lee; NISBETT, Richard E. *The Person and the Situation: Perspectives of Social Psychology.* Nova York: McGraw-Hill, 1991.

ROSS, Michael; SICOLY, Fiore. "Egocentric Biases in Availability and Attribution". In: *Journal of Personality and Social Psychology*, v. 37, n. 3, pp. 322-336, 1979. https://doi.org/10.1037/0022-3514.37.3.322.

ROTHBAUM, Barbara Olasov; MEADOWS, Elizabeth A.; RESICK, Patricia; FOY, David W. "Cognitive-Behavioral Therapy". In: *Effective Treatments for PTSD: Practice Guidelines from the International Society for Traumatic Stress Studies*, pp. 320–325. Nova York: Guilford Press, 2000.

ROTHSCHILD, Zachary K.; KEEFER, Lucas A. "A Cleansing Fire: Moral Outrage Alleviates Guilt and Buffers Threats to One's Moral Identity". In: *Motivation and Emotion*, v. 41, n. 2, pp. 209-229, 2017. https://doi.org/10.1007/s11031-017-9601-2.

RUSSO, Richard. *Straight Man*. Nova York: Random House, 1997.

RYAN, Carey S.; BOGART, Laura M. "Development of New Group Members' in-Group and out-Group Stereotypes: Changes in Perceived Group Variability and Ethnocentrism". In: *Journal of Personality and Social Psychology*, v. 73, n. 4, pp. 719-732, 1997.

RYAN, Timothy J. "No Compromise: Political Consequences of Moralized Attitudes". In: *American Journal of Political Science*, v. 61, n. 2, pp. 409-423, 2017. https://doi.org/10.1111/ajps.12248.

SAWAOKA, Takuya; MONIN, Benoît. "The Paradox of Viral Outrage". In: *Psychological Science*, v. 29, n. 10, pp. 1665-1678, 2018. https://doi.org/10.1177/0956797618780658.

SAXE, Leonard; DOUGHERTY, Denise; CROSS, Theodore. "The Validity of Polygraph Testing: Scientific Analysis and Public Controversy". In: *American Psychologist*, v. 40, n. 3, pp. 355-366, 1985.

SCHLIESSER, Eric. "The Obituary of a Vain Philosopher: Adam Smith's Reflections on Hume's Life". In: *Hume Studies*, v. 29, n. 2, pp. 327-362, 2003.

SCHMIDTZ, David. "The Institution of Property". In: *Social Philosophy and Policy*, v. 11, n. 2, pp. 42-62, 1994. https://doi.org/10.1017/S0265052500004428.

SCHMIDTZ, David. *Person, Polis, Planet: Essays in Applied Philosophy*. Oxford: Oxford University Press, 2008.

SCHMITT, David P.; BUSS, David M. "Human Mate Poaching: Tactics and Temptations for Infiltrating Existing Mateships". In: *Journal of Personality and Social Psychology*, v. 80, n. 6, p. 894, 2001.

SCHNELLER, Christian. *Märchen und Sagen aus Wälschtirol: Ein Beitrag zur deutschen Sagenkunde*. Innsbruck: Verlag der Wagner'schen Universitäts-Buchhandlung, 1867.

SEDIKIDES, Constantine; ALICKE, Mark D. "Self-Enhancement and Self-Protection Motives". In: RYAN, Richard M. (Org.), *The Oxford Handbook of Human Motivation*, pp. 303-322. Nova York: Oxford University Press, 2012.

SEDIKIDES, Constantine; GAERTNER, Lowell; TOGUCHI, Yoshiyasu. "Pancultural

Self-Enhancement". In: *Journal of Personality and Social Psychology*, v. 84, n. 1, pp. 60-70, 2003.

SEDIKIDES, Constantine; GAERTNER, Lowell; VEVEA, Jack L. "Pancultural Self-Enhancement Reloaded: A Meta-Analytic Reply to Heine". In: *Journal of Personality and Social Psychology*, v. 89, n. 4, pp. 539-551, 2005.

SEDIKIDES, Constantine; MEEK, Rosie; ALICKE, Mark D.; TAYLOR, Sarah. "Behind Bars but above the Bar: Prisoners Consider Themselves More Prosocial Than Non-Prisoners". In: *British Journal of Social Psychology*, v. 53, n. 2, pp. 396-403, 2014. 2014. https://doi.org/10.1111/bjso.12060.

SIMLER, Kevin; HANSON, Robin. *The Elephant in the Brain: Hidden Motives in Everyday Life*. 1a ed. Nova York: Oxford University Press, 2018.

SIMON, Herbert A. "Satisficing". In: EATWELL, John; MILGATE, Murray; NEWMAN, Peter (Orgs.), *The New Palgrave: A Dictionary of Economics*, v. 4, pp. 243-245. Londres: Macmillan, 1987.

SKITKA, Linda J. "The Psychology of Moral Conviction". In: *Social and Personality Psychology Compass*, v. 4, n. 4, pp. 267–281, 2010. https://doi.org/10.1111/j.1751-9004.2010.00254.x.

SKITKA, Linda J.; BAUMAN, Christopher W.; SARGIS, Edward G. "Moral Conviction: Another Contributor to Attitude Strength or Something More?" In: *Journal of Personality and Social Psychology*, v. 88, n. 6, pp. 895-917, 2005. https://doi.org/10.1037/0022-3514.88.6.895.

SKITKA, Linda J.; MORGAN, G. Scott; WISNESKI, Daniel C. "Political Orientation and Moral Conviction: A Conservative Advantage or an Equal Opportunity Motivator of Political Engagement?" In: FORGAS, Joseph P. et al. (Orgs.), *Social Psychology and Politics*, 73-90. Nova York: Psychology Press, 2015.

SKITKA, Linda J.; WISNESKI, Daniel C. "Moral Conviction and Emotion". In: *Emotion Review*, v. 3, n. 3, pp. 328-330, 2011. https://doi.org/10.1177/1754073911402374.

SLOMAN, Steven; FERNBACH, Philip. *The Knowledge Illusion: Why We Never Think Alone*. Nova York: Riverhead Books, 2017.

SMITH, Adam. *The Theory of Moral Sentiments*. Indianapolis: Liberty Fund Inc, 1985.

SMITH, Tom W.; RASINSKI, Kenneth A.; TOCE, Marianna. "America Rebounds: A National Study of Public Response to the September 11th Terrorist Attacks". In: *NORC Report*, 2001.

SOLNIT, Rebecca. *Men Explain Things to Me*. Chicago: Haymarket Books, 2015.

SOMIN, Ilya. *Democracy and Political Ignorance: Why Smaller Government Is Smarter*. 1a ed. Stanford, CA: Stanford University Press, 2013.

STEINMETZ, Janina; SEZER, Ovul; SEDIKIDES, Constantine. "Impression

Mismanagement: People as Inept Self-Presenters". In: *Social and Personality Psychology Compass*, v. 11, n. 6, pp. 1-15, 2017. https://doi.org/10.1111/spc3.12321.

SUNSTEIN, Cass R. "The Law of Group Polarization". In: *Journal of Political Philosophy*, v. 10, n. 2, pp. 175-195, 2002. https://doi.org/10.1111/1467-9760.00148.

SUNSTEIN, Cass R. *Going to Extremes: How Like Minds Unite and Divide*. Oxford: Oxford University Press, 2009.

TAPPIN, Ben M.; MCKAY, Ryan T. "The Illusion of Moral Superiority". In: *Social Psychological and Personality Science*, v. 8, n. 6, pp. 623-631, 2017. https://doi.org/10.1177/1948550616673878.

TETLOCK, Philip E. "Social Functionalist Frameworks for Judgment and Choice: Intuitive Politicians, Theologians, and Prosecutors". In: *Psychological Review*, v. 109, n. 3, pp. 451-471, 2002.

THERIAULT, Sean M. *Party Polarization in Congress*. Cambridge, UK: Cambridge University Press, 2008.

TOSI, Justin. "Rethinking the Principle of Fair Play". *Pacific Philosophical Quarterly*, v. 99, n. 4, pp. 612-631, 2018. https://doi.org/10.1111/papq.12219.

TOSI, Justin; WARMKE, Brandon. "Moral Grandstanding". In: *Philosophy and Public Affairs*, v. 44, n. 3, pp. 197-217, 2016.

TUAN PHAM, Michel; MEYVIS, Tom; ZHOU, Rongrong. "Beyond the Obvious: Chronic Vividness of Imagery and the Use of Information in Decision Making". In: *Organizational Behavior and Human Decision Processes*, v. 84, n. 2, pp. 226-253, 2001. https://doi.org/10.1006/obhd.2000.2924.

VALLIER, Kevin. *Must Politics Be War?: Restoring Our Trust in the Open Society*. Oxford: Oxford University Press, 2018.

VLAHOV, David; JUNGE, Benjamin. "The Role of Needle Exchange Programs in HIV Prevention". In: *Public Health Reports* 113 (Suppl 1, pp. 75-80), 1998.

VONASCH, Andrew J.; REYNOLDS, Tania; WINEGARD, Bo M.; BAUMEISTER, Roy F. "Death Before Dishonor: Incurring Costs to Protect Moral Reputation". In: *Social Psychological and Personality Science*, v. 9, n. 5, pp. 604-613, 2018. https://doi.org/10.1177/1948550617720271.

VOSSEN, Bas van der. "In Defense of the Ivory Tower: Why Philosophers Should Stay out of Politics". In: *Philosophical Psychology*, v. 28, n. 7, pp. 1045-1063, 2015. https://doi.org/10.1080/09515089.2014.972353.

VREESE, Claes H. de. "The Spiral of Cynicism Reconsidered". In: *European Journal of Communication*, v. 20, n. 3, pp. 283-301, 2005. https://doi.org/10.1177/0267323105055259.

VRIJ, Aldert. *Detecting Lies and Deceit: Pitfalls and Opportunities*. 2a ed. Hoboken, NJ: Wiley-Interscience, 2008.

WALTER, Nathan; MURPHY, Sheila T. "How to Unring the Bell: A Meta-Analytic Approach to Correction of Misinformation". In: *Communication Monographs*, v. 85, n. 3, pp. 423-441, 2018. https://doi.org/10.1080/03637751.2018.1467564.

WELLMAN, Christopher Heath. "The Rights Forfeiture Theory of Punishment". In: *Ethics*, v. 122, n. 2, pp. 371-393, 2012.

WENDT, Fabian. "In Defense of Unfair Compromises". In: *Philosophical Studies*, v. 176, n. 11, pp. 2855-2875, 2019.

WHITE, Jonathan A.; PLOUS, S. "Self-Enhancement and Social Responsibility: On Caring More, but Doing Less, Than Others". In: *Journal of Applied Social Psychology*, v. 25, n. 15, pp. 1297-1318, 1995. https://doi.org/10.1111/j.1559-1816.1995.tb02619.x.

WILDE, Oscar. *Lady Windermere's Fan: A Play about a Good Woman*. Paris: L. Smithers, 1903.

WILL, George F. *With a Happy Eye, But...: America and the World, 1997–2002*. Nova York: Free Press, 2002.

WILLER, Robb; KUWABARA, Ko; MACY, Michael W. "The False Enforcement of Unpopular Norms". In: *American Journal of Sociology*, v. 115, n. 2, pp. 451-490, 2009. https://doi.org/10.1086/599250.

WILLIAMS, Elanor F. "Naive Cynicism". In: BAUMEISTER, Roy F.; VOHS, Kathleen (Orgs.), *Encyclopedia of Social Psychology*, pp. 601-602. Thousand Oaks, CA: Sage, 2007. https://doi.org/10.4135/9781412956253.

WITTELS, Harris. *Humblebrag: The Art of False Modesty*. Nova York: Grand Central Publishing, 2012.

WODAK, Alex; COONEY, Annie. *Effectiveness of Sterile Needle and Syringe Programming in Reducing HIV/AIDS among Injecting Drug Users*. Geneva: World Health Organization, 2004.

YAMAMOTO, Masahiro; KUSHIN, Matthew J. "More Harm Than Good? Online Media Use and Political Disaffection Among College Students in the 2008 Election". In: *Journal of Computer-Mediated Communication*, v. 19, n. 3, pp. 430-445, 2014. https://doi.org/10.1111/jcc4.12046.

ZAHAVI, Amotz. "Mate Selection— A Selection for a Handicap". In: *Journal of Theoretical Biology*, v. 53, n. 1, pp. 205–14, 1975. https://doi.org/10.1016/0022-5193(75)90111-3.

ZAHAVI, Amotz; ZAHAVI, Avishag. *The Handicap Principle: A Missing Piece of Darwin's Puzzle*. Nova York: Oxford University Press, 1999.

ZELL, Ethan; ALICKE, Mark D. "Age and the Better-Than-Average Effect". *Journal of Applied Social Psychology*, v. 41, n. 5, pp. 1175-1188, 2011. https://doi.org/10.1111/j.1559-1816.2011.00752.x.

ZYL, Liezl van. *Virtue Ethics: A Contemporary Introduction*. Nova York: Routledge, 2018.

ASSINE NOSSA NEWSLETTER E RECEBA
INFORMAÇÕES DE TODOS OS LANÇAMENTOS

WWW.FAROEDITORIAL.COM.BR

Há um grande número de portadores do vírus HIV e de hepatite que não se trata.

Gratuito e sigiloso, fazer o teste de HIV e hepatite é mais rápido do que ler um livro.

Faça o teste. Não fique na dúvida!

CAMPANHA

ESTE LIVRO FOI IMPRESSO
EM ABRIL DE 2021